# 扬州与世界名城比较研究

主编　杨正福




·南京·
东南大学出版社

**图书在版编目(CIP)数据**

扬州与世界名城比较研究/杨正福主编;高永青等编著. —南京:东南大学出版社,2014.3

ISBN 978-7-5641-4050-2

Ⅰ.①扬… Ⅱ.①杨… ②高… Ⅲ.①文化名城—城市建设—研究—扬州市②文化名城—城市建设—研究—世界 Ⅳ.①F299.275.33②F299.1

中国版本图书馆CIP数据核字(2014)第025978号

**扬州与世界名城比较研究**

出版发行:东南大学出版社
社　　址:南京市四牌楼2号　邮编:210096
出 版 人:江建中
网　　址:http://www.seupress.com
电子邮箱:press@seupress.com
经　　销:全国各地新华书店
印　　刷:扬州市机关彩印中心
开　　本:700 mm×1 000 mm　1/16
印　　张:19.5
字　　数:350千字
版　　次:2014年3月第1版
印　　次:2014年3月第1次印刷
书　　号:ISBN 978-7-5641-4050-2
定　　价:68.00元

本社图书若有印装质量问题,请直接与营销部联系。电话(传真):025-83791830

# 序

谢正义

2000年10月,江泽民同志为家乡题词“把扬州建设成为古代文化与现代文明交相辉映的名城”,对扬州围绕名城建设和发展寄予殷切希望。围绕贯彻落实江泽民同志重要题词精神,十多年来,历届市委、市政府一心一意、一以贯之、一着不让地推进名城建设,在各方面都取得了举世公认的成就,扬州的知名度、美誉度和影响力有了显著的提高。

名城建设应该有更高的目标定位,更广阔的参照系。2012年7月底,扬州市委经过广泛调研,在六届三次全会上作出奋力开启建设世界名城的新征程,以优异成绩迎接党的十八大胜利召开的决定。10月7日,市委常委会研究通过《关于加快建设世界名城的实施意见》。

扬州全面推进世界名城建设不仅是贯彻江泽民同志重要题词精神和省委领导同志指示精神的迫切要求,也是基于世情、市情、社情、民情作出的战略选择和必然要求,对于扬州未来发展具有重要意义。

扬州推进世界名城建设,有三大背景需要好好把握:

一是全球化背景。在全球化的背景下,经过改革开放30多年,特别是进入新世纪以来,我们逐渐体会到,任何资本要素的流动不再局限于城市与城市之间的竞争,也不再局限于省内、国内,而是在全球范围内的流动,其形成的竞争必然也是全球性的竞争。因而,我们要准确把握在全球化背景下要素流动、大项目分布的趋势和规律,不仅要跟周边城市去比抢,更重要的是要在世界城市群中去拼抢。

二是区域发展竞争与合作背景。主要有三个方面:长三角一体化已经列入了国家战略;宁镇扬同城化上升为全省战略;区域竞争日趋激烈,包括经济、人才和城市之间的竞争。合作体现在基础设施和公共服务上,竞争体现在经济和人才上。因此,一方面,我们要积极呼应区域经济一体化的大趋势,坚持基础设施先行,主动对接区域经济一体化,尤其要强化城市群之间的快速交通网络联系,通过区域交通设施的改善,使扬州更方便地接轨先进地区和走向全球。另一方面，在经济、人才等方面，要着眼并融入、参与全球竞争。有人总结，中国的产业转移是从珠三角向长三角、江苏的产业转移是从苏南向苏北转移。但是在交通已经快捷化、便利化的情况下，产业转移的方式也在发生变化，最为重要的是在世界产业链中找准定位。否则，眼光局限于国内、省内甚至市内，只能亦步亦趋、步人后尘。

三是扬州自身的背景。第一，扬州作为历史文化名城、运河名城、生态名城，历史上曾经三度辉煌，具备建设世界名城的良好基础。唐代和清代的扬州已经是世界名城，在中国与世界城市之林中有重要的地位，现在我们要重塑历史的辉煌。进入新世纪以来，2006 年扬州获得了联合国人居奖，德国大众、意大利玛切嘉利、美国高露洁等世界 500 强企业在扬州建设最重要的产业基地，这些都是扬州这座城市建设世界名城最坚实的基础。第二，2011 年 11 月，江都撤市设区，扬州主城区的面积扩大到 2300 平方公里、人口增加到 230 万人，城市发展空间大大提升。第三，我们面临着重要的历史责任，也就是迎接扬州建城 2500 周年，届时扬州应该以一个什么样的形象展现在世人面前，这是这一届市委、市政府必须认真回答的问题。我们要认真思考，如何让中外嘉宾看到哪个地方能够体现古代文化、哪个地方体现现代文明、哪个地方体现古代文化与现代文明交相辉映？还有不到 2 年的时间，我们为历史、为世界、为后人能够留下什么？

可以说，推进世界名城建设已成为扬州今后一段时期最重要、最紧迫的战略任务。目前，扬州正以国际化的宽广视野和城市发展的历史纵深审视自己，努力走出一条项目为王、人才为纲、生态为基、文化为魂、精致为要、民生为本的城市国际化发展之路、世界名城的建设之路。

为大力推进城市国际化，加快世界名城建设步伐，经市委研究，决定从 2012 年起组织实施《推进城市国际化，加快建设世界名城十大系列活动方案》。根据该方案的要求，在扬州市历史文化名城研究院（中国名城杂志社）增挂了世界名城研究院牌子，隶属市城乡建设局管理。主要负责开展建设世界名城、推进城市国际化等方面的理论和案例研究，搜集整理国内外的最新动态、前沿理论、研究成果、发展趋势等工作，为扬州世界名城建设决策提供咨询。

世界名城研究院成立之后，立即牵头组织开展了“扬州与世界名城比较研究”课题的研究工作。经过一段时期的努力，终于编辑完成了这本《扬州与世界名城比较研究》论文集。作者队伍中既有扬州世界名城建设有关部门的同志，也有从事相关研究工作的专家、学者。这些论文采用案例分析、比较研究和专题研究等方法，以国际化、现代化的视野对中外世界名城的建设经验和规律加以总结，这些成果我认为可以为扬州建设世界名城提供有益的借鉴和启示。

扬州建设世界名城任重而道远，很多理论和实践问题仍需要我们进一步深入思考和研究。在此，我衷心希望世界名城研究院继续汇聚各方之智，重点做好以下几个方面的工作：

一是认真研究世界名城的概念和内涵，科学界定出世界名城建设的体系，厘清扬州建设世界名城的途径，统一各方对世界名城的认识，要在国际城市体系中研究扬州怎样去建设世界名城，把扬州的发展融入到国际化城市建设的大视野中去考察，研究名城的特色、名城的定位，对进入发展新阶段的扬州"建设一个什么样的名城"作出回答。

二是在加强调研，尊重现状，充分研究扬州建设世界名城的优势和不足的同时，提炼出扬州建设世界名城的历史基因与现实基础，同时在世界同量级城市中比较并找到扬州可以学习借鉴的对象，研究、总结出它们成功的具体做法和可操作的经验，放大扬州的城市特色，及时对扬州建设世界名城的工作进行研究，为市委、市政府决策提供咨询。

三是在扬州建设世界名城的新征程中，世界名城研究院要利用好《中国名城》杂志这一平台，积极策划、组织各种活动，向世界宣传、推介扬州，不断扩大扬州在国际上的知名度、美誉度和影响力。

我相信，经过全市人民的共同努力，扬州一定可以建成"古代文化与现代文明交相辉映"的世界名城！

（作者为中共扬州市委书记、市人大常委会主任）

# 目 录

建设古代文化与现代文明交相辉映的世界名城……………………杨正福(1)

“城市记忆”与城市文化个性的认知

——历史文化名城应该是中国文化的守护者………………………张鸿雁(16)

比较视阈下的扬州城市发展模式建构………………………………张鸿雁(26)

扬州文化的个性及其对世界的意义

——兼论世界上的三种生活方式:伦敦、新德里、扬州………………曹世潮(42)

世界公园评价指标体系初探…………周武忠 林宝荣 周 康 邹春丽(47)

国外城市土地利用模式对扬州建设世界名城的启示………………殷少美(60)

东西运河城市对话

——中国扬州与法国图卢兹…………………………高永青 钟行明(69)

关于大运河河道遗产保护与发展的规划建议………………………张广汉(81)

中国大运河与加拿大里多运河对比研究……………………………唐剑波(86)

精致扬州与精致管理…………………………………………………马 援(95)

巴黎建成世界名城的经验及对扬州的启示……………王汉林 石那曲(101)

德国的世界名城之路与扬州的世界城市建设………………………徐继承(107)

瓜纳华托市“世界名城”之路及其对扬州的启示………李 超 韩 琦(122)

世界名城视角下的波士顿与扬州……………………………王　洋（136）
英国古城约克的名城建设及其对扬州的启示…………陆伟芳　余志乔（150）
双城记：扬州与佛罗伦萨比较研究……………………………刘　荣（176）
“阿姆斯特丹模式”与扬州………………………………………薄　曦（192）
墨西哥阿卡普尔科市发展旅游业的经验………………牛　淋　韩　琦（198）
历史文化名城保护的比较研究
——扬州　奈良　绍兴………………………………………王芙蓉（206）
日本的“精神故乡”
——从奈良借鉴扬州世界名城建设…………………………邱正锋（231）
论日本世界城市建设及对中国的启示
——兼论扬州建设世界名城之路……………………周建高　王凌宇（239）
新加坡旅游业发展带给扬州的启示……………………………李　芸（254）
运河文化旅游与扬州“世界名城”营销…………………………陈　菲（262）
世界文化遗产丽江古城保护与发展经验
——关于扬州世界名城建设的建议…………………扬州市政协考察组（271）
由美国环境保护引发的思考………………………………………徐洪喜（278）
从“细节”感悟美国的城市建设……………………………………王　骏（289）
北美旅游景观对扬州瘦西湖新区规划建设的启示
………………………………周武忠　王克胜（297）
后记 ……………………………………………………………………（304）

# 建设古代文化与现代文明交相辉映的世界名城

杨正福

**摘　要**：2012年，扬州市委、市政府提出将建设世界名城作为扬州城市发展的奋斗目标和不懈追求。所谓世界名城就是具有较高的国际知名度和国际美誉度的城市。世界名城的类型较多，大致归纳，可分为国际都市型、文化休闲型、世界级产品型、世界唯一型及其他型。经过数千年文化积淀和改革开放以来具有个性的建设，扬州完全有建设成为世界名城的条件和基础。但就目前来看，扬州距离名副其实的世界名城，还存在一定的差距。扬州要厘清"世界名城"的概念与内涵，紧紧抓住名城建设的核心，在古代文化方面突出"两古一湖一非"（古城、古运河、瘦西湖、非物质文化遗产），在现代文明方面突出便捷化、国际化、现代化和人性化，着力建设"古代文化与现代文明交相辉映"的世界名城。

**关键词**：扬州；世界名城；古代文化；现代文明

## 一、"世界名城"的概念与内涵

"世界名城"概念的提出，应该是"中国名城"概念的扩大和深化，是将中国名城放在世界城市体系中考察，在更广阔的城市群体中提炼个性，是自身特色、品牌再一次的提升。所谓世界名城就是具有较高的国际知名度和国际美誉度的城市。世界名城是在发达的经济、悠久的历史、特色的文化、特有的

---

**作者简介**：杨正福，扬州市城乡建设局局长，中国名城杂志社社长，扬州市历史文化名城研究院院长。

产品、独有的自然资源等某个方面或多个方面在全球具有重要影响，并在世界上得到广泛认可的城市。知名度和美誉度一般源于城市特色，举凡城市的自然环境、人文景观、经济实力上升到城市名牌的高度，在世界城市体系中脱颖而出，乃至成为国家或地区的重要标识并为世界所认同，这座城市就是世界名城。因此，"世界名城" 称号具有 "三无" 特点：一无评选标准，二无认定机构，三无认可标志。显然，世界名城不是某个城市可以自我认定，也不是某个国家可以认定，而是世界公众公认的结果。

我们以全球知名度和美誉度较高的城市作为世界名城参照标准，进行甄别、归纳，将世界名城分为以下五类：

1. 国际都市型：人口在500万以上或经济发达、消费水平较高都市或特大城市，在全球分工体系中占有重要地位，又称世界城市或全球城市，典型的是四大世界城市，即美国纽约、英国伦敦、法国巴黎和日本东京。

2. 文化休闲型：以城市特有的历史文化积淀享誉世界，代表着某个国家或某一时代的人类所创造的文化成就，并吸引全球游客的城市（大多数世界历史名城都属于此类型），如瑞士洛桑、英国爱丁堡、意大利佛罗伦萨、日本奈良。

3. 世界级产品型：其城市工业产品在全球市场上占有举足轻重的地位，提到某种产品，就自然联想到的城市，如美国西雅图、德国沃尔夫斯堡、印度班加罗尔。

4. 世界唯一型：以其独特的人文与自然景观，独特的地理位置闻名于世，如意大利威尼斯、中国拉萨。

5. 其他型：具有特殊性质、难以归类的城市，可称为 "另类" 名城，如中国澳门、美国拉斯维加斯、泰国芭提雅。

在扬州建设世界名城过程中要厘清世界名城的概念与内涵，加强研究，形成理论上的共识，避免陷入误区。建成世界名城是扬州城市长期的目标和追求，是城市特色与文化长期积淀的结果，不是短期行为，不能急功近利，更不能将 "世界名城" 建设作为一场新的 "造城运动"。建设世界名城离不开学习和借鉴，而学习和借鉴要慎选标杆，因为不是所有世界名城都具有借鉴意义，有的世界名城的成功经验是不可复制的。扬州要建设世界名城，一定要从扬州的实际出发，深入发掘潜力和特质，走出一条自己的世界名城之路。

正如2012年底市委六届四次全会报告中所说的:“扬州建设世界名城并不是贪大求洋、好高骛远去建设国际化大都市,其目的是‘取法乎上’,在世界同量级城市中比较并找到自己可以学习借鉴的对象,以更宽的视野、更新的理念、更优的参照、更高的标杆,把扬州建设成为能够向世界提供更多产品和服务、能够吸引更多世界客商和旅游旅行者、能够得到世界认可和赞叹的城市。”

## 二、扬州成为世界名城的可能性

经过数千年文化积淀和改革开放以来具有个性的建设,扬州完全有条件、有基础建设成为世界名城。

**(一)扬州建设世界名城的有利条件**

1. 扬州具有成为世界名城的历史基因。有着近2500年建城史的扬州,自古以来就是一座繁荣、开放的城市。她历经汉代兴盛、唐代繁盛、清代鼎盛的三度辉煌,同时也是对外交往最广泛、最频繁的地区之一,可以说千年之前扬州就已经跻身世界名城行列。

唐代,扬州作为万里长江的尾闾、浩瀚大海的门户,其地理位置、经济地位相当于今日之上海。江河海交汇,城以水兴。便利的交通使扬州成为海上丝绸之路的重要港口,也是东方四大商港之一。扬州成为世界性的大都市。清代,扬州占漕运、盐务、河务三大要政之利,成为我国东南沿海一大都会和全国重要的贸易中心。富商大贾,四方云集,尤以盐业兴盛,富甲东南。扬州成为当时世界上十个拥有50万以上人口的大城市之一。近代,由于区域、交通、生产方式等多方面的原因,扬州失去了昔日的辉煌和繁荣。但不可否认的是,现今的扬州仍具有成为世界名城的巨大优势:扬州是目前国内少有的通史式城市,历代城池四至清晰,汉广陵城、隋宫城、唐子城遗址还保留着较为完整的地面遗存;扬州城遗址(隋—宋)是全国重点文物保护单位;5.09平方公里的明清古城历史风貌保存完好,古迹、遗址、文物众多。对扬州来说,国际性是扬州的历史基因。

2. 扬州具有成为世界名城的文化资源。悠久绵长的历史积淀了扬州深厚的文化底蕴。扬州诗文书画、国学研究、工艺传承蔚为大观。扬州剪纸、广陵琴派、扬州雕版印刷作为中国剪纸、古琴艺术、中国雕版印刷技艺的重要支脉，被列入世界非物质文化遗产名录。以评话、戏曲为代表的曲艺文化，以三把刀为代表的美食休闲文化，以玉器、漆器、剪纸、盆景等为代表的工艺文化和以扬州学派、扬州八怪为代表的学术文化等，是扬州传统文化的重要标志，在中国文化领域独树一帜。从扬州走出去的画家潘玉良在国际美术界享有盛誉，历史上新罗（今韩国）人崔致远、意大利人马可・波罗先后在扬为官让扬州文化走向国际。在1915年巴拿马万国博览会上，扬州的传统特色谢馥春鸭蛋粉和"三和四美"酱菜获奖。颇受欢迎的扬州炒饭已走向世界，欧美、日本、香港等地的扬州风味菜馆，也纷纷挂牌售此美食，成为"外国人最爱吃的十大中国菜"之一。扬州这些独具特色的文化资源具有世界级影响力，不仅是联系城市过去与现在，而且也是沟通中国与世界的文化纽带，是发展扬州特色旅游的宝贵资源，有助于将扬州打造成为国际人士体验中国文化的首选城市。

3. 扬州具有成为世界名城的交通格局。一般来说，世界名城都有较为发达的交通网络，这是一座城市成为世界名城的基本条件。扬州不仅有长江、运河等天然水运优势，也具有国际通达的立体化交通体系。环城高速、润扬长江大桥、宁启铁路、扬州泰州机场陆续建成使扬州形成"公铁水联运、江河海沟通"的大交通格局，与世界的空间距离空前缩短，具备了相当高的国际通达能力。

4. 扬州具有成为世界名城的生态环境条件。生态优美的环境对于提升城市的美誉度和吸引力具有十分重要的作用。扬州河湖相映、碧水绕城，近年按照"保护水资源、改善水环境、建设水景观、弘扬水文化"的思路，通过持续开展水环境综合整治，城区水系实现活化、净化，形成了"水清、岸绿、景美"的系列水上游览线和生态休闲带，水体质量全面达到规划功能区标准。扬州绿意葱茏，风景秀美，全市绿化覆盖率达43%，森林覆盖率达20.07%，呈现出一幅"城在园中、居在绿中、人在景中"的生态园林城市美景，先后获得"国家卫生城市"、"国家环保模范城市"、"国家园林城市"、"中国人居环境奖"、"国家森林城市"、"联合国人居奖"等称号。这些成为我们建设世界名城的生态基础。

### （二）扬州建设世界名城的差距

就目前来看，扬州距离名副其实的世界名城，成为全世界人们向往的地方，

成为外国人来中国的目的地城市之一,还存在一定的差距,主要表现在:

1. 文化深度挖掘不够。尽管扬州古城保护做了不少的工作,也取得了一定的成绩,在全国也具有一定的影响。但是,我们更注重历史街区、古建筑等物质层面的保护,而对文化的挖掘和传承不够,难以让外地游客在细节和内涵上真正感受到扬州悠久的历史文化,难以引起他们的认可和共鸣。如何使更多的国际游客产生“I found China in Yangzhou”的体验,还有不少工作要做,一些文化资源还需要深入挖掘。以隋炀帝为例,其与扬州渊源甚深,他最终死葬于扬州,其陵墓与其他皇陵的知名度不可同日而语。此外,扬州还有不少在中国文化领域独树一帜和具有世界影响力的文化资源仍有待挖掘和利用。

2. 城市推介乏力,知名度不够高。目前,扬州城市的国际知名度还远远不够高,这与扬州城市宣传的投入少、推介手段单一、深度不够等有很大关系。如国内知道扬州是运河名城的人很多,但很少有人知道千里大运河是在扬州挖的第一锹。在国际宣传上则缺乏广度和深度。世界上知道扬州炒饭的多,但对扬州的城市形象了解的却很少。

3. 城市环境及设施与国际化要求尚有差距。城市环境及设施与国际化要求尚有差距,难以和国际接轨。尽管城市的路牌、停车场、公园等处进行了改造提升,实现了中英文对照,但是目前外国人进入扬州无障碍地游览或生活还缺乏保障措施。

4. 缺乏国际知名产品。工业产品目前尚缺少国际知名的品牌。农产品方面,虽然扬州稻米、荷藕、鸭、鹅等品种享有一定声誉,有“中国十大名蟹”之一的“宝应湖”牌大闸蟹、获得“国家地理标志”的宝应荷藕制品等有机农产品曾在国际农产品交易会上亮相过,但要成为国际知名农产品还有一定距离。旅游产品档次也还较低,游客还停留在买牛皮糖、毛绒玩具、酱菜、包子的层次,虽然有剪纸、漆器、玉器等高层次的文化产品,但外地游客接受程度不够,更难以走向国际。

5. 城市文明素质有待提高。作为城市文明的重要载体,市民的文明程度至关重要。市民的一些不文明现象随处可见,不少市民的道德涵养有待提高。市民中会外语的比例较低,对外沟通能力欠佳,距离成为国际化的市民还有不小的距离。窗口行业服务水平是一个城市文明程度的重要体现。政府服务窗口、行业服务窗口、通关服务窗口和服务行业等部门的服务质量参照国际标准,仍有进一步提升的空间。

此外,城市之间的竞争更趋激烈,扬州发展面临压力。建设世界名城尚未形成全民共识,建设世界名城的长期性与政府追求的阶段性之间存在矛盾等,都是建设世界名城所面临的问题。

## 三、扬州建设世界名城的途径

"世界名城"显然不是一个筐子,任何东西都可以扔进去,各行各业各项日常工作不能都和"世界名城"捆绑在一起,不必求全责备,而是要紧紧抓住扬州名城建设的核心,即"古代文化"与"现代文明",使二者交相辉映。在古代文化方面突出"两古一湖一非"(古城、古运河、瘦西湖、非物质文化遗产),在现代文明方面突出便捷化、国际化、现代化和人性化,这是扬州建设世界名城的最佳途径。

### (一)推进历史文化保护与利用、改造与复兴

1. 将扬州建成世界遗产城市,为世界名城建设奠定坚实基础

扬州是1982年国务院公布的首批24座历史文化名城之一,当时,江苏仅有三座城市入选,另外两座是南京、苏州。南京明孝陵、苏州古典园林都已列入世界文化遗产名录,而扬州还没有一项世界文化遗产。扬州在中国历史文化名城中具有独特优势,保存完好的通史式的古城虽然为扬州建成世界遗产城市奠定了很好的基础,但仍有许多工作要做。

扬州古城指18.22平方公里的扬州城大遗址范畴,包括唐宋城遗址、明清古城区及北郊、西郊等区域。其中5.09平方公里的明清古城区(简称老城区),是国内少数保持完好的古城之一,较好保留了原有的空间风貌、街巷肌理、民居建筑以及民俗风情、人文生态等。全国像扬州这样遗产分布之密集、格局之完整、规模之大、等级之高、保存之好的城市实为少见。

近年来,扬州投入30多亿元,按照"保护与利用、改造与复兴"的总体方针和"护其貌、美其颜、扬其韵、铸其魂"的保护思路,围绕5.09平方公里的明清古城区,精心组织实施了一系列工程,使古城整体形象和人居环境发生了显著变化。保护古城重要历史街区。对"双东"、仁丰里、康山文化园、彩衣

街等历史地段进行整治改造。修缮“双东”街区历史建筑11万平方米；完成了街南书屋的复建，再现了街南12景；东关历史文化旅游区创成国家4A级景区。彩衣街综合整治过程中，变“居民搬迁”为“就地退让”，保持了原住民的生活状态。整治古城主干道街景。从2007年开始先后对文昌路、泰州路等8条古城主干道进行街景整治和美化亮化，对近50万平方米的乱搭乱建、不协调建筑和棚户区进行搬迁改造，有效保持了老城区传统风貌的协调统一。整治修缮传统民居建筑。对老城区500多户传统民居按照“自主参与、政府补贴”的原则进行整治修缮，提高了老城区居民的居住条件和生活质量。传承和展示历史文化。对古城区35处、17万平方米的盐商遗迹等历史建筑进行保护性修缮，利用修缮后的历史建筑建成并开放了中国剪纸博物馆等一批文化展示项目；挖掘并展示了东门、南门历史遗迹；通过标牌、立碑等方法，对古城350多处文物古迹、名人故居、古树名木、特色街巷等进行解读。探索老城改造低碳模式。2012年7月实施南河下老城低碳社区示范项目，探索采用现代工艺和低碳节能技术改造老城区传统民居的新路径。

以上工作无疑对扬州成为世界遗产城市有极大的推动力，今后要围绕建设世界名城的目标，着重提升古城整体质态，更好地发挥文化载体作用，使其成为中国古城保护典范和孤例，并不断探索和创新，在国际古城保护工作中提升到举足轻重、有重大影响的地位。

扬州虽然有三个世界非物质文化遗产项目，但还没有一项世界文化遗产，是制约扬州成为世界遗产城市的瓶颈，如果拥有一处世界文化遗产，依托保护完好的古城，扬州成为世界历史文化名城是完全可能的。除了积极参与大运河申遗外，应创造条件，独立申报世界文化遗产项目。2012年底，国家文物局更新的《中国世界文化遗产预备名单》正式公布。扬州瘦西湖及盐商园林文化景观被列入，扬州与其他省市联合申报的“丝绸之路”项目也同时列入。一旦独立申遗成功，扬州加入世界遗产城市联盟，跻身世界遗产城市行列，扬州的知名度、美誉度和影响力将空前提高，届时扬州将无疑成为国外人士向往的世界名城。

2. 放大瘦西湖品牌效应，将蜀冈—瘦西湖风景区打造成世界级公园

世界上不少园林、公园景观在全球范围内享有声誉，有的以优质卓越的自然资源著称，如美国的黄石公园；有的以悠久的文化历史享誉全球，如英国

最大的皇家园林海德公园；还有的以辽阔的地理面积为世人知晓，如荷兰阿姆斯特丹 Bos 公园；有的以景色秀美，人文历史深厚闻名，如日本东京的上野公园是日本的第一座公园（建于 1873 年），也是日本最大的公园，面积达 52.5 万平方米，其名不仅在景色之秀美，更在历史之古远与人文之深厚，园内有多处名胜古迹，并建有博物馆，国立西洋美术馆，东京都美术馆及上野动物园林等等，每年樱花季节，都要在此举此举办隆重的“樱花祭”。这些公园在世界内的高知名度与高美誉度，堪称世界公园。

世界公园不是着眼于公园本身属性，而是着眼其产生的世界级影响力。所以世界公园一般指具有很高的品性，在世界上具有高知名度，具有国际影响力的公园。其内涵包括公园的品质、公园的知名度、公园的国际影响力、公园对当地经济发展具有一定影响作用、公园能够成为世界民众的首选旅游目的地等五个方面。高品质、人性化的公园特质与高知名度、美誉度的国际影响力是世界公园的主要标志和特征，是构成世界公园的基本要素，也是定义世界公园的必要条件。

瘦西湖全长 4.5 公里，一个线形的水体两岸，以及北端的蜀冈之上密集地分布了园林寺庙以及其他文化景观要素有 20 多处，形成了“两堤花柳全依水，一路楼台直到山”的独特的卷轴画式的园林景观，是扬州申报世界文化遗产重要的遗产点。

扬州蜀冈—瘦西湖风景区具有成为世界公园的特质，主要表现在四个方面：第一，蜀冈—瘦西湖风景区具有稀缺性和独立性，是世界唯一的历代城壕型文化遗址景观，城市园林和湖上园林是瘦西湖景区的最大特色；第二，蜀冈—瘦西湖具备非常好的景区品质，是国家第一批 4A 景区，2010 年又荣获了国家 5A 级景区，是全国重点风景名胜区、全国唯一的文化旅游示范区；第三，蜀冈—瘦西湖景区内部管理规范；第四，对游客的抽样调查表明，所有到蜀冈—瘦西湖游览过的游客对景区评价非常高。

蜀冈—瘦西湖景区近十年左右每年的游客总量都是呈上升增长势态，但境外游客占的比例还比较少。景区涉外接待能力有限，尤其是能熟练运用外语全方位进行讲解的导游，数量还有限。许多外宾对扬州瘦西湖评价最多的就是，没想到瘦西湖会这么美，扬州会这么好。从中可看出，瘦西湖、扬州在国际上知名度不够、影响力也不够。

近年来,扬州实施了瘦西湖景区扩容和提升工程,先后完成了万花园、宋夹城考古遗址公园、傍花村、瘦西湖文化休闲广场等项目,瘦西湖景区扩大了5倍,也成为首个全国文化旅游示范区。当前要着重于提质、升级、扬名。按照国际化的标准和要求,在更大的参照系中,提升品质内涵,完善功能配套,改善服务水平,在立足现实的基础上努力提高旅游附加值,放大国家级文化旅游示范区的品牌效应,在更多的国际场合全方位宣传、推介,全面推进景区品牌由国家级向世界级转变,使其名扬海内外,成为名副其实的世界公园。

目前,蜀冈—瘦西湖风景名胜区扩容后的面积已远远超过温哥华的斯坦利公园和阿姆斯特丹的博思公园,成为世界上最大的城市公园。精致的园林造景、迷人的湿地景观、内涵深刻的文化遗存、休闲的生活方式将成为这座公园的突出特点。在建设世界名城的目标背景下,借鉴国外世界公园的发展经验,完全有可能将蜀冈—瘦西湖风景名胜区打造成为中国的世界级公园。

3. 将古运河打造成世界级旅游产品,积极推动大运河申遗

扬州是与运河历史共生同长的城市。千年大运河肇始于扬州,扬州是一座始于运河、兴于运河的历史文化名城,扬州和运河互为依存,相依为命,共兴共荣,运河成就了扬州的繁荣富庶,蕴含了扬州的开放包容,创造了扬州的灿烂辉煌。扬州段运河是最为古老、原有风貌保存最为完好、历史遗迹和人文景观最丰富的一段,扬州段大运河河道遗存包含中国最早的运河——邗沟,以及东晋、隋唐、明清、现代各个历史时期的重要河段,时间连绵,是中国运河悠久的发展史见证。同时,扬州段运河航道等级最高、水面最深最阔,扬州又是南北交通枢纽、南水北调东线水口。正是由于上述各种原因,国家文物局优先推荐扬州为运河申遗牵头城市(参与运河申遗的城市共有35个)。

悠久的历史、丰富的文化,不仅确定了扬州成为中国运河文明的制高点和核心,也是扬州打造世界名城的宝贵资源。扬州古运河沿线,自然环境优美,人文资源丰富,沿线有中国十大历史文化名街——东关历史文化街区、瓜洲古渡和个园、何园等特色园林景观,有历史上闻名的杜十娘怒沉百宝箱、王播"饭后钟"等故事,还有众多的佛教、道教、伊斯兰教、基督教、民间宗教的场所。佛教有护国禅寺、禅智寺(上方寺)、香阜寺、长生寺、龙衣庵、宝轮寺、高旻寺等;高旻寺与镇江金山寺、常州天宁寺、宁波天童寺,合称我国佛教禅宗的四大丛林。道教有琼花观、天宝观等。伊斯兰教最著名的是城区的仙鹤

寺、普哈丁墓园。基督教有天主教耶稣圣心堂等。

扬州历来重视运河保护工作。早在上世纪 80 年代，扬州在古城保护规划中就明确了运河保护的内容。90 年代末，扬州决定对全长 13.5 公里的古运河城区段进行综合整治，疏浚河道，拆违植绿，布置景灯，美化环境。把河道建成清水走廊，把城市建成亲水乐园。2008 年，扬州市又启动实施“运河文化公园”工程，通过东岸环境整治、西岸景观提升和沿线街景的美化亮化，形成古今辉映的运河文化长廊。

2013 年 3 月，由国家旅游局牵头，相关省市部门共同参与的《京杭大运河旅游线路总体规划》，已通过专家评审。扬州成为该《规划》设计的“十六节点”重点城市之一，未来，将在扬州建设世界级运河旅游产品，打造运河旅游产品集群，培育运河旅游品牌。

在《国际运河遗产名录》中，法国米迪运河、加拿大里多运河和中国京杭大运河作为遗产运河的代表而广受瞩目。米迪运河和里多运河已经是世界文化遗产，中国大运河与其相比毫不逊色。

作为中国大运河联合“申遗”的牵头城市，扬州借大运河申遗这一契机，做了大量工作。坚决保护文化遗产，把运河孕育的深厚传统文化传承好，守住城市的根和魂。自 2007 年 3 月以来，先后多次承办大运河保护和申遗工作会议，对推进大运河保护和申遗作出了重要贡献。自 2007 年开始，在扬州举办的世界运河名城博览会也很好地宣传了扬州大运河的价值。2012 年世界运河大会在扬州顺利召开，来自世界主要运河管理机构和数十个运河沿线城市的代表来到扬州，感受中国大运河的魅力和活力。

总之，利用国家发展运河旅游的机遇及运河申报世界文化遗产的契机，延伸整治古运河，全面提升古运河沿线景观，加快南门外街区域的改造，建设三湾湿地公园，深度挖掘运河文化内涵，加大古运河品牌（“到北京看长城，看扬州看运河”）推广力度；同时，把每年一度的世界运河名城博览会打造成更加具有全球影响力的国际盛会。今后将策划世界沿运河骑游大会、国际烟花大会、国际龙舟公开赛、国际运河音乐节、国际运河美食节、运河国际婚礼等一系列主题活动，进一步提升运河和扬州的知名度。

4. 重视传统文化遗产价值，为世界名城建设提供有力支撑

众多的非物质文化遗产展示了扬州古城深厚的文化底蕴。早在 2006 年

5月，国家公布第一批非物质文化遗产名录中，扬州就有7个项目榜上有名，第二批有8个。省级项目则有40个，市级首批更多达104个。其中雕版印刷技艺、古琴艺术、扬州剪纸均于2009年入选世界人类非物质文化遗产名录。扬州炒饭、扬州包子、扬州三把刀等在世界各地都可以见到。

要继续加大名人、名园、名宅的挖掘和展示力度，进一步加大世界非物质文化遗产的申报和宣传力度，在体现中国元素特别是扬州地方元素的前提下，利用扬州炒饭、扬州包子、扬州三把刀等具有世界影响的美食休闲文化，打响“世界美食休闲之都”品牌，并以此来带动扬州传统文化的推广，用这些扬州传统文化资源来为世界名城建设提供有力的支撑，使扬州成为感受中国文化的品牌城市，真正守望中国文化的历史名城。

**（二）加快建设现代城市文明**

扬州应该抓住难得的发展机遇，特别是区划调整的机遇，产业转型的机遇，城镇化的机遇，长三角地区作为世界级区域城市国家战略的机遇，乘势而上，对照国际化标准，建设文明现代城市，塑造名城形象。

1. 构建与世界名城相符的便捷、快速、现代化的交通体系

扬州要建设世界名城，必须构建快捷的现代交通体系。近期，要实现扬州区域交通长三角1小时到达，宁镇扬半小时到达。全面完善“一环七射”高速公路网，七射为：京沪高速、江海高速、沪陕高速江广段、京沪高速南延、扬溧高速、沪陕高速江六段以及扬宿高速，其中沪陕高速江六段、扬溧高速和京沪高速构成扬州高速公路环线。构建“一横一纵一联”铁路网，“一横”为宁启铁路，“一纵”为连淮扬镇铁路，一联为宁扬城际铁路。加快建设城市快速路网，构建“236”市域便捷交通圈，即城镇节点、重点园区、主要景区20分钟上高速、30分钟到火车站、60分钟到机场。加快启动宁扬、扬泰通和扬镇跨江轻轨前期工作，实现宁镇扬城市轨道线网无缝衔接。

2. 建设绿色、生态、人文、宜居的环境体系

良好的人文和自然生态环境是建设世界名城的前提和保障。继续大力推进“绿杨城郭新扬州”工程，每年新增城市绿地100万平方米以上，建成以蜀冈—瘦西湖景区、三湾城市公园和廖家沟风光带为核心的三大城市生态中心。大力实施“清水活水、不淹不涝”城市建设；全面整治城区河道，沟通活化市区水系。建设宜人的城市环境，参照新加坡“花园城市”的管理体系，加

大城市管理的力度。

宜居城市不仅有青山绿水和蓝天白云，也应有良好的人文环境和鲜明的城市特色。扬州在建设宜居城市环境过程中，在借鉴国外世界名城经验的同时，一定要注意从扬州实际出发，突出扬州人文特色。扬州古城内建筑、街巷、路灯等要营造古典氛围。墨尔本是澳大利亚第二大城市、维多利亚州首府，号称“澳大利亚的文化首都”，是澳大利亚全国的文化、商业、教育、娱乐、体育及旅游中心。墨尔本多次获评的全球宜居城市，是一座充满活力和欢乐的城市，不仅景色优美，而且具备深厚的文化底蕴，传统得到很好的保护与延续，19 世纪的古老教堂和火车站依然在现代的生活中发挥作用。从 1859 年建成至今，维多利亚女王市场已经有近 150 年的历史，其外观一直保留着原来的风格。昔日淘金者聚集的疏芬山现已成为一座大型的露天博物馆。城区内古老的商店、旅馆、邮局、作坊鳞次栉比，卖货的店主、巡逻的警察，甚至乘凉的婴童和老妇人都是 19 世纪淘金小镇的装扮，在 21 世纪生动再现着 19 世纪中期澳大利亚淘金热时轰轰烈烈的生活画卷。墨尔本的做法很值得扬州借鉴学习。

3. 完备更加人性化的城市服务体系

扬州建设世界名城，必须完备国际化的城市基础设施，处理好公共空间、城市环境、现代人三者的关系，充分考虑到城市基础设施的物质使用功能和精神功能的作用，提高其整体的艺术性，使其体现出城市特有的人文精神与艺术内涵，提高一个城市的文化品味。如：一片绿荫下的几条座椅，一个汽车站牌与电话亭，甚至是一组社区的指示牌，这些虽然不如某一标志性建筑那么引人注目，但对城市的居住者和使用者更具有直接意义，它们能随时给人以休息、活动、观赏之满足，并为人们提供便捷的交流与互动空间。在完善城市基础设施时，特别要注重彰显人性化。瑞士苏黎世的公交车站安装了扬声器，以便在交通堵塞或车辆出现故障不能准时到达时，及时通知旅客。扬声器也是指挥调度系统的一部分，其人性化的设置令人惊叹，值得学习。坚持以人为本的城市建设理念，优先解决群众最急、最盼的问题，确保让更多的人民群众分享城市发展成果。继续推进“八老”改造，加快各类农贸市场、邻里中心、城市公共停车场、社区医疗服务中心等便民服务设施建设，进一步改善市民的日常生活条件。

4. 树立融入世界文明的形象体系

要有科学明确的城市形象定位。国内一些城市在宣传推介城市形象时往往希冀多方面、立体化呈现，这容易分散人们对城市形象的集中关注，从而消解对城市形象的整体性认知。因此，需要对扬州城市形象进行科学提炼和明确传播。同时，用世界语言持续不变地加以传播，从而使受众建构起令人印象深刻的城市形象。北京的恢弘与博大、巴黎的浪漫与优雅、均是这些城市对城市自身优势资源长效传播的结果。要研究不同的目标受众，细分沟通目标。不同的国家和地区在思想文化、风俗传统、审美习惯等方面存在较大的差异，这需要城市形象传播在把握目标受众文化心理的基础上，进行细分沟通目标，实现理想的传播效果。在进行城市推介时，借助鉴真，加强与日本的交往；借助马可·波罗，推进与欧洲城市的交流合作；借助崔致远，加强与韩国在经贸、文化等领域的交流；以普哈丁为媒介，加强与埃及、沙特等中东城市的交往。整合营销传播，善于运用新媒体。整合营销传播理论的核心是借助广告、促销、公关、新闻、包装等传播方式，用“一个声音”塑造城市形象。要善于运用新媒体对城市加以宣传，比如开设城市博客、旅游微博等。韩国首尔的城市营销传播值得学习。首尔在新浪开有博客，详细介绍首尔的风景、美食、生活、旅游等，赢得极高的人气，点击量逾百万；首尔还在中国最大的视频网站优酷上搭建官网，投放广告并多次举办活动，使首尔的城市形象在中国获得巨大成功。必须着力提升市民素质，培养面向国际化的现代市民。市民素质是衡量城市现代化水平和综合竞争力的决定性因素，市民素质的提升也是建设世界城市的主要问题和挑战。借鉴国内外先进城市的经验和启示，结合扬州市的实际情况，提升扬州市民的市民素质以适应国际化的要求，通过素质的提升，逐渐培养起适应现代化和国际化的市民群体。

5. 不断壮大经济实力，夯实世界名城建设的经济基础

扬州打造世界名城的最终目的是让居民有幸福感，不断提升居民的幸福感，这主要靠经济实力。只有不断壮大经济实力，才能为世界名城建设夯实经济基础。一个现代城市的发展，离不开产业支撑。纵观世界名城，总有一些与这些城市特质相吻合、发展相伴随、经久不衰的支柱产业、特色产业，如底特律的汽车、米兰的服装、曼彻斯特的创意、威尼斯的旅游等等，这些就是他们的“基本产业”。这些“基本产业”代表着城市的实力、特色和品牌。扬

州基本产业,应当是符合扬州城市特质的产业,其吸纳的用工、集聚的人群要与城市的定位和气质相匹配;应当是在扬州有一定的发展传统、具备一定的产业基础,并具有成长性的产业;应当是覆盖一、二、三产,能够做大规模、提供就业、创造税收,同时又不引发污染、不破坏环境的产业,可以在全市范围内普遍发展的产业。只有基本产业稳定发展,经济的基本面才能稳得住,税收、就业的波动性才小。扬州的基本产业有哪些?汽车产业是第一优先发展的基本产业。汽车产业是产业链最长、配套企业多、带动能力最强、对地方产业发展集群效应最为明显的一个产业。扬州的汽车产业有着良好发展基础,随着上汽仪征整车、潍柴亚星客车、江淮汽车等一批重大项目的落户,扬州汽车产业迎来了千载难逢的发展机遇。旅游、软件和信息服务、建筑、机械和教育等产业也应该是扬州大力发展的"基本产业"。旅游业是扬州的传统优势产业,不仅创造了大批就业岗位,带动了城市服务业发展,也成为营销城市的品牌产业。软件和信息服务业对环境、资源的要求低,对高端人才的吸纳能力强,可以促进创业、就业、置业的三位一体,对城市经济的拉动作用不可估量。建筑业是扬州农村劳动力转移的重要渠道,是致富群众的特色产业,也是扬州的传统优势产业。机械制造是扬州的五大支柱产业之一,波动性较小、抗风险能力强,要着力推进这一产业的高端化发展。扬州提出发展"基本产业",无疑为建设世界名城提供了强有力且稳定持久的产业支撑。

## 四、结语

建设世界名城是具有2500年历史的扬州的城市抱负和时代追求。我们要充分认清扬州建设世界名城的优势和不足,学习、研究、借鉴国内外世界名城建设经验,树立新的参照系,确立新标杆,加快提升速度,全力推进世界名城建设。我们坚信,经过长期不懈的努力,扬州一定能够成为个性彰显,"人文、生态、精致、宜居"特色鲜明,产业基础雄厚的世界名城。

**参考文献:**

[1] 陆军.世界城市研究:兼与北京比较[M].北京:中国社会科学出版社,2011.

[2] 付宝华. 城市主题文化与世界名城崛起 [M]. 北京:中国经济出版社,2007.

[3] 韩欣. 世界名城 [M]. 北京:东方出版社,2008.

[4] 段霞. 世界城市发展战略研究 [M]. 北京:中国经济出版社,2013.

[5] 周武忠,林宝荣,周康,邹春丽. 世界公园评价指标体系初探 [J]. 中国名城,2012,(9).

[6] 姜煜华,甄峰,魏宗财. 国外宜居城市建设实践及其启示 [J]. 国际城市规划,2009,(4).

[7] 周武忠,林宝荣,周康,邹春丽. 世界公园评价指标体系初探 [J]. 中国名城,2012,(9).

[8] 姜煜华,甄峰,魏宗财. 国外宜居城市建设实践及其启示 [J]. 国际城市规划,2009,(4).

[9] 郁桂新. 城市形象传播研究 [D]. 吉林大学,2012.

[10] 何世春,王张庆,陈高君. 扬州聚焦六大“基本产业”[N]. 扬州晚报,2012-10-23(A3).

[11] 谢正义. 构筑现代产业发展新体系 [N]. 经济日报,2012-11-10(15).

# “城市记忆”与城市文化个性的认知

## ——历史文化名城应该是中国文化的守护者

张鸿雁

**摘　要:** 城市的历史积淀,既是城市本身的记忆,也是中国人的“集体记忆”,赋予城市以个性化的生命。

**关键词:** 城市记忆; 城市文化个性; 历史文化名城; 中国文化; 守护者

一个值得认同的“城市记忆”,应该是人类共同的记忆。而在现实的城市发展中,很多“城市记忆”物化为现存的城市景观,成为具有城市文化特色的“历史地段”。正如故宫、天坛对于北京,西湖、灵隐寺对于杭州,外滩、豫园对于上海,中山陵、夫子庙对于南京,瘦西湖和“烟花三月”的概念对于扬州一样,城市的历史积淀,既是城市本身的记忆,也是中国人的“集体记忆”,赋予城市以个性化的生命。

### 一、“城市记忆”——“城市文化资本”的构成

城市是人类记忆的集中地,是人类记忆文化的大“容器”。芒福德认为:“在城市发展的大部分历史阶段中,它作为容器的功能都较其作为磁体的功能更重要:因为城市主要还是一个贮藏库,一个保管者和积攒者。……城市

**作者简介:** 张鸿雁,南京大学社会学院教授、博士生导师,《中国名城》杂志主编。

社会的运动能量,通过城市的公用事业被转化为可贮存的象征形式,从奥古斯特·孔德(Auguste Comte,1798—1857,法国哲学家)到W. M. 惠勒(W. M. Wheeler)的一系列学者都认为,社会是一种'积累性的活动',而城市正是这一活动过程中的基本器官。"城市是一个文化容器之说,鲜明地揭示了城市在人类文化进化方面的作用与功能,纵观人类城市的发展,我们可以看到,最新的人类文化成果总是产生在城市里,无论是西方古希腊罗马城邦创造的人类文化奇迹,还是同时代中国春秋战国文化黄金时代创造的"百家争鸣"的城市文化,城市文化始终是一种资本存在形式,而没有被人们所正视。本文论及的"城市文化资本"的概念,是受社会学家布尔迪厄的启迪和影响,并从个人文化资本——教育和相关文化资源的意义上,延伸到"城市文化资本"。从文化资本意义上认识城市,我们会发现城市又有一个全新的世界和层面,包括新功能的演绎。"城市文化资本"的提出,在一定意义上是强调城市业已存在的精神文化、物质文化、制度文化和财富的"资本性"意义,如城市自身历史的物质文化遗存,流芳千古的人物及精神价值,以及城市自身创造的一系列文化象征与文化符号等,都具有鲜明的资本属性和资本意义。在这一认识角度上,芒福德的学术观点进一步证明了"城市文化资本"的存在与价值。"用象征性符号贮存事物的方法发展之后,城市作为容器的能力自然就极大地增强了:它不仅较其他任何形式的社区都更多地聚集了人口和机构、制度,它保存和留传文化的数量还超过了一个个人靠脑记口传所能担负的数量。这种为着在时间或空间上扩大社区边界的浓缩作用和贮存作用,便是城市所发挥的独特功能之一,……爱默生(R. W. Emerson,1803—1882,美国著名哲学家,散文作家和诗人)讲得很对,城市'是靠记忆而存在的'。"伴随着城市的发展历程,城市留下片片记忆,而这城市记忆是可以信手拈来的,如巴黎的凯旋门、埃菲尔铁塔,北京的长城、前门,西安大小雁塔等,这些"城市记忆"成为一种历史的象征,既是城市所属的财富,也是人类社会的财富,并以城市文化符号形式和"城市文化资本"形式存在与发展着。仅就中国城市而言,几千年华夏文明积淀下来的以北京为代表的"京派文化"、以上海为代表的"海派文化"、以香港为代表的"港派文化"均构成巨大的无形资产与"城市文化资本"形式,而且这些资本形式具有唯一性和垄断性的资源属性,自身既产生永续的人文意义与情节,又具有无限的与时俱增的经济、社会和文化价值,甚至在很大程度上还构成了个人

"城市文化资本"与文化心理符号。

"城市记忆"是被集体感知的文化认同。一座城市就如同一场戏剧，无数种要素构成了城市存续过程，城市的主体是人，城市中也存在着戏剧情节——主角和配角、高潮和低潮，这些人的活动与城市的场域构成"城市记忆"活的要素，因而使城市生活显得丰富多彩。城市景观中的各个部分，组合成一个相关的模式，犹如一个舞台，"城市记忆"可以被视为是具有可读性的(1egible)。在人们心目中存在着的"总意象"(capsule image)，也可以视为"整体感知"，我们把这"总意向"或"整体感知"可以看作是"城市记忆"的集中表述，即一般人对"自我经验"或"他人经验"的一种认同或"共享认同"及感受。"总意象"即把整个城市作为一个单元所给予人们的总体印象，构成城市的"整体记忆"，如广州是"花都"、哈尔滨是"东方莫斯科"、苏州是"东方的威尼斯"，这是历史的经验，也是个人的记忆，同时也是城市个性的要素特征，这种"共性感知"通过一个共性认同的语言的总结，把一个城市最有代表性、最主要的特色意象特色划出来，最终形成城市的"集体记忆"。

"城市记忆"作为人类的一种文化现象和感知，或者作为一种研究对象，在城市设计者与建筑设计者眼中早就被提到重要位置，城市美学、建筑美学、景观美学等研究都是从不同的层面在研究"城市记忆"的要素。在事实的发展中，城市社会的转型与"城市记忆"重新构建的矛盾是非常明显的。如当城市古典意义上的建筑文化区或建筑文化群应该受到保护时，现代城市市民的新型居住生活就要受到某种影响：当人们在追求城市回归自然城市时，城市的街区和建筑正在以汽车作为交通的主体进行规划。人文情愫的缺失和城市记忆的丧失，正在中国的城市中发展着，而这种"城市记忆"的丧失，也是"城市文化资本"的流失。因此，我们必须正视城市记忆的价值，面对城市文化资源，不能仅仅把它看作资源，而应该视为一种独立存在的"城市文化资本"，亦如西湖对于杭州城市一样，人们世世代代可以享用这种资本。认识"城市记忆"的"城市文化资本"意义还在于，通过对城市文化资源的再挖掘和整理，创造城市的"城市文化资本"，并使个体"城市记忆"成为世界的"城市记忆"，进而推动城市文化、城市精神和城市经济的发展。

从城市社会学、城市文化和城市人类学的意义上来看，城市本身具有人格化的意义，既存在着具体的精神与"持久的'性情'形式"，也存在着客观状态的"文化资本"形式,包括经济学意义的"文化资本"。同时,城市还存在着"体制状态"、客观"文化资本"与财富,从"文化资本"的运作意义上,几乎所有的城市都有自己的特定的、独有的文化资源,而这一资源可以转化为"城市的文化资本"。我们可以这样说,"城市文化资本"与经济资本的一个属性差异是:"城市文化资本"是人类的精神与物质文化的一种新意涵,集中体现着人类文明物质进化的进程,集中体现着人类精神积累的价值本质。

在纯粹的文化资本意义上,城市本身就是人类文化资本的集中地,并有着对人类文化资本吸纳和保存能力,纵观人类文化历史脚步,城市是人类文化精华的载体。每一座城市都有个性化的自然空间、个性化的人文景观和个性化的历史遗存,这些本来就可以直接转化为城市的经济、社会与文化资本,如有特殊文化意义的旅游景观、有特定历史与美学意义的建筑等,都具有"城市文化资本"属性。对城市历史文化的保护与创新,也是"城市文化资本"的一种运作。如仅从城市"历史地段 (Historic District/Historic Site)"这一概念来分析,在城市管理、城市规划、城市社会学等方面的意义非常重大,即必须把城市分解出或结构性地分化出"城市文化资本"的"灵魂"所在,即历史的、现实的、物质与人文精神文化的核心性与存在意义。所谓城市的"历史地段"即是能够集中反映城市自然景观演变、历史文化发展、社会人文精神和历史文化精华的,并包含着城市历史的特色、特质和景观意象的地区,是城市价值与城市人的心理归宿要素,是"城市记忆"的物化形态,离开这个历史地段,城市特定的历史文化属性就没有了。亦如"故宫是北京的一个文化与价值符号,北京的主要文化与价值符号是故宫"一样,这种特殊"历史地段"是城市的"别名",具有不可替代性,在代表城市的意义上是可逆的。有价值的历史地段是重要的"城市文化资本"。"历史地段"包括自然景观区、传统建筑群、老街道、具有景观意义的街区、历史风貌区、政治景观与宗教文化景观等。美国在城市建设中,很注意"历史地段"意义的运用,在《美国历史地点注册法》中规定:"历史地段的意义是指一个有地域性界限的范围——城市的或乡村的,大的或小的——由历史事件或规划建设中的美学价值联结起来的敷地、建筑物、构筑物或其他实体,其意义上有凝聚性、关联性或延续性。""城市文化资本"的"顽固性","城市记忆"越久远,随着时间的推移而使"城市文化资本""增值",越具有历史与人文精神的"城市文化资本"越具有资本再积累的功能与价值。

## 二、“城市记忆”——城市永续发展的“文化动力因”

城市文化是城市发展的新的“文化动力因”，而这一“文化动力因”具有取之不尽、用之不竭的特点。当代中国经济与社会的发展，正在成为世界瞩目的焦点，中国正处在城市社会来临的前夜，目前形成的世界化潮流，其竞争形式，既表现在国家间的竞争，也表现在城市间的核心力竞争，创造新的城市“文化动力因”，就是在创造城市新型的核心竞争体系。认识、保留、开发“城市记忆”，最终的目的是创造中国现代化发展的“文化动力因”。

城市是大众的记忆，大众记忆的是城市的记忆。“城市记忆”在长期的社会发展中，会形成文化特质、文化丛、文化链、文化圈、文化行为和文化模式等，在这些文化的表现系统中，城市文化模式在社会文化表现上，在公众心目中往往会中会形成浓缩的、概括性语言，这些浓缩的、概括性语言往往是大众对“城市记忆”的总体感知。人们对于”城市记忆”的感知，往往是通过观察、观看获得的，“所谓观看，就意味着捕捉眼前事物的某几个最突出的特征。”例如，观看天空主要捕捉的是天空的蔚蓝色，观看天鹅最注意的是它那弯曲的长颈……在观看中，仅仅是一个由几条简略的线条和点组成的图样，就可以被看作是一张“脸”。城市的形象，在多数场合是被观看和观察而印在人们心中的，城市在大众的“观看”中，“从一件复杂的事物身上选择出的几个突出的标记或特征，还能够唤起人们对这一复杂事物回忆。事实上，这些突出的标志不仅足以使人把事物识别出来，而且能够传达一种生动的印象，使人觉得这就是那个真实事物的完整形象。”“城市记忆”往往成为城市形象突出的要素，而被人们所观察。

城市的“集体记忆”是社会多数人的感知的结晶。“城市记忆”是人类感知的总结，城市作为人的外部感知整体，具有“客体巨大”的表现性，人们对作为客体的认知总是信息不匹配，或形成人的个体的“外部感知不完整”，而“城市记忆”是在“外部感知不完整”的事实下，所给予人们的不完整的整体概括。当然这种不完整是相对概念，或许这种外部感知不完整，恰恰是城市特质一种效应或特质的文化升华。我们强调人对“城市记忆”感知的个人文化背景、心理文化结构和城市中的“个人遭遇”，或可称为“个体的城市情结”，都会明显地影响”城市记忆”的认知与传播。通过大众流行的“城市外部认知”，我们可以看到人们对城市的理解“包含情感的感知”，包含着“审美地产生能动性",对城市的直觉、想像、感觉随处可见,人们在对"城市记忆"的表述上,最常见的话语是:"这个城市很美"或"这个城市一点也不美",人们对城市的审美具有从"审美地产生能动性"方面,表现了"城市记忆"作为美学意义的特殊传播,即大多数人都有过对城市美、"城市记忆"感知的"经验世界"。这个"经验世界"可能来自自己的直接感受、直接感觉,也来自文献或传媒的影响,个体的主观"城市记忆"是城市总体感知传播的文化要素和载体。有人说:北京太大,官大、城大、门面大、口气大、院落大、辈大;上海太挤,路上挤、购物挤、房子挤、钱袋挤、情人挤、挤外人。另外一些城市是广州太闹、沈阳太脏、南京太热、成都太阴、深圳太紧张。北京男性见人面称"爷",这是传统都城文化中的"京官意识"所演化的"京民意识"。有人说:城市像人。杭州如大家闺秀,苏州似小家碧玉,南京犹如农民进城,上海仿如洋场少妇(当然是旧上海),成都恰是宝钗初嫁,重庆颇似徐娘半老,广州若文君卖酒,武汉亦如木兰从军,厦门是纯情少女,扬州是"小女初长成"。这种感觉虽然是当代人的一种城市情结的再现,但是这一事实告诉我们,"城市记忆"感知是群体与个体共同创造并通过传播的扩张而形成的文化要素。人们对认同的文化要素越来越多,往往成为社会传播型的"城市记忆"模式,这既是可创造的,也是可感悟的。

城市的记忆是城市生活的一部分。对新的城市,每一人都想获得城市中最主要的意向和感觉。"城市记忆"的一部分在历史的大浪淘沙中,被物化为城市景观要素,城市文化景观——是一个城市历史和城市文化模式的象征符号,文化景观(Landscape)在传统社会中,是人类社会某一群体为满足某种需要,利用自然条件和自然所提供的材料,有意识地在自然景观之上叠加了人类主观意志所创造的景观。在现代社会里,城市文化景观是大众的产物。由于不同的人类集团和阶层的人有着不同的文化需求和背景,因此,文化景观也因分化的群体的不同而不同,具有多元化的发展趋势。从一个特殊层面来认识,文化景观是某种群体的文化、政治和经济关系及社会发达水平的反映。文化景观的最低存在价值意义是人类衣食住行、娱乐和精神需求的补偿,最高存在价值意义是表现为不同群体的政治观念、价值观念、人文精神和宗教观念。从城市文化景观的整体上看,城市文化景观以"城市记忆"的形式,反映着不同城市物质与精神的文化差异。

"城市记忆"是城市文化景的发展特质,有些城市的文化景观就是城市历史的直接记忆,因此,城市文化景观具有某种历史定位的符号象征功能,在城市中自然形成一定方式的发展序列，西方学者称之为景观“相继占有”的文化现象。如果从认识上把城市作为一个艺术品来开发，城市本身即是文化景观的集合体。在“城市记忆”整合与“城市文化资本”的运作体系内，城市所有的要素都具有景观性，日本人把城市街道的各种要素称为“城市家具”。关键是在城市文化景观的建设上，几乎所有的城市都经历了急功近利的过程，城市越现代化，城市的整体风格越雷同越相像，在中国我们能够感觉到农业社会在向工业社会过渡的城市景观变迁，城市景观共性是：高楼、高架路、过宽的马路、汽车流、金属装饰、豪华的大型商业设施、相似的建筑风格及风格一致的装饰……。上海的高架路给我们以现代化大都市的感觉，同时，也给了我们“城市水泥森林”的悲哀，这正是我们寻找“城市记忆”的原因。

人类社会的发展应该从“以人为本”向“人与自然和谐为本”转型。城市中的任何建筑和任何文化景观，一旦成为城市的一个文化景观要素，就必然决定和影响着其他后出现的文化景观的选择形式和存在形式。因为有了历史的文化景观，很多城市的文化景观的设计与开发，就不得不遵循于历史文化景观的要求，或是不能超过以往文化景观的高度，或是不能破坏这一景观的内涵，因此，近一百多年来，几乎所有的国家都经历了如何保存和保护城市传统历史文化景观的问题讨论。后工业社会国家在城市文化的表现上有两种状态，一种前沿性的城市技术发展，如城市建筑的新材料、新技术等；一方面朝着生态化和回归自然化方向发展。中国传统社会中的“小桥，流水，人家”的天人合一的情景，正在西方后工业社会中兴起。

各种建筑要素通过空间关系的变化组合成城市特有的文化景观，人们对城市景观感知并不是因为这种景观的存在，而认同建筑者的意图和设想。在同样的城市景观面前，不同的人有不同的感受，甚至在不同的时代有不同的解释。城市景象与反映在人们头脑中的东西并不完全一致，往往经过个体文化筛选，这是因为人们头脑中存在着所谓的“意境地图”(mental map)，不同的对这种意境地图包括着不同的心态加以解释，如果这种解释偶然与景观的意外功能结合，往往形成流行文化中的一部分，特别是成为一个城市中流行文化的一部分。如南京新街口曾有一个“三把钥匙”的雕塑，城市市民有多种理解，或理解为“三面红旗”或理解为“三把菜刀”，最终被迁移，成为忘却的记忆。这主要是由于每一个人对自己的环境都有自己个性化的心理和生活需求，因此，对城市景观的景象，就有了不同的理解和选择。城市文化要素在城市发展中沉淀，只有那些经过历史考验的文化景观，结果为真正的“城市记忆”时，城市文化才最终能够成为城市人共同的心理文化符号而成为城市的永续发展动力。

## 三、回归城市记忆——南京夫子庙“历史地段”的人文价值

城市魅力是三度空间与时间整合的结晶。长城、故宫、天坛……长篇而陈旧的古代史的笔墨重重地烙在北京这座城市上，所以上苍赋予了北京以大气。外滩、南京路、汇丰银行、和平大厦、国际饭店……屈辱的近代租界史所幸带来的是经济和贸易，所以上苍赋予了上海以国际型开放式的繁荣。如果离开了历史文脉的延续，城市就会没有记忆，没有记忆的城市必定是苍白的城市！沧桑的金陵，十朝古都盛衰遗留下中山陵、夫子庙，南京曾经的大气与繁荣，影影绰绰。强烈的历史感触动南京的骄傲，构筑出南京自己的片片记忆。

### 1. 一个城市的文脉

“朱雀桥边野草花，乌衣巷口夕阳斜。旧时王谢堂前燕，飞入寻常百姓家。”曾经是多少人孩提时代的记忆，六朝繁华皆集中于夫子庙，王谢旧居、贡院街、状元境、天下文枢，南京城市的原本，隐没在这浓郁的富贵与科举状元文化并重的名门旺地。秦淮河母亲般地灌注着渊源的金陵文化，让生命的流淌生生不息，香火延续，记忆永存。这些“城市记忆”，构成了南京城市文化与气度流动的血液。儒学文化作为秦淮文化或是金陵文化的一个文脉节点，承袭了南京浓厚的古老文化，它的富贵、豪华、大方、伤感深深地影响这座历史文化古城。王朝古都的南京人独有的生活方式和生活态度，都是这座城市特有的文化的结果。夫子庙有别于其它庙宇，这不是一个拜神的地方，没有栖霞寺的香烟缭绕、没有跪拜的人群；更不是一个用于瞻仰的遗迹，它不像西安的兵马俑、不像北京的故宫。一种强烈的归属感与旺盛的市民生活气息萦绕在夫子庙的上空，百年的历史文化没有将现代人和现代文明拒之门外，包容与开阔接纳所有热衷金陵怀古的风雅人士，没有上海曾有的欺生排外、也没有北京曾有的恃才傲物，海纳百川，有容乃大——金陵文化在南京人这独有的豁达的胸怀中找到了缩影。多年来，夫子庙的生活气息始终没有断过，周边的生活至今还有着历史的痕迹。逢年过节，大量的人群涌入城市的文脉之处，去体验它的历史、感知它的情怀、延

续着它的文化,城市的人文精神和“城市记忆”得到某种延续和升华。

时过境迁,秦淮文化以商业文化、商贸文化、旅游文化、考试文化、创业文化多方面彰显。古时的文书院,科举的举行,状元的金榜题名时,南京人对文化的追求的遗风影响至今,高等学府深究学问的品性是其记忆的见证。

生生不息的金陵文化对生活品质的追求是金陵这一方人追求的生活价值观。美食、民间商业、市民街市,金陵人悠闲舒适的外部生活状态,内部却是王谢旧居式的深宅大院。“城市记忆”在这里不仅成为为现代人的财富和理性,在构成南京不可忘却的城市文脉的同时,也是城市人的骄傲和荣誉之所在。

2. 一个城市的时空结晶

空间是时间的切面,城市记忆是城市时空的结晶。亦如每个人都有自己的记忆一样,城市历史的痕迹蕴藏在城市的每个角落。对于杭州,灵隐寺、西湖是他们的记忆,而对南京的记忆,无论本土或外乡人,中山陵、玄武湖、夫子庙都会泛起熟悉的记忆,夫子庙已成为每位南京人的文化背景和南京城市的文化底蕴,这就是城市的记忆、底蕴和本原。南京的古都记忆形成的景观,形成“城市记忆”的物化文化,并与城市的现代街区形成新的时空对话,这种对话有着更为激进的本质,历史和现实在这里遭遇了最为有力的碰撞。

夫子庙是从历史的长河中走过来的,如今人们正赋予它更多的现代意义,给予它更新的诠释,并在它的脉搏中注入新鲜的血液。作为“城市记忆”一部分的夫子庙,已经作为文化的积淀,历史在这里结晶——成为与人类文化共存的南京“城市记忆”。

南京的繁华之地、城市的文脉之处——夫子庙成为南京城市所特有的一种符号。夫子庙的地段价值有着不可替代性,历史的源远流长,没有任何一个地方可以被随意替代。世界名城有两个中心概念是典型的,东京有银座和新宿两个各有特色的商务中心,同样,在南京夫子庙和新街口也有着各自的使命和地位。新街口是现在的中央商务区,是一个经济繁华的区域但它只能是南京的一种表诉,并不是由历史文化底蕴而发展的城市中心点。夫子庙——昔日繁华的书香门户,现已成为一个典型的商贸文化居住中心,它的繁华与城市的历史地位是城市记忆价值的集中体现,影响着周边整体建筑的风格。历史的记忆并不会因为时间而被抹杀,文化传承的起源之地、文脉之处,不是任何地段都可拥有的。随着时间的增长,历史地段在“城市记忆”的人文价值属性上会越来越增长，越来越被人们认识，这种景观因为城市记忆的价值，使其他人远远不能复制，构成城市唯一性的文化特质。

居住在"城市文化资本"附近的感觉与居住在一般资源的地方是不同的。就像选择居住在玄武湖畔与居住在夫子庙地区有着两种不同的居住感觉，在玄武湖畔人们享受的是那波光粼粼的湖面山色，感受到的是那静静的安逸；而在夫子庙，人们感受到的是一个繁华的文化区域，感受到的是一种动态的文化景观，感受到的是一种人的价值生命的变化，比如历史的沧桑、文化的变迁，它标志着一种人文内涵。夫子庙的人流量在传统的节假日中是相当高的，人群是可欣赏的壮景，可观察的艺术，可感知的一种文化，人们在这里寻找城市的记忆，它给人视觉上的冲击、感观上的冲击，在这可以感受到记忆追忆，可以感受到自己在走回记忆的体验。

空间是品味的力量，空间是结晶化的时间。空间塑造一个人的气质，夫子庙文化的空间增值感所强化的"城市记忆"，影响着我们城市的未来价值，吸引着更多的人去融入文化的河流中。人们可以假设，假如南京没有夫子庙……。

城市的记忆往往与现代摩天大楼一线相隔，即拥有历史也拥有现代。出于保护传统遗迹，夫子庙限高，在这一地段的特有的符号意义上任何一座建筑都可以为一个地标性的建筑，成为传统城市记忆的风景线，在这里，"城市记忆"的价值在历史中成长。

我们抬眼看看世界：日本的奈良是世界历史文化名城，这个城市的精英群体曾提出这样一句名言：奈良是日本传统文化的守护者。

应该说，在日本奈良的确能够强烈地感受到日本文化的存在和氛围，现代化的东京不像日本。当代中国城市化进程是一次世界空前的城市化运动，很多城市变了模样，很多城市传统的、优秀的文化和"城市记忆"正在消失，保护中国的"城市记忆"文化已经迫在眉睫，扬州作为历史文化名城，应该当仁不让地承担起守护中国城市传统文化的责任。这是一项非常有意义的工作。如果扬州能够真正提出把扬州作为中国城市文化的保护者、守护者、创新者，其世界意义和影响是不言而喻的。

城市记忆是可以穿越时空的价值符号，既拥有过去，也拥有现在，更拥有未来。

# 比较视阈下的扬州城市发展模式建构

张鸿雁

**摘　要:**“城市发展模式”,即在城市的发展过程中,通过融合某种特有的驱动元素(如文化、资源、区位等),经过长期的积淀或演化,以共有信念的方式主导城市发展方向,并贯穿城市发展过程的一种均衡路径的自我维持系统。在总结、借鉴中外城市发展模式的基础上,提出建构具有“扬州特质”的城市发展模式。

**关键词:**城市发展模式;比较;扬州

## 一、城市发展模式:城市强“可持续力”的构建

### (一)城市发展模式:内涵与外延

“城市发展模式”,即在城市的发展过程中,通过融合某种特有的驱动元素(如文化、资源、区位等),经过长期的积淀或演化,以共有信念的方式主导城市发展方向,并贯穿城市发展过程的一种均衡路径的自我维持系统。

城市发展模式是城市发展规律的体现,具有一定的阶段性和借鉴性,即重点城市的发展模式会随着城市发展条件与环境的变化而不断发生演变,并能为其它城市的发展提供借鉴与参考。好的城市发展模式,具有注重共同信念,能够提供可模仿、可分析、可操作、可检验、可运用的方法,并重视模式内部的

---

**作者简介:**张鸿雁,南京大学社会学院教授、博士生导师,《中国名城》杂志主编。

元素关系。

对于“城市发展模式”的分类，基于不同的维度有不同的分类方法，可以梳理出以下的城市发展模式（见表1）。

**表1　城市发展模式的分类**

| 分类标准 | 城市发展模式 |
| --- | --- |
| 基于国家策略的发展模式 | |
| 基于综合发展的城市发展模式 | 1. 城市空间发展紧凑型模式<br>2. 城市资源利用集约型模式<br>3. 城市生态环境友好型模式<br>4. 城市社会和谐发展型模式 |
| 基于发展规模的城市发展模式 | 1. 小城镇发展模式<br>2. 中等城市发展模式<br>3. 大城市发展模式<br>4. 城市群与城市带发展模式<br>5. “城乡一体化”发展模式 |
| 基于地域分类的城市发展模式 | 1. 东部地区的城市发展模式<br>2. 中部地区的城市发展模式<br>3. 西部地区的城市发展模式 |
| 基于空间形态的城市发展模式 | 1. 集中型发展模式<br>2. 分散型发展模式<br>3. 集中与分散结合型发展模式 |

### （二）城市发展模式相关的主流理论：城市发展模式的理论探究

1. E. 霍华德：田园城市

田园城市包括城市和乡村两部分；城市规模足以提供丰富的社会生活，但不应超过这一程度；城市四周要有永久性农业地带围绕；城市土地归公众所有，由一委员会受托掌管；田园城市占地24.3平方公里，其中城市占地4.05平方公里，农业用地20.23平方公里；24.3平方公里土地上，居住32000人，其中30000人在城市，2000人在乡间。

2. 沙里宁：“有机疏散”理论

该理论有两个基本原则：把个人日常的生活和工作即沙里宁所讲的“日常活动”的区域进行集中布局，使活动需要的交通量减少到最小程度，并且不必都使用机械化交通工具；不经济的“偶然活动”的场所则可不拘泥于一定的位置而进行分散布置。该理论认为，“对日常生活进行功能性集中”和“对这些集中点进行有机的分散”这两种组织方式，是使原先密集型城市得以实现健康发展所必须采用的两种基本方法。有机疏散就是把大城市目前的拥挤区域，分解成若干个集中单元，并把这些单元有机组织成为“在活动上相互关联的功能集中”，如此架构起城市有机疏散的最显著特点，便是将原先密集的城市中心区分裂成一个个集镇，它们彼此之间将用绿化地带隔离开来。

3. 城市群及大都市：连绵区发展模式

大城市带的概念是由法国地理学家J. 戈特曼于1957年提出的，指的是多核心的城市连绵区，人口的下限是2500万人，人口密度为每平方公里至少250人。因此，大城市带是人类创造的宏观尺度最大的一种城市化空间。根据戈特曼的标准，他列出了世界上主要的大城市带，其中以美国东北部大西洋沿岸从波士顿到华盛顿的大城市带最为典型，中国的长江三角洲城市密集地区被认为是正在形成中的世界第六个大城市带。

4. 紧凑城市

该理论围绕三个方面展开——环境、社会和经济。它的主要理念包括：制订新的规划指导条例，保证开发项目有较高的密度；在可以进行综合利用与开发的地区，应该将居民区、就业区和休闲区组合在一起；尽量在已有大城市区（包括市集镇）安置更多的住宅，以便各种设施资源的方便获取，为这些住宅提供一系列的交通设施，并优先考虑场址和房地产项目的可重复利用区及改造区；鼓励在便于利用火车及其他公共交通工具的地方开发住宅；设定维持并提高城区现有密度的标准；通过在中心区域的适宜地方发放足够的住宅开发用地许可及综合开发许可，在可行的地区就业区与居民区并置；同时在农村地区的开发应鼓励现有社区内的适度开发；避免农村及小城镇住宅开发区的大面积扩展，避免在开阔的农村开发零星的住宅项目，避免小型新居民区的开发。

5. 精明增长

精明增长理论发端于美国，理论的核心是用足城市存量空间，减少盲目扩张，反对超越城市服务设施和城市就业边缘的一种低密度城市发展。该理论的十大原则包括：混合型的土地使用将不同的住房类型（单体住宅、多层建筑等）混合起来，同时配备日常生活所需的零售商店和服务行业；城市建设相对集中，密集组团，生活和就业单元尽量混合，拉近距离，少用汽车，步行上班，步行上学；创造多种住房选择机会和提升城市住房的可支付性，创造适于步行的邻里社区；减少对小汽车的依赖，为城市居民锻炼提供场所，提倡节能建筑；减少基础设施和房屋的建设与使用成本。培养特色型、魅力型社区，提供不同类型、价格的房屋，满足低收入阶层的需要，保证各阶层混居；保留开放空间、耕地、自然美景和主要环境保护区域；加强对现有社区的重建，重新开发废弃、污染工业用地，以节约基础设施和公共服务成本，保护空地；提供各种交通选择，降低对小汽车的依赖程度，优先发展公共交通，鼓励自行车、步行，减少环境污染；使城市发展决策具有可预测性、公平性和成本经济性。鼓励社区和业主在发展决策制订过程中与政府和规划机构合作。

6. 新城市主义

新城市主义是20世纪90年代初提出的一个新的城市规划、城市设计运动。该理论主张塑造具有城镇生活氛围的、紧凑的社区，取代郊区蔓延的发展模式。它认为，城镇的发展要有一定的边界，这一边界是由自然环境容量所限定的，人们不能模糊和消除这一边界的存在，在社区中应该达到足够的人口密度，保持人口居住的紧凑度，提高土地和资源的利用率，建设紧凑型城市。对于城市交通，新城市主义认为城市不仅要有大运量的、快速的、节约能源消耗的公共交通系统，并要尽可能多地考虑步行易达空间，并且各交通系统之间必须要有便捷的衔接和转换，共同构成有机的、便捷的交通网络，保持城市生态系统的持续运转。

7. 生态城市

该思想是前苏联生态学家O．Yanitsky于1984年第一次提出。生态城市的本质是城市经济、社会、环境系统的生态化，也就是人类向自然生态系统学习的过程。生态城市规划是生态城市建设的保障。1984年，联合国在其“人与生物圈”（MBA）报告中提出了生态城市规划的五项原则：一是生态保护战略；二是生态基础设施；三是居民的生活标准；四是文化历史的保护；五是将自然融入城市。在生态城市规划上，应考虑四个基本问题：即人口问题、资源合理利用问题、经济发展问题和环境污染问题。

8. 循环经济型城市

张鸿雁运用城市社会学的研究视角，首次提出了“循环型城市社会发展模式”的理论和理想类型。其核心就是遵循科学发展观，围绕建立和谐社会的国家发展战略，创造城市可持续的发展力，为当今中国城市发展的理念、模式、愿景、运营而提出的全新蓝图与思考视角。钟丽锦等在研究循环经济、“零排放”农业、“零排放”工业的基础上，对“零排放”概念进行扩展，首次提出了“零排放”城市的构想。“零排放”城市模式是政府部门、生产部门、商业机构应用生态工程、系统工程等科学技术创造的新型社会模式，将解决人类在水、食物、能源、工作以及居住等需求问题中存在的矛盾和问题。

9. 互动型城市

互动共生型发展模式是指城市之间是有机结合的关系，强调优势互补、互惠互利、长期协作、共同发展的平等关系。互动共生型发展模式是正在形成和将要发展的一种新的模式，走互动共生型城市发展之路是城市化进程的要求，是区域一体化和全球信息化的要求，是增强国家整体竞争力和可持续发展的要求，也是当前我国政策和体制改革的必然结果。

10. 综合发展模式

北京国际城市发展研究院院长连玉明将城市发展总结为四种模式。第一种是宜居城市的发展模式，如日照、章丘。第二种是节约城市的发展模式，如铜陵、柳州、湘潭等以保护环境和节约资源为主的城市。第三种是文明城市的发展模式，比如哈尔滨，主要是探讨如何推动经济社会发展，推动经济文明。第四种是和谐城市的发展模式，比如太仓、成都。连玉明认为中国城市未来发展的架构趋向是宜居、节约、文明、和谐。

## 二、中外城市建设与发展模式分析

### （一）中国城市发展模式类型：基于“可持续力”的城市类型定位

1. 政策引领型（如深圳）

政策引领型城市发展模式的显著特点在于政府在城市演变中扮演着规划者与设计者的角色，从城市的起步、成长与发展都需要政府的积极引导，通过政府自上而下有效地参与，促进城市在较短的时间内取得快速的发展。深圳是一个典型的政策试验田城市，从经济特区的成立（1979 年）到邓小平“南方讲话”（1992 年）再到《深圳市综合配套改革总体方案》的获批（2009 年），短短 30 年内深圳已由一个过去不起眼的边陲小渔村发展成为现代化的国际性大都市。

2. 市场建设型(如广州)

市场建设型城市发展模式主要是指通过市场的培育、建设与发展,通过经济活动的聚集与扩散,通过区域自身市场的推力与外部市场的拉力自下而上地带动城市经济的发展,进而促进城市特定发展路径的演变。广州商业经济的繁荣(始于1957年的广交会一年两次)和广大的腹地支持(珠三角、大珠三角、泛珠三角、中国－东盟自由贸易区的建立与发展)是推进广州市场建设型城市发展模式的坚强后盾。然而,如果一味地依靠市场来引导城市发展,城市难免会出现多种"城市病",因而同时也需要政府的有效参与和调控。

3. 文化主导型(如南京)

文化主导型城市发展模式是指城市的演变发展都依赖于城市文化的积淀,通过文化的传播与交流,展现城市的内在特点与文化底蕴,吸引多种生产要素的聚集,促进城市经济的发展,进而形成以文化为主导的城市发展路径。南京、杭州、武汉、成都一方面具有悠久的历史和灿烂的文化,同时这4个城市都是我国高校与科研资源的聚集区。对于文化主导型的城市发展模式,如何把文化优势转化为经济优势、创新优势,是加速城市发展、提升城市品牌的关键。

4. 资本驱动型(如宁波)

资本驱动型模式就是依托城市所具有的经济条件、交通区位等比较优势,通过聚集区内外资本,为现代产业和高新技术产业的发展提供资金支持与物质保障,进而形成以资本驱动城市发展的特定路径。属于该模式的几乎都是港口城市或区域增长极城市,如青岛、宁波、大连和沈阳等。与政策引领型模式一样,资本驱动型发展模式也面临着当资本缺乏时城市应如何寻找新动力源的问题。因此,如何增强自生能力与持续发展能力是摆在这一模式面前的重要课题。

5. 工业发展型(如长春)

工业发展型城市发展模式是基于一定的自然资源或工业基础,依托当地的工业部门,通过前后向联系效应或迂回生产方式,带动上下游相关产业的发展,进而促进整个城市经济的发展,并基于此形成以工业为主的城市发展路径。哈尔滨、长春、济南、西安的发展无不与工业发展相关,都是传统的老牌制造业基地。由于工业发展型城市发展模式往往依托于一定的工业基础和固有的技术条件,因而如何处理好工业结构升级与技术更新换代,是增强这一类城市发展模式后继发展动力的关键。

### （二）国外城市城市发展模式案例借鉴与分析

1. 法国巴黎：历史文化传承为导向

巴黎的城市之名不仅因为其历史文化的积淀与延续，更在于其精心的延续性经营。巴黎的历史文化传承模式，是以产业传承、以政策传承和以荣誉传承的三维一体化模式。

（1）以产业传承

作为“世界文化之都”，巴黎的名号并非空穴来风。文化产业在这个地区有着悠久的历史。这里的奢侈品业、博览业、会展经济、旅游业以及影视娱乐业等特色文化产业都具有发展的优势土壤。

（2）以政策传承

巴黎的城市文化政策，集中体现在四个方面：

保护历史文化遗产。法国在文化方面先后出台了《保护及修复历史遗迹法》(1962 年和 1967 年)，《古迹保护法》(1967 年)，《遗产捐赠与继承抵偿法》(1968年)，《建筑法》(1977年)，《图书单一价格法》(1981年)，《著作法》(1986年)，尤其是电台，电视台法 (1974，1982，1986 年)…… 政府还对巴黎古城区的新建筑进行“限高”，有效地保护了古城区的历史风貌。巴黎还有许多自发性的民间文物保护组织，例如“历史巴黎协会”就是其中很有代表性的一个。有了这些民间组织的存在，巴黎的文化遗产保护工作时刻都在进行着。

文化权利下放。“文化权利下放”并不是真的将权利转交给地方行政机构，而是国家与地方行政部门之间实现合作。即国家、大区、省和市镇之间的多级合作，而并非将权力真正转交给地方行政机构。法国文化部对于“权利下放”有这样的回应：“一方面，国家通过专业的、财政的和科学技术的支持，帮助权力下放后的各地方行政机构建立、完善和运作地方文化机构；另一方面，国家和地方行政机构通过交叉投资的方式来共同资助集体或个人的文化活动。”

增加现代设备，促进传统与现代的融合。巴黎是一个非常注重文化场所建设的城市。现在的巴黎有许多的文化中心、艺术中心、体育中心、娱乐中心、阅览中心、资料中心、信息中心等，还有大大小小的影剧院、咖啡馆、休闲场馆等。由巴黎市政府负责和设计的城市空间在很大程度上提升了整座巴黎城的城市空间美感，包括环境的美化和绿化、道路桥梁的设计、城市公园的建设和街道家具的布置等。巴黎通过在许多古建筑内部增加现代化的设备,以满足公众不断增长的消费需求。这些都使得巴黎这座享誉世界的文明古都越发具有迷人的魅力。

鼓励参与文化活动。巴黎的人民已经将文化视为日常生活中不可缺少的一部分。各种各样充满文化气息的文化活动已经渗入到巴黎人的生活之中。法国的宪法甚至明确规定:公民有平等参与文化的权利;政府有责任确保所有人民能够参与文化生活。政府尤其鼓励人民参加文化活动,同时激发他们对历史文化的兴趣,提高文化认知能力。"文化遗产日"就是一个旨在让公众从不同角度去认识和理解文化遗产的全民性活动。在文化遗产日的当天,全法国几乎所有的历史博物馆和历史文化名胜古迹等都会免费向公众开放。除了可以领略历史文化遗产的风韵,还可以参观巴黎的各类历史建筑,观看各类当季会展。

(3)以荣誉传承

巴黎作为世界历史文化名城,是古城保护的楷模。巴黎名胜古迹比比皆是,受到保护的古建筑有3115座。最出名的有埃菲尔铁塔、凯旋门、圣母院、地方法院(古代监狱)、卢森堡公园、波旁宫、拉德芳斯区新凯旋门等。

根据最新公布的《世界遗产名录》,法国共有28项世界遗产,其中文化遗产26项,自然遗产1项,双重遗产1项(与西班牙共同拥有)。巴黎大区的世界历史文化遗产是:凡尔赛宫、枫丹白露宫和塞纳河左右岸 。此外,巴黎还有许多历史文化名胜古迹。

2. 英国伦敦:"一个充满选择机会的城市"

伦敦在城市社会空间的定位上,强调把伦敦建设成为"一个充满选择机会的城市",这就是在创造一种符合社会全员利益的社会空间价值。

一个社会的选择宽度与社会民主程度是成正比的,把"充满选择机会"作为城市的发展目标,是创造和开发全面意义的社会空间最有意义的取向,也是最具有现代性的社会公共空间认知。

所谓"充满选择机会"包括创业、就业、消费、文化生活和个人日常生活行为空间的选择等,这是具有人本主义精神的一种定位。其选择的核心与模式是:要有较充分的就业机会、适宜的安居——居者有其屋、健康的生活环境、良性而公平的竞争、相对优裕而合理的社会保障和积极向上的利他主义的主体文化。

3. 新加坡:“国际化与文化传统并存”模式

新加坡总人口不足600万,是个中小型国家,但是新加坡的发展则选择了国家整体城市化道路。所谓的“国际化与文化传统并存”模式包括:创意产业的国家化战略、国际会议会展经济模式、国际经济枢纽经济模式、国际化办学运营模式、传媒国际化模式、传统国学的国际化发展模式、多民族的文化融合模式、现代宜居城市模式等。

新加坡的发展,在国际化发展的同时,又能够创造民族化的本色和城市“地点精神”的经济文化模式——这一点对于中国来说十分重要,是在强调创造可持续发展力的前提价值体系,我们要学习新加坡全球化的发展模式和自由化经济体系的发展机制。

同时,可以注意吸收新加坡开放的城市发展思想和理念——比如可以像新加坡一样,与世界多数国家互免签证旅游和自由贸易。

4. 墨尔本:从“世界上最适合人类居住的城市”到“知识城市”

墨尔本是澳大利亚第二大城市,是一座工业重镇,维多利亚州的首府,具备深厚的文化底蕴和辉煌的人文历史。从1990至2006年,先后十次被总部设于华盛顿的国际人口行动组织(PAI)评选为“世界上最适合人类居住的城市”。

为了帮助墨尔本转型成为知识城市,维多利亚政府于1996年制订了“维多利亚21”战略,该战略主旨是在知识含量高的部门吸引更多投资,创造更多就业岗位。在学习世界先进城市经验的基础上,1999年维多利亚政府将该战略修订为“全球维多利亚”,之后又修订为“连接维多利亚”。战略的主要内容包括:建设学习型社会;培养未来产业;鼓励电子商务;建立社区之间联系;加强基础设施建设;实行新政。2002年,维多利亚政府开始实行“电子政府”计划,以人为中心制定发展战略。在墨尔本市2030年都市战略和2010年墨尔本规划里,将未来的墨尔本城定义为一座繁荣的、创新的、文化的、关注人的具有吸引力的城市。

墨尔本的城市发展政策在“知识城市”的框架下,可以归入五个方向:

(1)科技与通讯:建立了电子政府门户“维多利亚在线”;超过50,000人接受网络培训;“VEEM”计划资助39个委员会发展本地电子商务;146所学校对社区开放网络接入服务；6 个培训中心提供电子商务培训；资助社区发展自己的网站；在公共图书馆提供网络接入服务。

（2）创新能力与文化：提供可以创造新理念和知识创新的机会，如 2005 年举办“阿尔佛雷德创新”研讨会等。此外，墨尔本市大力发展音乐、艺术和建筑等行业，发挥文化优势。

（3）人力资源：墨尔本高校林立，除了提供高等教育外，还与 3M、宝马、福特、GE、IBM、NEC、飞利浦、东芝等跨国公司进行产学研合作，将科技力量融入经济发展。

（4）知识阶层：墨尔本将经理、管理人员、教授及副教授定义为知识阶层，并制订了一系列的卓有成效的政策吸引这类高质量人才。在 2004 年，知识阶层占劳动者总人数的 38%，2006 年该比例上升为 45%。

（5）集群及其空间关系：墨尔本的产业空间集聚明显，特别是科技含量较高的高级制造业、生物科学、金融和商业以及信息和通讯行业四大行业。集聚的产业产生出强大的知识溢出效应，提高了产业竞争力和科技含量。

5. 佛罗伦萨：“绘画 + 雕塑”的主题文化导向型模式

佛罗伦萨是文艺复兴的发祥地，也是世界上最丰富的文艺复兴时期艺术作品保存地之一。佛罗伦萨的历史就是一部生动的艺术文明史。

艺术家与作品的增多逐渐开始改变着这座城市的发展脉络，直到艺术成为这座城市的标志时，整个城市的发展方向都开始向艺术倾斜。

佛罗伦萨之所以成为全世界的艺术之都，不仅因为它拥有这些伟大的艺术家与他们的绘画与雕塑艺术，还在于整个城市以此为契机，把城市主体文化作用发挥得淋漓尽致，把城市主题文化的成就发挥到城市的每个方面。这些雕塑与绘画成果不仅仅停留在一幅幅作品上，更深深地融入了整个城市的灵魂，融入了城市的建筑的方方面面，甚至融入了每个市民的心中，成为城市的最高追求。

6. 日内瓦：开会开出一个“世界会议之都”

会议经济是市场经济条件下的产物，是集商贸、交通、运输、宾馆、餐饮、购物、旅游、信息等为一体的经济消费链。它具有促进相关产业如房地产业、宾馆业、餐饮业、交通业、商业、旅游业、信息产业等蓬勃发展，促进国际交流合作，起到加速城市建设的作用。 据不完全统计，每年有 7000 次大小国际会议在日内瓦举行。可以说，日内瓦是世界上国际化程度最高的城市，国际机构和国际会议养活了这座城市的大部分居民，总部经济也是日内瓦经济的核心部件。

虽然日内瓦这个城市只有30多万人，却因为多姿多彩的城市文化，引起世人的热切关注，如她既是世界博物馆城，又是世界旅游胜地，还是世界钟表之都等。在近些年的全球城市宜居排行榜上，日内瓦也是名列前茅。

7. 维也纳："音乐之都"——音乐融入了这座城市的生命

在维也纳的每一个角落，都体现着这座城市与音乐的不解之缘。

（1）城市人：海登、莫扎特、贝多芬、舒伯特、勃拉姆斯、约翰·斯特劳斯等这些音乐大师的名字，就好比维也纳的另一张城市名片。

（2）城市建筑：莫扎特广场、音乐大师的雕塑、维也纳金色大厅、维也纳国家歌剧院以及大大小小的音乐主题公园、咖啡馆等，都充分融合了音乐的主题。

（3）城市活动：这里有规模盛大的维也纳国际文化节和举世闻名的维也纳新年音乐会，每年吸引着世界各地的游客前来观光游玩。

（4）城市景点：从市区静静穿过的蓝色多瑙河与世界名乐曲《蓝色多瑙河》同名。

维也纳，让人们充分感受到音乐文化已经成为这个城市取之不尽、用之不竭的"城市文化资本"。

## 三、扬州城市发展模式的构建

### （一）全球城市化背景下的本土化建构：塑造城市发展模式的"扬州特质"

伴随着世界经济联系的日益紧密和全球化的深刻影响，城市作为参与全球化竞争与合作的基本经济单元，全球化的影响已经深入到城市的各个方面，在扁平化的世界里，全球范围内的竞争与合作已经成为不可逃避的趋势，城市的整体定位、产业发展、空间结构等等都必须置于全球化的宏观背景之下。而与被动接受全球化的渗透相对应的是，各个国家、地区、城市都在积极主动地进行着自身的本土化建构，通过本土化优势资源的整合提升，寻求在全球价值体链中的本土化定位与差异化发展，以更为主动的姿态参与到全球城市分工体系之中。

正是基于对"全球化—本土化"的辩证认识，扬州的城市发展一直在强调全球化背景下的本土性建构，一方面，以全球化的眼光与思维审视扬州的城市发展，而不是孤立地“就城市论城市”，在更大区域范围内研究城市，考虑城市的整体定位、产业选择和空间发展问题，而这个更大区域已经拓展到全球层面。另一方面，通过具有扬州本土化意义的要素整合，塑造具有“扬州特质”的城市发展模式。城市本土化定位与发展的意义不仅在于塑造出具有个性分明的城市形象和城市感知，更为重要的是只有通过本土化的建构，以“扬州特质”的城市模式指导实践，才能在激烈竞争的城市体系中占据不可替代的地位。

### （二）城市化的加速发展阶段：建设新型城市化的“扬州模式”

建国50多年来，扬州市城市化伴随着经济的发展而发展，同全国城市化进程一样，其间虽然经历了曲折的过程，但取得的成绩是巨大的。纵观50多年城市化发展历程，大致可分为四个阶段：1949年至1957年的起步阶段，1958年至1978年的波动阶段，1979年至1989年的稳定发展阶段，1990年至2005年的加速发展阶段。

伴随着快速城市化，扬州也迎来了城市经济、社会全面转型时期，其他先发地区的经验表明，以资源消耗、生态破坏、社会失衡等为特征的传统城市化发展道路已经难以为继，扬州必须寻求一条符合其本地特征、差异于传统城市化道路的新型城市化发展道路。以“三个扬州”和世界名城建设为核心思想的扬州城市化发展模式表明，只有城市空间规模合理控制与发展要素相对集聚协调发展的“精致城市”、城市财富增长速率与居民幸福感同步增长的“幸福城市”和地方思维与全球智慧充分发挥的“创新城市”才能成为新型城市化发展的样板，才能发展成为新型城市化的“扬州模式”，才能成为世界名城。

### （三）现代化进程不断推进：全面建设现代化小康社会的目标已经实现

截至2010年末，全面小康社会四大类18项25个指标，除森林覆盖率外，扬州市已有24个指标达标，基本实现全面小康社会的奋斗目标，比省定达标年份提前两年。全面小康社会目标的达成，说明了扬州的现代化进程正处于

**表2　2006—2013年扬州城市化水平（*为预测结果）**

| 年份 | 2006 | 2007 | 2008 | 2009 | 2010 | 2011* | 2012* | 2013* |
|---|---|---|---|---|---|---|---|---|
| 值(%) | 48.3 | 50.2 | 51.3 | 52.9 | 58.2 | 60.6 | 62.9 | 65.3 |

注：表格中数据来源于江苏统计局。

不断推进的过程。

面对全面小康后扬州人民的新期待，面对经济发展方式转变的新形势，面对后金融危机时代科技革命、产业竞争的新挑战，按照江泽民同志“把扬州建设成为古代文化与现代文明交相辉映的名城”的要求，扬州市委、市政府提出以“发展创新型经济、建设创新型城市”为目标，全力推进“创新扬州、精致扬州、幸福扬州”和世界名城建设。而“扬州模式”的提出则是对“三个扬州”和世界名城建设的系统总结与整合提升，将成为引领扬州城市现代化发展的核心动力。

**（四）城市的可持续发展能力相对较高：城乡社会发展和谐、生态环境保护良好、古城保护效果显著、科技创新能力较强**

在长江三角洲城市发展研究中心出炉的《2010 长三角城市发展报告》中，对长三角两省一市 25 个城市的可持续发展 水平进行了综合评价。报告的结果显示，上海、苏州、南京分列长三角城市可持续发展水平的前三位，无锡、常州、杭州、扬州、宁波、南通、舟山分列第四至第十位。（如表 3 ）在此长三角城市发展排行榜上，扬州城市可持续发展力较其他 24 座城市的可持续发展力较高。

进一步而言，扬州的可持续发展能力表现在：

城乡社会和谐发展：统筹城乡规划建设，统一编制城乡总体规划，形成以城带乡、城乡联动的发展格局。统筹城乡产业发展，建立工业反哺农业，以工促农、良性互动的发展机制。统筹城乡收入增长机制，通过各种途径保障农民收入，降低农民负担。统筹城乡社会保障体系，建立城乡居民社会保障制度，让所有居民享受社会经济发展成果。

**表 3　2010 年长三角城市发展排行榜**

| 名次 | 可持续发展水平 | 可持续发展得分 |
|---|---|---|
| 1 | 上海 | 1.681 |
| 2 | 苏州 | 0.862 |
| 3 | 南京 | 0.622 |
| 4 | 无锡 | 0.440 |
| 5 | 常州 | 0.306 |
| 6 | 杭州 | 0.301 |
| 7 | 扬州 | 0.046 |
| 8 | 宁波 | 0.026 |
| 9 | 南通 | 0.003 |
| 10 | 舟山 | 0.0063 |

生态环境保护良好：建立良好的城市生态安全格局已经成为所有城市共同的目标和主题，生态安全成为衡量城市的可持续发展能力的重要标准。生态环境建设与保护并举，在开发中保护，在保护中开发。坚

持预防为主，保护优先，防治结合，生态保护与污染防治统一规划、同步实施，按照生态环境资源的价值规律，规范科学地展开生态环境保护工作。

古城保护效果显著："以保护是前提、利用是关键、改造是手段、复兴是目的"为基本理念指导扬州古城的整体保护工作，不仅保护了传统古城的建筑风貌、街巷肌理、古井古树古迹等物质载体，而且还保护了非物质文化遗产，实现了古城的"保护第一、整体保护、全面保护"。在保护的基础上更为重要的是，通过古城品牌的合理运作和开发打造，实现了将文化资源转化为文化资本，同时也实现了传统文化的现代化复兴。

科技创新能力较强：围绕重点行业、企业和项目，促进高新技术产业快速发展；积极运用高新技术和先进适用技术改造提升传统产业；搭建支持创新的公共服务平台，形成产学研相结合的技术创新体系；营造良好的有利于科技创新、鼓励创新的制度环境。

**（五）城市的区域首位度不断提升：成为苏中苏北地区的"区域发展极"**

在区域一体化的发展过程中，"区域发展极"发展模式作为一种建立在经济学和系统基础上的非均衡发展模式对于促进区域整体、快速、稳定发展具有重大的现实意义。伴随着扬州的区域首位度的不断提升，区域辐射能力和影响能力的不断扩大，扬州已经成为苏中苏北地区的"区域发展极"，带动周边区域发展的中心功能日益突出。

扬州已经成为江苏省重要的区域科技中心城市，扬州市创新资源丰富，创新能力较强，是江苏省连接苏南苏北的重要的区域科技中心城市。截止2011年，全市获批省级以上科技项目1378项、其中国家级科技计划项目176项。在科技产出和科技投入等方面居于苏中领先地位，不仅拥有借助苏南的巨大科技辐射优势，而且也在工业化过程中积累了大量的科技资源和人才资源，在江苏省的科技中心城市体系中具有重要的位置。而且在"十二五"期间扬州以区域科技中心城市的定位为依托，将努力建成为长三角北翼现代服务业中心城市，在发展战略性新兴产业、高效农业的同时，大力实施"服务业优先"战略，先进制造业和现代服务业"双轮驱动"，着力打造"三城三中心"，即旅游产业名城、信息服务业名城、文化产业名城和区域性物流中心、区域性金融服务中心、区域性科技服务中心。

**（六）城市的世界关注度日益提高：扬州文化的国际知名度不断提高**

1982年,扬州成为国务院首批公布的24座历史文化名城之一;2004年,扬州获得“全国最佳人居环境奖”称号;2006年,扬州市政府获“联合国人居环境奖”。这些称号的获得表明扬州得到认可的范围在不断扩大,世界关注度在不断提高,世界影响力在不断增强。同时,每年的“世界运河名城博览会”的举办也成为扬州走向世界的重要渠道。愈来愈多的国际目光正投向扬州这座“古代文化与现代文明交相辉映”的文化名城。

在此背景下,提出扬州城市发展的“扬州模式”,不但有助于吸引国际同类城市的关注目光,促进城市间的合作发展,更大程度地向国际社会宣传扬州;同时,更能为同类城市的发展提供“扬州经验”,将“扬州模式”推广到各类城市的建设之中。

**(七)“三个扬州”和世界名城建设成效显著:构成了城市发展的特色之路**

“创新扬州”建设方面:第一,通过积极打造创新载体、不断提升企业创新能力、加快集聚创新人才等三个方面的措施,实现了创新资源的加快集聚;第二,创新投入不断加大,积极制定一系列发展科技创新性经济的政策与实施细则,2009年,扬州市财政科技拨款占财政支出的3.17%,处于全省第七位;第三,科技创新成效显著,高新技术产业发展较快,产学研合作扩大,重大科技项目有所突破;最后,战略性新兴产业发展实现突破,2009年全市新能源、新光源、新材料“三新”产业实现产值344.7亿元,比上年增长41.6%,高于全市工业平均增幅15.2个百分点。

“精致扬州”建设方面:第一,城市规划体系日益完备,建立了完整的城乡规划体系,初步实现了规划全覆盖,很好地发挥了规划对城市建设和城市发展的引领作用。第二,历史文化遗产得到有效保护,大力推进古城保护与利用、改造与复兴,实现了古城保护由点、线整治向街区、片区整体保护的转变,探索出了一条具有扬州特色的古城保护之路。第三,城市环境明显改善,将改善生态环境和打造人居环境作为城市建设的重点,初步展现了“园在城中、城在园中”的独特风景。第四,城市功能不断健全,全面加快城市功能性设施建设步伐,城市的载体功能和服务功能显著增强。最后,城市品位显著提高,在城市建设中高度重视工程建设的质量和水准,极大地提升了城市品位。

“幸福扬州”建设方面:十大民生工程正在全速推进,发展成果惠及城乡群众:1)市民素质提升工程,2)群众文化繁荣工程,3)百姓增收致富工程,4)安居宜居推进工程，5）居民出行畅通工程，6）全民健康保障功能，7）平安扬州建设工程，8）政治文明推进工程，9）生态环境优化工程，10）如家城市建设工程。

“三个扬州”为世界名城建设夯实了基础，世界名城是“三个扬州”的必然结果。只要一心一意不动摇，扬州城市发展一定能实现自身确定的目标。

**参考文献：**

[1] 冯伟. 城市发展模式研究：以我国副省级城市为例 [J]. 产经评论，2010，(4).

[2] 李迅. 关于中国城市发展的若干思考 [J]. 城市，2008，(11).

[3] 胡荣. 以公共利益为牵引提升社会、文化效益——巴黎历史性公共空间复兴的启示 [J]. 国际城市规划，2008，(2).

[4] 肖云上. 法国的文化政策 [J]. 国际观察，1999，(6).

[5] 张敏. 法国当代文化政策的特色及其发展 [J]. 国外理论动态，2007，(3).

[6] 张鸿雁. 城市定位的本土化回归与创新："找回失去100年的自我" [J]. 社会科学，2008，(8).

[7] 张鸿雁. 城市空间的社会与"城市文化资本"论——城市公共空间市民属性研究 [J]. 城市问题，2005，(5).

[8] 张鸿雁. 中国"非典型现代都市病"的社会病理学研究 [J]. 社会科学，2010，(10).

[9] 张鸿雁. 深圳城市发展战略定位的批判研究：中国改革试验场再创新——从传统创业城市到创新型创业城市的转型 [J]. 中国名城，2011，(4).

[10] 钱文静，李燕. 知识城市：中心城市发展与转型的选择 [J]. 城市观察，2009，(2).

[11] 付宝华. 城市主题文化与世界名城崛起 [M]. 北京：中国经济出版社，2007.

# 扬州文化的个性及其对世界的意义

## ——兼论世界上的三种生活方式：伦敦、新德里、扬州

曹世潮

**摘　要：**公元２０００年以往的时代是一个身时代，而此后的时代是一个新时代。人的个性及其这种个性的水平，成为新时代重要的资源。世界上有三种生活方式鲜明的陈列着，分别以英国伦敦、印度新德里和中国扬州为代表。扬州的文化具有后现代意义，可以为世界、为人类的情感、人性生活开出一条大道。

**关键词：**新时代；生活方式；伦敦；新德里；扬州

2000年新世纪到来，我以人类需求对历史作了一个划分。我以为，公元2000年以往的时代是一个身时代，而此后的时代是一个新时代。我之所以将以往命名为身时代，是因为过去的几千年里，人类的基本关注是人的身体需求、生理的满足。人类的思想和勤奋绝大部分都集中在以科学发明和制造产生物质来满足人的生理需要，满足人的衣、食、住、行的需要。丰衣足食是以往几千年来人类所追求的最伟大的、最理想的生活目标之一。

公元2000年后，物质已经充斥了这个世界，已经过度的满足了人类生活的需要。食品的供应和推销的过度已经使之成为人们的一种负担。今天，全球有超过五分之一的人为自己过于肥胖而犯愁。人的生理需求已充分满足的

**作者简介：**曹世潮，上海德村文化研究所所长。

时代,心理需要产生了,精神需求也开始普遍起来。人类已经进入了一个心理需要的时代,即新时代。这一个时代,人们通过创意、觉悟以生产符号、样式、场景、状态,以满足人的心理和精神的需要,使人们生活在一种安全、幸福、愉悦的生活状态之中,这个时代事实上已经到来,我们都已经看见。

在身时代,人们主要关注生理和身体需求的满足。那一个时代的主题是工作方式。人们主要关注的是原料、资本、科技、人才和管理,人们全力投入的是生产、商业、市场、交换及贸易活动。在那个时代,成功人士都是腰缠万贯、资本充足的人士,他们是身时代的杰出人物,那时评价一个人的最高标准也是你拥有什么。公元2000年以后,新时代到了。人们关注的重心由工作方式转向了生活方式。心理和精神需求生成,普遍,乃至于泛滥。一系列的动人、动情、动心的东西开始出现了。关乎人们心理和精神需求的故事、符号、样式、场景、状态被撰写、编辑、塑造出来,文化产业成为人们投资的重要行业,消费的主导。文化产品成为人们最热衷的产品。许多与新时代相关的概念被不断地表达出来,商业秀、吸引力、体验经济、眼球经济、精神经济、品牌经济成为人们关注的中心。今天,人们的生活方式、休闲方式、娱乐方式引起全球充分的重视。历史资源、社会资源、艺术资源和精神资源被广泛发掘、运用起来。在新时代,人们关注的不是你拥有什么,而是你是谁,你有怎样的个性以及这种个性所达到的水平。人的个性及其这种个性的水平,成为新时代重要的资源。可以说,身时代的成功主要是干出来的,而新时代的成功主要是玩出来的,即如福特和乔丹,王进喜和姚明。这一切变化之中的一个根本性的变化之一,是人们渴望情感与精神生活的满足。

当我们将研究的目光转向生活方式时,这世界上有三种生活方式鲜明的陈列着。第一种生活方式是从工作方式上转移过来的,这一族群原本很少注意生活,情感生活更不是他们所关心的主题。在这一文化中工作压倒一切,生活从未独立,生活也是为了工作。在那里大多都是科学化的、理性的、节奏的、计划的。这样一种生活方式的代表是英国的伦敦。在英国伦敦,个人主义、市场经济、资本主义为人们所充分认同,以至于迷信。许多大资本家都选择在英国伦敦生活,因为在资本主义市场经济下发达的人受到了伦敦人的敬仰和优秀的服务。伦敦是最适合他们的。伦敦的生活是一种工作方式的变异,工作的方式和质量被移入到生活之中,甚至于吃饭、睡觉都是工艺化、标准化、程序化、科学化的。人就像产品一样受到科学化、高质量的服务。那里不会有浓郁的生活气息，伦敦人的人际关系是冰冷的，伦敦人的菜肴之糟在全球是出名的。

第二种生活方式是从宗教上转移过来的，它主要集中于热带地区，这是一种超然物外的生活方式，物质生活从来也没有引起他们的足够重视，生活是为了信仰而存在，为了宗教而存在，有时生命都是因宗教而存在。生活的所有方式，都受到宗教的影响和支配。这一生活方式的代表地区是印度的新德里。在印度，至今一些人仍然生活在民间的神话故事之中，许多民间神话以及神话中的人物都活在人们的生活之中。物质生活、人的生活都不在他们的视野之内。

第三种生活方式，是从2500年前一路上继承和发展出来的生活方式。这种生活方式，关注的就是生活本身，工作是为了生活，生活是为了生命、为了生命的质量。这种生活方式的杰出代表是中国扬州。扬州历经了２５００年的积累，无论是生活的、休闲的、娱乐的，还是衣、食、住、行、琴、棋、书、画、花、鸟、虫草，都被充分的展开，都是细致入微的，精致见性的。生活在这里才叫生活。

第一种生活方式，即英国伦敦的生活方式，其情感和精神的落实一定相当困难，因为现代的工作方式完全是科学的和理性的，与人性、人情和情感缺乏一种有机的联系，感性因素、情感因素和精神因素被排除在日常生活之外，生活就像机器一样动作，情感在生活之外。第二种生活方式，即印度新德里的生活方式，其宗教的信仰已经成为生活方式的主导，身体与生理的满足从根本上被忽视，物质的条件、生活的方式、生活的观念都没有很认真的在生活上得到体现，生活无从谈起。第三种生活方式，即中国扬州的生活方式，则是理想的生活方式，它将生理、心理、精神三种需求都加以落实。产生这样的生活方式，自然有它的历史原因。扬州2500年的历史发展出人性的、情感的、艺术的、心理的、精神的生活都在这里积淀。

第一种英国伦敦的生活方式使人们的情感无法得到满足，人们生活在紧张的生活节奏中，心理和精神无法安定、昂扬，忧郁症、失眠症到处都是。世界上约有12%的人晚上睡不着觉，精神状态很不理想。流行了数十年的摇滚，使我们看到人的情感在封闭和压抑之后的疯狂发泄，疯狂大多是对情感忧郁的一种反弹。我们看到同性恋、酗酒、吸毒、凶杀、艾滋病泛滥成灾，这些疾病与情感无法疏通、表达有关。工业化的生活方式、思维方式使情感缺乏一种通路，无法向内调适人们的情感，以至于使这样的现象频频发生，而且相当严重。

在这样文化背景下,我们必须把扬州的文化个性总结出来,鲜明起来。在一个新时代,扬州的文化具有后现代意义,可以为世界、为人类的情感、人性生活开出一条大道。

扬州的生活哲学首先是与自然和合,是天人合一。扬州人不仅注意到了天时、地利、人和,而且与每一年、每一月、每一天的日常变化相顺应。生活节奏是顺应一年四季的,无论是起居、饮食、花卉、观赏、风水都注意到了一年四季的变化,并且将它和合起来。扬州的花卉是应了一年四季的,扬州的饮食是顺应了一年四季的。扬州的建筑形成了三合院的风格,不仅使人能够在心理和精神上落定,而且在生理上也通过三面围合、一面通透,使生活在此时此地得到安逸。

其次,扬州的生活是与工作和合的,扬州人的三把刀非常发达,而且达到了一种极致的水平。扬州的主体产业就是在生活上发展起来的,同人的美容、饮食、沐浴结合得非常好,与人性化的生活结合得非常好,并且使之达到了极致。我们可以看到扬州人的许多擅长,同生活是密切结合的,如扬绣、盆景、园林、漆器。好的一幅扬绣要绣 20 年,出来的一定是极致的艺术品。扬州历史最久远的盆景是明代的。这样的一种工作方式和态度,完全从高质量的生活中来。扬州人的产品,不仅有满足生理的功能,还有审美的心理价值和极致的精神价值。扬州的产品能贡献给人类的不仅是一种物质享受,还是一种心理的、精神的享受。

扬州的生活与工作是相和谐的,是一致的。

扬州的生活方式和态度应该为人们所接受,它纠正了人们多少年来错误的想法:即我们只注意生产、商品、市场,而忽略了生产的根本目的,即人类、人性、人的需求的满足。目前的一些竞争是为竞争而竞争,不是为人类生活的满足而竞争,这种竞争几乎让人们有生活在战场上的感觉。扬州人是把生活、快乐、健康、人性的发展放在第一位,这样的精神值得推广。一些扬州人上午卖烧饼,下午做学问,下午卖青豆,晚上做学问,这样的生活方式确实将生活和工作和谐得非常好,这是中国士大夫所缺乏的,也是中国市民所缺乏的,更是在这个将工作和生活分开的世界上所缺乏的。

扬州人的娱乐同生活、同情性结合得很好,如扬剧、扬州评话、扬州道情、扬州小调确实是创造了一种和谐的、快乐的、斯文的、艺术的、人性化的娱乐氛围。过年、节庆、风俗与扬州的伦理、天气都结合得非常完美，三月三的上巳节、四月八的观音节、五月五的端午节、六月六、七月七、八月十五都有节。扬州可以说一年四季都有风俗节庆，而且都是很认真的，这样的认真不仅提升了我们的伦理和道德水平，而且在娱乐、心情上确实产生了很好的场景，整个族群在这样一个气氛中生长、生活、发达起来。

扬州的生活方式确实给我们一种真正的、可以得到落实的东西，它能满足生理需要、心理需要和精神需要。我们可以看到，扬州人确实是如此的热爱生活，将日常生活提炼得很好，升华得很好。扬州的“三头宴”应该说是一个豪宴，但是所用的原料都是非常简单的，也就是猪头、鱼头、猪肉做成，但这“三头宴”确实作到了极致。粗茶淡饭精致、细腻是扬州生活的一个特点。一个大煮干丝，就可以知道它是果腹的、绿色的、美的、精神性的。将一块方干切成30片，切出来的丝，薄如纸，细如丝，柔如纱。这是一种精神，是人性的极致。看到这样的衣、食、住、行，我们就会觉得生理、心理和精神上的满足。

人类必须注重自己的生活方式，人类也已经开始注重自己的生活方式。人已经不是活着，是生活着，是生理、心理和精神健康地生活着。我们必须把原本只关心工作，而不关心生活的这种观念转过来，事实上全球都在向这一方面转移。我们须提升我们的生活质量，使人性能得到充分的满足。

美国专家已经作过一个预言，到2015年全世界有一半的人，花一半的钱用于休闲。世界旅游组织已经宣布，到2020年中国吸引一亿三千万人到中国来旅游，这样一个数字，我想至少可以提前五、六年实现这样的目标。世界旅游组织并没有公布为什么中国会吸引世界的目光，为什么有人会到中国来旅游并且到中国来生活。但我们知道，人们喜欢中国文化，喜欢中国人的精神与气象，喜欢中国人的生活方式。中国确实是吸引休闲的生活方式的最好的一个处所，而扬州是经典之处。我们看到所有的体验经济、品牌经济、情感经济、眼球经济其核心就是让我们的生活更快乐、更幸福、更安全，而扬州创造了这样一种生活，提炼扬州生活的个性和精神并将其推向极致，形成系统，形成产品，成为符号、样式、场景和状态，扬州一定会发达起来，扬州也应该发达起来。

中国扬州应当一如意大利的托斯卡纳和法国的普罗旺斯，扬州有能力超越那里，因为扬州较那里有更悠长的历史、更深厚的文化以及更富有人性的生活方式。

# 世界公园评价指标体系初探

周武忠　林宝荣　周康　邹春丽

**摘　要**：目前世界上已有不少园林、公园景观凭借自身独特的优势为全球游客所津津乐道并心生向往，各地高品质公园的建设也进行的如火如荼。但是关于世界公园的学术研究却非常少见。本文对世界知名的园林、景观公园进行探讨，提取世界著名公园的核心成名要素，分别是独特的地理区位、历史文化、自然资源、花卉景观、面积设施，并根据成名要素将世界公园分为世界级休闲公园、世界级历史名园、世界级地质公园、世界级花卉公园、世界级城市公园。深入分析世界公园的高品性和高国际影响效应，遵循综合型、整体性、可操作性、个性化、层次分明以及科学性的原则，构建世界公园的评价指标体系，并在此基础上对扬州蜀冈瘦西湖风景名胜区的相关指标进行了解析。

**关键词**：世界公园；评价指标体系

## 一、世界公园的概念界定

世界上不少园林、公园景观在全球范围内享有声誉，有的以优质卓越的自然资源著称，如美国的黄石公园，被誉为“地球上最独一无二的神奇乐园”；

---

**作者简介**：周武忠，上海交通大学媒体与设计学院教授、博士生导师，旅游与景观研究所所长；林宝荣，扬州蜀冈－瘦西湖风景名胜区管理委员会副主任；周康，扬州蜀冈－瘦西湖风景名胜区管理委员会规划建设局局长；邹春丽，东南大学旅游学系硕士研究生。

有的以悠久的文化历史享誉全球,如英国的海德公园,是英国最大的皇家园林;还有的以辽阔的地理面积为世人知晓,如阿姆斯特丹 Bos 公园,是 20 世纪全世界最大的城市公园……鉴于它们在世界范围内的高知名度与高美誉度,我们称其为世界公园。

关于世界公园官方没有统一的定义,只有一些名词和概念与其相关。分别是国家公园、地质公园、世界遗产。

"国家公园"的概念源自美国,名词译自英文的"National Park",最早由美国艺术家乔治·卡特林提出,他认为"它们可以被保护起来,只要政府通过一些保护政策设立一个大公园——一个国家公园,其中有人也有野兽,所有的一切都处于原生状态,体现着自然之美"。国家公园的标准主要体现在面积、生态体系、管理机构、游客准入制度几个方面。

国内与国家公园相当的概念是风景名胜区,指风景资源集中、环境优美、具有一定规模、知名度和游览条件,可供人们游览欣赏、休憩娱乐或进行科学文化活动的地域。根据资源品质等将风景名胜区分为省级和国家级两类。

地质公园是以其地质科学意义、珍奇秀丽和独特的地质景观为主,融合自然景观与人文景观的自然公园。地质公园有较高的历史、考古、美学等价值,地质公园的定义中特别指出其始终处于所在国独立司法权的管辖之下。

世界遗产是指被联合国教科文组织和世界遗产委员会确认的人类罕见的、目前无法替代的财富,是全人类公认的具有突出意义和普遍价值的文物古迹及自然景观。主要分为自然遗产、文化遗产、自然与文化复合遗产和文化景观。

对上述四类公园进行综合分析,可以看出,目前官方的园林、景观公园主要是从公园的资源品性上进行分类,该分类方式较为单一,但也说明资源属性在公园建设中无可替代的重要性,即使是目前发展迅猛的游乐型主题公园,游乐设施也是自身成功的关键。

本文目前所指的世界公园,将超越原有的定义,不再从公园本身属性出发,而是从其产生的影响力出发。影响力的来源可以是资源属性、品牌营销、管理模式、国际事件等等,我们对此不做限定。只要其在世界上具有高知名度,具有国际影响力,能够提升所在城市整体品位,带动当地经济发展,提升国家整体形象,即称之为世界公园。

世界公园至少拥有以下两种价值:

1．经济价值：带动当地旅游业的发展，增加就业岗位，促进地方经济的增长。同时，世界公园的知名度可以为城市品牌的营销提供有力地支持，进而打造国际旅游城市。

2．文化精神价值：世界公园在不同程度上承担了传承历史文明的重任。公园改善市民的生活品质，提升城市生活品味的同时，或保护了历史遗迹、或展示了人类文明艺术史、或保存了大自然的原始风景，促进了人类文明的传播与传承。

## 二、世界公园的主要特征分析及分类

公园的分类又是另一个复杂的体系。各国公园分类的基准点也不尽相同。即使是在同一个国家，不同类别的公园体系也有自身独特的分类标准。如日本在公园的分类体系中，先根据资源属性将公园分为自然公园、城市公园两类。又根据面积、服务对象、功能进行了细分，种类纷繁复杂，而国内的分类体系更是亟待完善。

对世界公园进行分类的标准是多重的。这里将从现实案例入手，研究总结世界公园的主要特征，分析世界公园的成名要素，并在此基础上，根据成名要素对世界公园进行分类，直指世界公园最核心的优势所在。

在前期进行大量的案例研究基础上，本文选取了若干经典世界公园进行简明阐述。

纽约中央公园座落在摩天大楼耸立的曼哈顿正中，是纽约最大的城市公园，作为大量水泥建筑中的一片绿洲，中央公园深受当地市民的喜爱，成为节假日休闲的不二选择。独特的地理区位是它制胜的关键，充分满足了城市居民渴望绿色，能轻松享受到绿色的心理。另外，中央公园给地产开发模式，打造宜居社区提供了极好的案例借鉴。

英国海德公园是英国最大的皇家公园，是英国传统文化以及自由平等民主等普世价值传播的著名场所。其中“演讲者之角”被誉为“肥皂箱上的民主”，每年国王在此鸣放生日礼炮，吸引了大量的游客。海德公园是英国政治历史进步最好的诠释者之一，承载了其政治精神。另外，美国著名的拉什莫尔山国家纪念公园，其内雕刻了美国4位前总统的头像，代表了美国建国150年来的历史，是了解美国的必经之地，每年能吸引大约两百万游客前来观光旅游。

美国黄石国家公园被美国人自豪的称为"世界上最独一无二的神奇乐园"，公园内百分之九十九的面积均尚未开发，拥有陆地上最大数量的，种类也最多的哺乳动物，保持自然本色，展现最古老最纯净的自然魅力，营造了一个"城市生态天堂"，实现了人类与自然的可持续和谐共赢。

美国的长木花园是一个"园中有园"的复合式大花园，包括 20 个室外花园、20 个室内花园以及大片林园，其独一无二的公园设计手段以及景观营造理念，使其闻名遐迩。另外公园的管理运营模式也值得一提，其面向公众免费开放，同时又吸收志愿者进行公园日常管理，真正做到了公众参与，扩大了知名度与美誉度，同时，也最大的发挥了公园的效用。与此类似的还有荷兰的库肯霍夫花园，其凭借每年的郁金香花展以及传统欧式风格的景观设计，成为欧洲最迷人的花园。

美国金门公园，横跨 53 条街，占地达 1017 英亩，是全美面积最广阔的公园，也是世界上最大的城市公园之一，极大的改善了旧金山的城市生态环境，被誉为旧金山"绿色的肺"。荷兰的阿姆斯特丹 Bos 公园（Amsterdamse Bos）被认为是阿姆斯特丹人的露天休闲场所中的一个"楔形绿地"。占地 935 公顷，始建于 1934 年，被认为是 20 世纪全世界最大的一个城市公园。

对上述公园的核心优势进行提取，可分为以下 5 类：

1. 世界级休闲公园，便利的地理区位以及综合型的休闲游乐设施满足了当地居民的休闲游憩需求，提升了当地人的生活品质。

2. 世界级历史名园，承载了本国乃至世界的文化历史或者政治经济进步史，是全人类的文明瑰宝，是人类的历史记忆。

3. 世界级地质公园，在人类对自然资源过度开发的今天，其保存了自然最原始的面貌，是人类对自然最真诚的回归，也是人与自然和谐共处的有效模式之一。

4. 世界级花卉公园，花永远是美好生活的标识之一，人们对花的热爱之情不分国界。花是世界人民共同的语言，对于花卉的利用更是一门深奥的学问，也是一门关于美丽的艺术，花卉公园是人类精神诗意的栖息地。

5. 世界级城市公园，公园的面积超乎人们的想象，不是城市中的公园，而是公园中的城市。大面积的公园成为了各个年龄阶段、不同文化层次的市民或者游客的游乐园。

它们的核心成名要素分别是独特的地理区位、历史文化、自然资源、花卉景观、面积设施。

可以看到，目前世界公园的成名要素大多为其自身的“硬件”资源，世界公园的建设均是在完善本身资源的基础上加以改进。结合目前公园建设的国际潮流，以及服务型经济浪潮，提出以下4点世界公园成名要素的创新点：

第一，生态可持续的公园管理模式。

“高效、绿色、人文”是公园管理的关键词，在传统的管理方式已经趋于阻碍公园进一步发展的时候，创新是突破瓶颈的关键词。从所有制、管理体制、或者仅仅公园的内部管理方式等方面都可以寻找到突破点。

第二，借助“智慧旅游”创新公园产品。

“智慧旅游”已经是旅游业未来的潮流，目前全球都在紧锣密鼓的研制智慧旅游产品，想借此机会夺得先声，在世界旅游业中占据一席之地。未来公园的发展只有借助智慧旅游，才能更好更快的与国际接轨，被更多的旅游者知晓，跻身世界公园的行列。

同时，智慧旅游除了可以更好地向旅游者提供产品之外，也是公园管理的一大创新和挑战。

第三，与国际接轨、与城市联动的品牌营销措施。

“园在城中，城在园中”，一个城市的公园和所在的城市本身就是相辅相成的关系，一荣俱荣，一损俱损，在城市品牌的宣传造势上，我们要立意高远，独树一帜，将世界公园和世界城市捆绑，作为一个整体被旅游者感知和体验。

第四，多方力量参与投资建设机制。

多方力量参与投资建设，除了资金方面的优势外，多元化的投资带来多元化的理念，易于在众多的观念中寻求到最优理念，从战略角度给世界公园定好位。并且吸收各界力量行为本身就已经具备了深厚的社会市场基础，有利于世界公园知名度的提升。

## 三、世界公园的评价指标体系

### （一）世界公园评价方法

参照国际城市的评价方法，对世界公园的评价也可以分为两类：一是以综合指标体系来评价世界公园，如设立各项评价指标标准；二是按照单一指标来研究世界公园，如根据国际游客比例等来确定是否入围世界公园。

本文对于世界公园涵义的解释，主要是从公园的综合建设质量和国际影响力两个方面，并认为高品质的公园建设与高知名度和美誉度的国际影响力是世界公园的主要标志和共性特征，是构成世界公园的基本要素，也是定义世界公园的必要条件。

事实上，任何公园都是一个开放系统，具有对外开放的共性，从而具备一定的国际影响潜力，甚至有些公园因为一些意外的原因，在世界上拥有影响力，但我们不能认为它就是世界公园，因为一方面它的公园建设品质还没有达到世界级的标准，另一方面，它们的国际影响力也还没有达到“极强”的程度。所以说，公园的高品性建设和世界高影响力是构成世界公园的必要条件。

反之，如果一个公园没有极强的世界影响力，没有一定规模的国际游客，我们就不能说它是世界公园，这是无可非议的共识。但是“极强”该如何度量，本文认为公园的资源建设品行在全球范围内应是特别突出的，卓越的，在国际舞台上占有举足轻重的地位。

由以上分析可以看出，世界公园的世界级品质建设和全球范围内的高知名度是构成世界公园的必要条件，所以从广义的角度，可以这样定义：世界公园是国际影响效应极强的公园。

国际影响效应的概念由 3 个要素组成：

1. 公园的品性影响

主要指在全球范围内该公园的资源属性及设计理念的独特性、唯一性及品质性，拥有国际影响力的核心属性。

2. 公园的影响强度

即该公园在世界上的知名度及美誉度的强弱。

3. 公园的影响规模

主要指该公园境内外游客的数量。

公园的资源品性影响或许很强，但其影响规模不一定大，如一些待开发的具有国际影响力的人类遗址等；而公园品性影响力不大的一些公园，通过后期的综合建设，涉外的领域很广，则也能成为具有很大影响规模的世界公园,在国际上拥有较强的知名度。如美国的金门公园、荷兰的阿姆斯特丹 Bos 公园。

世界公园的基本特征体现在公园的高品性建设和国际影响效应两个方面,也就是说,这两大方面的特征构成了世界公园的基本评价标准。

1. 公园的高品性建设

高品性建设是指整个公园体系的所有构成要素的品质,而不仅仅是指在某个方面和领域的高品性。具体的说,其基本特征主要表现在以下 3 个方面:公园核心属性顶尖化——公园的核心属性必须在国际舞台上拥有举足轻重的地位,在国际上拥有自己的国际影响力,公园才能跻身世界公园的行列;公园建设品质化——优良的布局、一流的设计、生态节能的基础设施等;公园管理模式现代化——具有高效、绿色、人文的管理结构。

2. 公园的高国际影响效应

不同的世界公园,其国际影响的具体对象可能不尽相同,但世界公园产生国际影响力的综合效应仍有许多共同的特征,主要反映在以下 3 个方面:境外游客在游客总人数中占相对较重的比例——世界公园不仅仅是一个城市的城市花园,更是全世界人民共同的财富;交通和信息传播网络的国际化——"酒香不怕巷子深"已经落后于时代,尤其是旅游业,可达性成为一个地区能否能为世界热门旅游地的重中之重。拥有全方位开放、通达便捷的国际交通网络至关重要;文化交流国际化——作为世界公园的核心属性之一,其蕴涵的精神文化价值是全人类共同的财富。

根据公园的品性建设及国际影响效应,可以将世界公园分成两大类:一类是综合性的世界公园——该类公园具有多种核心资源,以综合游憩作为设计理念,如纽约中央公园、汉堡城市公园等,此类公园更多的建设在城市之中,可称之为世界级的城市公园;另一类是主题性的世界公园,设计理念即是围绕着某一核心资源进行打造,拥有自己独特的资源品性,在国际社会上占据鳌头,如黄石国家公园、库肯霍夫花园等。

世界公园的级别层次的划分,实际上是对世界公园进行综合评价和排序,其综合的评价需要建立一套完整的世界公园评价体系,然后应用定性与定量相结合的方法,进行综合评价与排序,达到对世界公园分级的目的。从定性的角度,根据世界公园的国际影响效应,可以将世界公园分为全球性世界公园、区域性世界公园和地区性世界公园 3 个层次。

通过上述分析，可以避免在世界公园评价指标体系构成中指标过多，面面俱到，过程繁杂，有利于构建一个科学、合理、实用的指标体系，用于研究分析评价世界公园，并借鉴国外世界公园的发展经验，努力打造中国的世界公园，提升地区乃至国家的国际形象。

**（二）世界公园评价原则**

建立世界公园评价指标体系必须遵循一定的原则，考虑世界公园的实际情况以及构成要素的相互关系，评价世界公园应遵循以下原则：

1. 综合型原则

世界公园作为城市、国家乃至全球的休闲游憩体验场所，作为社会、经济和自然的复合系统，评价指标的选取要尽可能全面，评价过程中要使用综合性的评价方法，以便对不同地区、不同类型的世界公园系统进行比较。

2. 整体性原则

世界公园不是独立存在的，不仅需要与周围环境相融合才能实现可持续发展，更要与所在城市、所在国家，乃至全人类的普世理念相结合才能成为真正意义上的世界公园。因此评价体系的建立必须注重公园与自然、公园与人类的协调性和整体性。

3. 可操作性原则

只有可操作性的评价体系才有其实际的意义。目前并没有世界公园的统一定义，更谈不上世界公园的评价标准体系，所以应当建立定性与定量相结合的可操作的世界公园指标体系。

4. 个性化原则

不同的世界公园所在区域的自然条件和社会经济发展水平都有差异，应当根据世界公园的具体类型和特点，进行有针对性的“个性化”评价，做到普遍性与特殊性的统一。

5. 层次分明原则

指标体系是由多层次的指标群构成，分为目标层、准则层、指标层等，各个子系统之间既相互独立又相互联系，指标群逐级分解，形成多级有机的组合。

6. 科学性原则

指标体系一定要建立在科学的基础之上，要科学合理，客观真实反映世界公园的全貌，世界公园首先是在当地、本国享有声誉的公园。

**（三）世界公园评价指标构成及意义**

世界公园的评价指标是对上述世界公园的基本特征的进一步延伸和拓展，使其具体化、定量化、可比化。本文对世界公园的评价体系的设计思路是：把世界公园评价指标体系分为若干层，由上至下，将宏观、抽象的指标逐步过渡到微观、具体、可度量的指标。最上层为总体评价对象，即世界公园；第二层根据世界公园的定义将其综合评价问题分为公园的品性建设和公园的国际影响效应，第三层为特征指标层，即将世界公园的基本特征列入该层，作为下一层指标设计的依据，第四层为具体类指标层，它们实际上是上一层特征"软指标"细分而来，反映某一中微观领域或具体方面的水平状态的类指标；第五层是测度指标层，该层指标的设计，一方面要求可度量性、可比性，另一方面又要求具有代表性和主成分意义。根据这一设计思路和原则，本文建立了如下评价指标体系。

历史文化价值指标——可以选用公园的历史文物保护现状、建筑特色保存现状等；

艺术观赏价值指标——文物、博物馆数量等；

科学考察价值指标——公园生态环境现状、水系保存现状等；

娱乐游憩价值指标——游乐设施数量、服务人员数量；

公园整体性指标——与所在区域的互融程度、多样化功能；

公园可持续性指标——资源的合理利用、环境友好程度；

公园适用性与舒适性指标——游客满意度；

机构设置指标——管理部门完整程度；管理流程规范度；

社区共管指标——社区参与程度、社区居民满意度；

游客结构国际化指标——国际旅游者接待人数、国际旅游创汇收入；

国际交通类指标——国际机场港口数；

信息网络国际化类指标——现代信息传输系统及与国际联网的程度与规模等指标；

文化产品国际化程度指标——公园内的世界文化产品数等；

国际化文化交流活动类指标——国际文化交流活动数等。

## 四、扬州蜀冈瘦西湖风景名胜区打造世界公园初探

扬州瘦西湖目前为“全国 AAAAA 级旅游景区”、“国家文化旅游示范区”、“具有重要历史文化遗产和扬州园林特色的国家重点风景名胜区”，扬派盆景更是享誉海内外，加上众多的国字号荣誉，扬州瘦西湖的自然与文化资源可谓是同类型景区资源中的佼佼者，凭借这些资源打造特色景观，成为具有国际影响力的世界公园指日可待。

根据上文提出的世界公园指标体系，我们可对扬州蜀冈－瘦西湖风景名胜区做如下解析：

1. 历史文化价值指标：扬州蜀冈－瘦西湖世界公园所涉及到的文化脉络有遗址文化、园林文化、宗教文化、非物质文化、花卉文化、帝王文化等，重点打造的文化脉络为遗址文化、园林文化、花文化。重要历史文化时期与重要历史时间节点集中在汉代墓葬文化；隋唐遗址文化；宋朝战争文化；明清园林文化。

2. 艺术观赏价值指标：瘦西湖及湖上园林景观具有独特的艺术性，在全长 4.5 公里的瘦西湖线形水体两岸及湖北端蜀冈上，密集分布有园林、寺庙和其它文化景观要素二十余处，形成“两堤花柳全依水、一路楼台直到山”的“卷轴画”式园林景观，表现出兼具传统文化审美、商业文明特性及皇家气象的园林景观审美特征，见证了 17—19 世纪扬州商业文明及其所产生的独特审美传统。

3. 科学考察价值指标：景区资源类型多样，风景古迹众多。特别是唐宋城池遗址格局清晰、保存完整，是全国重点文保单位，具有极其重要的考古及学术价值，是我国在都城以下作为地方一级城市城池遗址的典型代表，已列入国家考古遗址公园立项名录。

4. 娱乐游憩价值指标：景区内娱乐设施主要包括瘦西湖文化休闲广场、瘦西湖天沐温泉度假村、傍花村商业休闲街、唐子城十字街等，现有娱乐设施数量尚不能满足游客的需求。

5. 公园整体性指标：扬州蜀冈瘦西湖风景名胜区总面积 12．23 平方公里，包含了瘦西湖风景区、蜀冈风景区、唐子城风景区、笔架山风景区、绿杨村风景区，是一个以古城文化为基础，以重要历史文化遗迹和瘦西湖古典园林

群为特色，与扬州古城紧密相依的国家重点风景名胜区，自然景观、人文景观比较集中，环境优美。景区与老城区景点个园、汪氏小苑、天宁寺、史可法纪念馆等较近，形成了优越的旅游资源网络；旅游客源市场广阔，扬州100公里半径内有2500万消费人口，200公里半径内有8000万的消费人口。

6. 公园可持续性指标：瘦西湖风景区是蜀冈－瘦西湖风景名胜区的核心组成部分，是我国湖上园林的代表。隋唐时期，瘦西湖沿岸陆续建园。及至清代，由于康熙、乾隆两代帝王六度“南巡”，形成了“两堤花柳全依水，一路楼台直到山”的盛况，历史上有二十四景著称于世。

瘦西湖景区周边建设服从于瘦西湖视觉景观保护要求，受到《扬州城市总体规划》及《蜀冈－瘦西湖风景名胜区总体规划》的双重控制，因此虽历经30余年城市建设的高速发展，但瘦西湖周边天际轮廓线丝毫未变，被称为国内唯一没有视觉污染的城市型风景区。

瘦西湖景区及其周边生产性企业已全部搬迁，瘦西湖水系与外围水系已全面沟通，从而保证了瘦西湖水质持续不断地得到改善。

由于旅游业的蓬勃发展，入园游客连年攀升，高峰时日游客量达到5万人次；同时国民对健身锻炼、市民交往的需求也在集聚扩大，加之中国已提前步入老龄化社会，因此公园晨练、晚游的人数也在不断扩大。两种需求的交叠在旅游旺季给公园带来了难以承受的压力。

7. 公园适用性与舒适性指标：主要采用游客满意度来衡量，国内旅游游客满意度指数一般大于80算高，因此世界公园的游客满意度指标也应该大于80。瘦西湖景区打造世界级公园可以参照这个体系通过撰写问卷调查等，考量游客满意度。

8. 机构设置指标：扬州市委市政府高度重视风景区的保护和发展，于2006年设立“扬州蜀冈－瘦西湖风景名胜区管理委员会”，专门负责扬州蜀冈－瘦西湖风景名胜区规划、建设和管理工作。

9. 社区共管指标：世界公园的建立与管理向来非常重视社区公众参与其中，无论是国家公园管理计划的制定、公园具体管理政策的产生以及修改调整，还是面临建设、管理、保护以及其他的具体问题时，都应注重采纳公众的意见，这一点瘦西湖风景区还有较大距离。

10. 游客结构国际化指标：扬州瘦西湖世界公园的国家化发展综合指标

可以从国际游客入境免签、国际医疗救援体系协议等、国际旅游收入占GDP比重、国际旅游占旅游总收入比重、国际游客人均消费等方面进行统计测量。

11. 国际交通类指标：扬州泰州机场（原苏中江都机场）将和已经建成的江海高速公路、江都至六合高速公路、安大公路、宁启铁路复线及电气化改造、扬州港扩容以及规划建设的淮扬镇高速铁路和过江通道等重大基础设施项目一道，构建和完善扬、泰两市现代化的综合交通运输体系，全面提升城市综合竞争力，也加强了世界公园的可达性。

12. 信息网络国际化类指标：公园相应的网络系统应该构建完善，提供多个国家语言提示，充分应用“智慧旅游”的优势，为前来旅游的国际游客提供全方位的预先了解。信息传输系统的技术指标应该过硬，可以尝试采用国际先进的电子技术，让游客及时了解最新的园区状况和活动。更需要为游客提供一个网络平台，反映旅游感受，提出不足之处，以便提高园区旅游设施和服务水平。

13. 文化产品国际化程度指标：瘦西湖景区重要的文化产品 --- 扬派盆景作为国内五大盆景流派之一，不仅在国内享有盛誉，而且在国际上也有较大名声，第五十届世界盆栽大会2013年在扬州举行，这不仅是一个国际文化交流活动，更为提高扬派盆景这一产品国际化程度起到不可估量的作用。

14. 国际化文化交流活动类指标：相对世界级公园而言，瘦西湖景区的国际文化交流活动数量、知名度及影响力都有较大差距。今后，应借鉴世界级公园的管理经验，培育世界级的文化旅游产品，打响国际知名旅游品牌，提高旅游的国际知名度，带动周边地区相关产业的共同发展，打造其世界级公园的知名度和影响力。

**参考文献：**

[1] 周武忠. 扬州将建全球最大城市公园 [EB/OL]. http://www.people.com.cn/GB/paper447/14602/1297826.html.

[2] 杨锐. 美国国家公园体系的发展历程及其经验教训 [J]. 中国园林，2001，(1).

[3] 张洪，朱磊. 风景名胜区管理体制研究综述 [J]. 资源开发与市场，2012，(2).

[4] 齐武福，王颖，陈畅，杨萍. 国家地质公园旅游资源特征、类型及评价研究综述 [J]. 国土资源高等职业教育研究，2008，(2).

[5] 中国世界遗产网. 世界遗产分类评定标准 [J]. 建筑与文化，2004，(6).

[6] 章俊华，白林. 日本自然公园的发展与概况 [J]. 中国园林，2002，(5).

[7] 刘玉芳. 国际城市评价指标体系研究与探讨 [J]. 城市规划，2007，(4).

[8] 肖耀球. 国际性城市评价体系研究 [J]. 管理世界，2002，(4).

[9] 蜀冈—瘦西湖管理委员会. 扬州瘦西湖及盐商园林文化景观保护管理规划纲要(2012-2030)[S]. 2012.

# 国外城市土地利用模式对扬州建设世界名城的启示

殷少美

**摘　要：**科学高效利用城市土地，促进城市可持续发展，是建设世界名城的重要方面。本文通过对国外几个典型城市土地利用状况与扬州进行分析比较，提出了扬州在建设世界名城进程中，需要在土地规划布局、利用格局、利用方式、利用效益等方面学习借鉴国外城市的经验和做法。

**关键词：**世界名城；土地利用；扬州

城市土地是城市的载体，是城市发展的基本要素之一，城市土地利用模式和利用状况一定程度上决定着城市的可持续发展，也是城市建设的共同课题。

扬州是一座宜居城市，是江苏名城、中国名城，正在从经济、社会、文化、生态等各方面打造世界名城。我们试图通过收集国外城市特别是世界著名城市土地利用方面好的经验和做法，为扬州建设世界名城提供借鉴，为扬州城市土地利用带来启示。

## 一、国外城市土地利用基本情况

我们以美国的波士顿、西雅图，比利时的布鲁塞尔，印度的班加罗尔和新加坡等世界著名城市为例。

---

**作者简介：**殷少美，扬州市国土资源局建设世界名城课题组成员，高级工程师。

1. 波士顿

波士顿是美国马萨诸塞州的首府和最大城市，也是新英格兰地区的最大城市。该市位于美国东北部大西洋沿岸，西南距纽约 200 公里，创建于 1630 年，是美国最古老、最有文化价值的城市之一。经济基础以科研、金融与技术为主，特别是生物工程。波士顿市区面积 232.1 平方公里、陆地面积 125.4 平方公里（占 54%）、水体面积 106.7 平方公里（占 46%）。市区人口 596,638，人口密度 4758 人 / 平方公里（以陆地面积计算）。人均城市用地 210 平方米 / 人。城市土地利用结构以住宅用地所占比例最大（63.85%），其次是交通和公用设施用地（14.13%），工业用地所占比例最少（5.31%）。

2. 西雅图

西雅图是美国太平洋沿岸西北部最大的城市，曾被评为“全美最佳居住地”、“最佳生活工作城市”、是全美公认生活质量最高的城市，是比尔 · 盖茨和微软公司的故乡。它的经济基础为航空航天、信息技术、生命科学及生物科技工程。城市面积 369.2 平方公里，其中陆地面积 217.2 平方公里，水域面积 152.0 平方公里，占 41.16%。都市区人口 340 万，人口密度 9209 人 / 平方公里。人均城市用地 109 平方米 / 人。

3. 布鲁塞尔

布鲁塞尔是比利时王国的首都，比利时政治、经济、文化中心，比利时第一大城市，全国最大的工业中心，被誉为欧洲最美丽的城市，欧洲经济共同体、北大西洋公约组织总部等数百个国际机构设于此，经常举行国际会议，有欧洲首都之称。支柱产业主要有：机械制造业、化学工业、服装业、印刷业和皮革工业。电器工业和面粉、榨油、啤酒等食品工业也很发达。面积 162 平方公里。人口 107 万，人口密度 6605 人 / 平方公里。人均城市用地 151 平方米 / 人。城市土地利用结构住宅用地所占比例最大（40.98%），其次是交通和公用设施用地，占 31.15%。

4. 班加罗尔

班加罗尔是印度南部城市，卡纳塔克邦的首府，印度第五大城市，是印度信息科技的中心，俗称“印度硅谷”。班加罗尔是由一城堡发展成印度南部经济、文化中心之一。微软、惠普、3M 等世界知名企业都在这里设立了办事处。班加罗尔面积 534 平方公里，人口 540 万，人口密度 10112 人 / 平方公里。人均城市用地 99 平方米 / 人。城市土地利用结构住宅用地所占比例最大(40.40%),交通和公用设施用地所占比例为 24.3%。

5. 新加坡

新加坡是一个岛国,典型的人多地少、寸土寸金的城市型国家,由 63 个小岛组成。陆地面积为 712.4 平方公里,其中 140 多平方公里的土地是由围海造地形成的。人口高度集中,密度达 7383 人 / 平方公里。新加坡的经济和社会发展并没有因土地狭小而受到限制。相反,新加坡在高效城市管理、经济可持续发展方面取得了令世人瞩目的成就。新加坡不仅有亚洲最宽敞的居住条件,人均居住面积超过 35 平方米;也有世界最畅顺的城市交通。1986 年 ~ 2007 年的二十多年中,新加坡的人口增加 68%,而绿化面积从原来的 36% 增加到 47%。上述这一切,在发达经济体的大都市中,都是不可能发生的。而这一切,都是新加坡政府在过去几十年中由于土地和自然资源匮乏的压力,不断努力寻求土地最佳使用方式的成果。反映在城市运行的效率上,新加坡连续数年被世界银行评为世界最易经商城市的首位。全球经济竞争力连续十年排在世界前五名。新加坡创新的土地管理和使用模式以及其对土地长期使用综合效率的考量方式对中国快速城市化进程中的土地管理有非常有益的借鉴作用。

## 二、国外城市土地利用状况与扬州的比较

国外城市土地利用状况与扬州相比较(表 1),就城市人均建设用地面积而言,班加罗尔最小,只有 99 平方米 / 人,其次是新加坡和布鲁塞尔,分别为 135 平方米 / 人和 151 平方米 / 人,波士顿人均建设用地面积 389 平方米 / 人,扬州在这几座城市中人均建设用地面积居中,为 153 平方米 / 人。从城市土地利用结构来看,国外城市大多是住宅用地占比最大,其次是交通和公用设施用地,工业用地占比都比较小;扬州,住宅用地的占比也是最大,但工业用地所占比例偏高,交通和公用设施用地所占比例偏低。就城市土地利用效益而言,国外地均 GDP 波士顿最高,布鲁塞尔和新加坡其次,而扬州的地均 GDP 都低于上述城市。可见,扬州在城市土地利用集约度、土地利用结构布局、土地利用效益等方面还有待提升。扬州城市土地利用水平固然与工业

化发展的不同阶段有关，但同时也说明，扬州需要借鉴学习世界名城好的经验和做法，不断进行产业升级，提高工业化率和城镇化水平，优化土地利用结构，根据产业发展合理配置土地资源，加强城市土地节约集约利用，提高城市土地利用效益。

如何在世界名城建设中提升扬州的土地利用水平，从哪些方面来加强对城市土地资源的集约和高效利用，我们认为国外城市土地利用以下几方面值得学习借鉴。

表 1　国外城市土地利用状况与扬州的比较

| 城市名称 | 市区建设用地面积（平方公里） | 城市人口（万人） | 人口密度（人/平方公里） | 人均城市用地面积（平方米/人） | 城市地均GDP（万美元/公顷） | 住宅用地占比 | 商业用地占比 | 工业用地占比 | 交通和公用设施用地占比 | 其他用地占比 |
|---|---|---|---|---|---|---|---|---|---|---|
| 波士顿 | 232 | 59.66 | 2571 | 389 | 1564 | 63.85% | 5.21% | 5.13% | 14.13% | 11.68% |
| 布鲁塞尔 | 162 | 107 | 6605 | 151 | 512 | 40.98% | 3.28% | 9.84% | 31.15% | 14.75% |
| 班加罗尔 | 534 | 540 | 10112 | 99 | 129 | 40.40% | 2.70% | 6.90% | 24.30% | 25.70% |
| 新加坡 | 712 | 526 | 7383 | 135 | 302 | 15.10% | 1.50% | 12.20% | 29.70% | 41.50% |
| 扬州 | 187 | 122.4 | 6545 | 153 | 82 | 34.35% | 5.78% | 33.36% | 19.60% | 6.91% |

## 三、国外城市土地利用借鉴

### 1. 科学制定土地利用规划

土地利用规划是调节各类土地利用的“龙头”。新加坡的土地利用规划分为战略性的概念规划和实施性的开发指导规划。概念规划蓝图主要制定土地和交通的规划蓝图，这个蓝图让人们可以想象未来30—50年后城市的样子。以此为总纲，再制定总体规划蓝图和控制性详规的法定文件。在这个蓝图当中，人口密集与非密集区域相关公共配套设施、交通网络、产业布局都有明晰的标记和详细的预算，蓝图垂直性考虑每一区域每年会发展到什么程度，在每个细分的小块，连容积率都有详细的规定。从概念规划到详细规划的落实，新加坡规划相关部门都是联系沟通协调的，市区重建局、土地管理局、陆路交通管理局等部门加强合作，综合考虑多方面需求，注重土地利用与环境、经济、社会发展的平衡。西雅图非常注重规划的可持续性。西雅图土地规划中都市集合的用地模式，充分体现了控制增长、节约土地资源、降低能源消耗、高效利用基础设施、保护环境、鼓励公众参与、提倡社会公平、改进生活品质、加强社区意识、保护地方特色，以及整体规划等可持续发展的思想。

国外规划的编制，在进行城市社会、经济发展研究，保证其科学性的基础上，大多会考虑技术的发展所带来的产业结构的升级和生产方式的变更，从而注重规划的灵活性。比如，在城市中心区开辟一块预留地，首先将其开发成熟地，或建设成绿地或建设成公园充分发挥其生态价值，等到中心区无法容纳时，预留用地作为发展的扩展地。

扬州土地利用规划的编制，在推进世界名城的建设中，更要以科学为基、精致为要、持续为本，坚持紧凑城市、精明发展的理念，立足扬州特色，按照"一核多组团"的总体布局，突出区域融合、空间整合、产城结合的要求，对现有开发区、工业园区、专业园区进行综合提升、整合，优化土地利用格局，立足于保护耕地、保障发展、节约集约和区域可持续利用的要求，对 2300 平方公里范围内的土地进行定性、定量、定位和定序控制，划定不同地类发展边界，预留拓展空间，既彰显扬州名城特色，又满足城市可持续发展。

2. 注重城市土地立体开发

无论是新加坡还是波士顿，都十分注重城市地上和地下空间的开发利用。2000 年新加坡高、中、低密度住宅的平均容积率分别达到 2.5、1.6 和 1.0，所占比例分别为 78%、13% 和 9%。在 2001 版的概念规划中，新加坡不仅规划提出了容积率为 8 的超高层住宅，而且原有高、中、低密度的住宅建设的容积率标准也分别提高到 3.65、2.1 和 1.2，新加坡工业用地容积率一般也都控制在 2 以上。与此同时，新加坡也十分注重地下空间的利用，新加坡不仅有快速的地下交通系统、石油地下仓储设施，而且正在考虑建设大型的地下城市设施。波士顿在城市更新改造中，以修建隧道改造工程替代地面高架桥，隧道建成后，拆除地上拥挤的高架桥，代之以绿地和可适度开发的城市用地。这种在城市中心区发展的地下快速道路系统，既可以腾出地面空间以绿化、适度开发及增加不同区域的城市生活联系，又减低了道路对城市的割裂，减少了对城市空气的污染，实现了土地的多重使用。

而与之相比较，扬州住宅用地的容积率一般为 1.8 左右，工业用地的容积率一般为1.0,这固然与扬州这座古城的历史文化传统分不开,但同时也说明我们在节约集约利用土地方面潜力巨大。在土地资源供需矛盾越来越尖锐的今天,需要着眼于地上和地下空间的开发和利用,对土地资源进行立体开发。扬州在保护好老城的同时,对新城建设或新上项目一定要注重地上和地下空间的开发利用,立足于古代文化与现代文明交相辉映,科学制定分区域的城市天际线控制和容积率分区规划,城市建筑宜低则低,宜高则高。制定城区地下空间利用规划和鼓励政策,让利用地下空间者经济上合算、环境上舒适。鼓励各区域对土地实行多功能集约开发,建设各类城市综合体,做到立体发展、紧凑发展、精明发展。

3. 倡导土地混合利用

土地混合利用是指在城市的某一特定区域内具有多种类性质的土地利用。欧美各国在城市土地使用上经历了功能混合—分离—混合的发展历程,这不是一个简单的回归,而是一个螺旋形上升的过程。欧美各国城市土地混合利用的实践说明,城市土地混合使用已逐步成为追求城市有序、综合、多功能环境的手段之一,土地混合使用成为西方国家城市可持续发展的一部分。

发达市场经济地区和国家进行土地混合用途开发的模式通常表现为:依据环境影响给予各地块在某个范围内进行用途混合和用途更变的弹性空间,以此增加土地功能混合开发形态的可能性,增强规划的应变能力,提高土地的开发效率。如在新加坡,实施所谓的“白色地带”计划,增加用地的兼容性。所谓“白色地带”,是指政府划定特定地块,允许包括商业、居住、旅馆业或其他无污染用途的项目在该地带内混合发展,发展商也可以改变混合的比例以适应市场的需要。同时,在项目周期内改变用途时,无需交纳额外费用。这些规定给了企业更大的灵活性和企业设置的协同性,从而创造了一个混合用途“工作、生活、娱乐”一体化的环境,不仅有利于更好地利用土地,也带来了交通便利。

扬州在城市土地利用上也经历了商住与工业功能混合和商住与工业基本分离的过程。面对未来开发中大量不确定因素,纯粹市场导向的土地开发行为,有可能导致无序的功能混乱、环境破坏等状况,要实现城市土地混合使用,必须具有引导实现目标的方法和能力,在政府与市场之间找到一个适宜点,由政府通过改进规划控制体系、减轻税金等来主导土地混合使用,由市场调节来保证这一目标的实现，这方面的探索创新要由点到面、不断深化。

4. 设置合理高效的交通用地

但凡世界名城，无一不具备合理高效的交通系统。以新加坡为例，新加坡的特殊地理条件决定了其不可能通过不断扩大国土面积来适应不断增长的交通需求，所以只有通过充分发挥现有土地与交通资源的潜力，合理控制交通需求的增长，才有可能用有限的资源保证道路交通战略基本目标的实现。新加坡通过环形的分散城镇布局模式和快速大容量交通网络的建设，一方面减少交通出行，如在商业中心设置高密度住宅区，在交通中心上附加了许多其他社会功能，如购物、餐饮、医疗、图书馆 、邮电、影院、行政和其他公共服务等。另外一方面形成了高效率公共交通的都市交通体系。新加坡建立了完整有效的综合交通系统，包括普通道路、城市快速路、地铁系统、轻轨系统等。迄今新加坡已建成总长 3000 公里，以城市快速路为主干、普通道路为支线的道路交通路网系统。新加坡在所有的 22 个市镇中心都设置综合地铁、公共汽车、轻轨、出租车的综合公交转换站。高效率的都市交通网络为土地资源更高效率的利用提供了重要的支撑条件。通过人口、交通和综合服务中心的空间布局，大大缓减路面交通的压力。

随着扬州城市化速率的不断提高和私人汽车的普遍化，扬州的交通拥堵问题将会显现，在未来的发展过程中，扬州发展交通要注重城市内部交通网络的优化，需要进一步提高交通用地的比重，适度扩大城市交通用地。

5. 鼓励产业政策升级与土地政策高效融合

按照工业化发展速度，人类社会可分为前工业化、工业化和后工业化 3 个时期。工业化不同时期，发展重点各不相同，但基本都经过了技术密集型制造业，制造业朝高附加值、资本密集型方向转型，发展高新技术，以信息产业为中心的知识密集型经济等阶段。国外城市一般都通过有选择性地回购一些较低附加值的土地为发展高附加值产业预留足够的空间，在租赁合同结束期和更新期对土地进行升级，以及提高容积率等措施实现产业政策升级与土地政策高度融合，实现工业园区土地利用价值最高、可持续发展。

根据扬州工业化发展水平及特点，依据国家的政策法规，制订相关规定，适时推出创新举措，使工业园区的用地政策不断优化升级，包括实施工业用地竞价出让，鼓励建设工业标准厂房，通过租赁等方式促进中小企业发展。对服务业用地实行差别化地价，融合并促进产业政策升级和转型发展。

6. 推进棕地再开发

棕地是被遗弃，闲置或不再使用的前工业和商业用地及设施。因此，棕地不仅包括旧工业区，还包括旧商业区、加油站、港口、码头，机场等工业化过程中所遗留下来，已经不再使用的设备、建筑、工厂或整个地区。在 20 世纪后半期，发达国家和地区随着产业结构的升级及产业重心的郊区化，在城市中心遗留的大量早期工厂厂址和用地即为棕地。

棕地是工业化进程的产物，会带来土地闲置、环境污染、城市空间破碎等诸多不良后果，对城市经济、社会环境等各领域产生不利影响。为提高土地利用效率、治理与改善环境，欧美发达国家纷纷开始进行棕地再开发，如美国西雅图市将废弃了的从石油中提炼汽油的工厂，改建为城市中央公园。经过多年努力，欧美发达国家在治理结构、法律框架和资金保障体系方面积累了宝贵经验，棕地再开发已在社会经济、历史文化、生态景观甚至科学教育等方面产生了巨大效益，被这些国家认为是后工业化城市可持续发展及土地资源高效利用的必由之路。

扬州通过企业“退城进园”、土地收购储备和清理盘活空闲、低效利用土地等方式对大部分的棕地进行了再开发，但仍有一定数量的可供再开发的棕地，通过全面深入普查，摸清棕地类型、数量、质量与区域分布情况，统筹规划，因地制宜地制订棕地再开发政策与策略组合，提高棕地再开发效率，最终实现城市利用在经济、社会、生态效益上的统一，实现土地利用“多营”和“多赢”。

建设世界名城，是循序渐进、不断前行的过程。在这一前进的过程中，要瞄准世界水平，不断借鉴学习，不断创新、突破，走符合扬州特色的世界名城建设之路。

**参考文献：**

[1] Ming Zhang. Modeling Land Use Change in the Boston Metropolitan Region[D]. University of California, 2009.

[2] 于洋 . 绿色、效率、公平的城市愿景——美国西雅图市可持续发展指标体系研究 [J]. 国际城市规划，2009,(6).

[3] Wen Yunchao, Wang Yiming. Land use planning and rural management on the experience of territorial management in the Wallonne of Belgium[J]. Geographical Research, 1998,(2).

[4] Rolee Arany；杜潇芳,译. 在全球经济环境转变中土地利用决策的分化：印度班加罗尔的实例 [J]. 国外城市规划，2003,(2).

[5] 王皎．土地利用规划对城市土地的调控作用研究 [D]. 西南大学，2008.

[6] 陆张维．土地利用总体规划中心城区建设用地布局研究 [D]. 浙江大学,2012.

[7] 喻锋．欧洲城市土地多功能集约利用简介及其启示 [J]. 国土资源情报，2010,(3).

[8] 黎孔清,陈银蓉．新加坡城市土地集约利用及其启示 [J]. 铜业工程，2010 (4).

[9] 马静．新加坡城市土地利用资源高效利用的经验借鉴 [J]. 国土与自然资源研究，2012,(1).

[10] 郑捷奋,刘洪玉．新加坡城市交通与土地的综合发展模式 [J]. 经济研究，2003,(11).

[11] 刘云华．新加坡土地综合利用效率探讨 [J]. 城市观察，2011,(1).

[12] 卢为民．新加坡以规划土地政策促进产业转型升级的经验与做法 [J]. 上海土地，2012,(2).

[13] 庄淑亭,任丽娟．城市土地混合用途开发策略探讨 [J]. 土木工程与管理学报，2011,(3).

[14] 王宏新,甄磊,周拯．发达国家棕地再开发经验及启示 [J]. 中国土地科学，2011,(2).

[15] 曹康,金涛. 国外“棕地再开发”土地利用策略及对我国的启示 [J]. 中国人口·资源与环境，2007,(6).

# 东西运河城市对话

## ——中国扬州与法国图卢兹

高永青　钟行明

**摘　要**：中国扬州与法国图卢兹是两座著名的运河城市，中国最早的一段运河——邗沟开凿于扬州，此后历代扬州是重要的运河城市；法国的世界文化遗产——米迪运河的起点在图卢兹，两座城市具有很强的可比性。文章从运河的历史、运河与城市的关系、运河的保护管理与利用等方面进行了比较，为扬州运河保护、管理与利用提供借鉴。

**关键词**：图卢兹；扬州；米迪运河；中国大运河

2012年9月，第25届世界运河大会（WCC，World Canals Conference）在扬州举办。世界运河大会设立的初衷是聚集来自世界各地有兴趣发展内河的政府机构、技术人员、商业和旅游机构代表，宣传他们所做的工作，并相互学习和借鉴其他国家的经验。世界运河大会现由内河航道国际组织承办，每年举办一次，主要由北美与欧洲国家轮流主办，扬州成为亚洲首次举办世界运河大会的城市。同时扬州自2007年以来已经连续举办了7次世界运河名城博览会，并建成了运河博览会永久会址——京杭之心，扬州在世界运河城市中占有重要的地位。

---

**作者简介**：高永青，扬州市历史文化名城研究院常务副院长，中国名城杂志社常务副主编；钟行明，青岛大学旅游学院讲师，博士。

第26届世界运河大会于2013年在法国著名运河城市图卢兹(Toulouse)举办,图卢兹是米迪运河(Canal du Midi)的起点,城市的发展与米迪运河密切相关。1996年米迪运河被列入《世界文化遗产名录》,而中国大运河目前正在积极申请加入该名录。扬州与图卢兹同为著名的运河城市,并前后相继举办世界运河大会,为秉承世界运河大会“相互学习和借鉴其他国家经验”的主旨,比较两个运河城市有利于加强两者之间的交流,相互启发,共同繁荣运河文化,促进城市不断发展。

## 一、运河从这里开始

图卢兹是米迪运河的地理起始点,米迪运河在此连接加龙河(Garonne),向东流入地中海。而扬州则是中国大运河之始,公元前486年在扬州开凿的邗沟是中国大运河最早的一段,中国的大运河在此基础上不断延伸扩展,最终形成了南北京杭大运河。

1. 米迪运河历史概览

米迪运河位于法国南部的朗格多克省,又名两海运河,朗格多克运河,1789年更名为米迪运河。米迪运河沟通了图卢兹与地中海的航道,米迪运

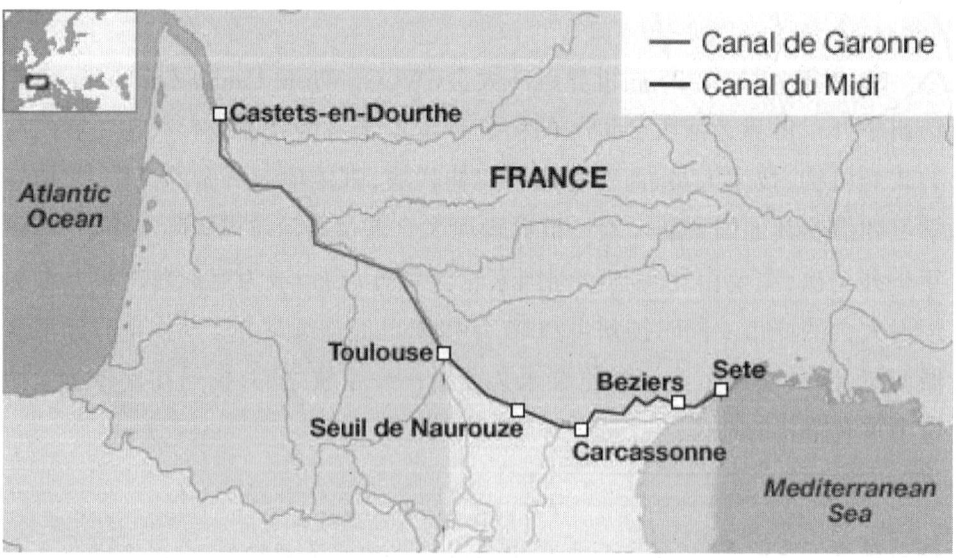


图1:米迪运河位置图

河与加龙河相连,从而连通了大西洋与地中海的水上航线。自此,避开了直布罗陀海峡、海盗及西班牙的税收,为工业革命开辟了道路,促进了贸易的繁荣,并大大提高了朗格多克省和吉耶纳省的优势,运河沿线城市也受益颇多。

关于米迪运河的探索由来已久,最早是弗朗索斯一世国王(Francoisi Ⅰ,1494—1547),他于1515—1522年统治意大利的米兰,当时米兰已经利用运河来促进城市的发展,并且有了较为高超的船闸技术。弗朗索斯1516年返回法国时就开始研究通过运河连接法国部分河道以沟通法国东西部地区的可行性,当时提出了两个方案:第一方案是连接朗格多克省的龙河(Garonne)与奥德河(Aude),第二方案是连接卢瓦尔河(Loire)与索恩河(Saone)。第二方案因困难太大而被否决,于是集中关注第一方案。此后,一些工程师开始着手进行实地考察,其中最早进行考察的是尼古拉斯·巴舍利耶(Nicolas Bachelier,1485—1572),他提出修建一条运河以连接图卢兹的加龙河与卡尔卡松的奥德河,该方案相较其他方案更具可行性且富有远见。20年后出生于意大利的Adam de Craponne考察了该线路,但因宗教战争而搁置。亨利四世(Henri Ⅳ,1553—1610 )时,1603年提出修建沟通塞纳河(La Seine)和卢瓦尔河(Loire)的布里埃尔运河(Canal de Briare),1604年得到批准,由Cosnier负责,动用6000名劳动力修建。1611年因战争及羸弱的政府,工程被迫停止,此时已完成了四分之三,计划修建的40座船闸已经建好35座。1628年,工程师Francini与Le Mcrcier继续修建,到1642年完成了布里埃尔运河,这为后来米迪运河的开凿提供了技术可能。路易十四国王时期,由工程师皮埃尔—保罗·里盖(Pierre-Paul Riquet)建成了米迪运河,终于实现了联系大西洋与地中海的梦想。1654年,50岁的皮埃尔—保罗·里盖开始从事开凿运河的相关工作,1662年得到了财政大臣考伯特(Colbert)的鼎力支持,考伯特说服国王成立了皇家委员会研究该项工程技术和经济上的可行性。1665年同意了里盖提出的全线开挖一条狭长水道的方案,它证明了可以使水流顺利通过瑙鲁兹(Naurouze)分水岭。该项工程由三方资助,即国家财政部、朗格多克省和里盖本人。财政部基金用于购买运河沿线所经地区的土地,建成后的运河及其最终收益归投资者及其继承者所有。1666年10月颁布皇家法令授权里盖修建加龙河与奥德河之间的运河,耗时8年,花费336万里弗。1669年又授权里盖修建位于特伯(Tr è bes)与赛特(S è te)之间的运河。修建运河动用了成千上万名劳动力，最多时达12000多人，后来尽管受到财政危机的影响，到1681年里盖去世时运河的主要部分已经完成，1694年米迪运河最终完成，共花费1500万里弗，超出最初预算的70%[1]。

米迪运河由240公里主河道、36.6公里的支线河道、两条引水用的水源河道以及两小段连接河道组成，总计360公里。另外运河上还建有各类船闸、桥梁、泄洪道、渡槽和隧道等328座建筑水工设施，其中船闸就有65座。它被认为是"现代最伟大的工程成就之一，它直接迎来工业革命和现代技术时代，是技术传播的典范。此外，它还将技术创新与高超的建筑与景观美学设计结合，无与伦比"。[2]

2. 中国大运河历史概貌

公元前486年，吴王夫差为北上攻齐运输军队与粮食而在扬州开凿邗沟。据《左传》载："（鲁）哀公九年（前486）年，吴城邗，沟通江淮。"晋人杜预《春秋左传集解》云："（吴）于邗江筑城穿沟，东北通射阳湖，西北至末口。入淮，通粮道也，今广陵韩江是。"这便是中国大运河最早的一段，也为扬州开凿运河之始，为以后扬州成为重要的运河城市拉开了序幕。此后运河不断开挖，线路不断延长，所经区域有所改变，但扬州却自始至终位于运河之滨，城市的发展与运河紧密相关。

隋文帝开皇七年（587）四月，"于扬州开山阳渎，以通运漕"。隋炀帝即位后，先后修凿了通济渠、邗沟、永济渠和江南运河。大业元年（605）三月，"发河南诸郡男女百余万，开通济渠，自西苑引谷、洛水达于河，自板渚引河通于淮"。同年，"又发淮南民十余万开邗沟，自山阳至扬子入江。渠广四十步，渠旁皆筑御道，树以柳"。大业四年（608）正月，"诏发河北诸郡男女百余万开永济渠，引沁水南达于河，北通涿郡"。大业六年（610）隋炀帝敕凿江南运河，

1 有关米迪运河历史的描述参考L.T.C. Rolt/D. Edwards-May. Rolt From sea to sea. Euromapping, 1994. 以及网站http://whc.unesco.org/en/list/770内容。

2 这是世界遗产委员会对米迪运河的评价，其原文为：The Committee decided to inscribe the nominated property on the basis of cultural criteria (i), (ii), (iv) and (vi) considering that the site is of outstanding universal value being one of the greatest engineering achievements of the Modern Age, providing the model for the flowering of technology that led directly to the Industrial Revolution and the modern technological age. Additionally, it combines with its technological innovation a concern for high aesthetic architectural and landscape design that has few parallels.

“自京口至余杭，八百余里，广十余丈，使可通龙舟”。至此，形成了以洛阳为中心，连接北京、杭州的大运河。北宋基本沿用了隋唐运河。到元明清时期运河格局发生了大的改变，元至元二十六年（1289）开通会通河，缩短了运程。至元三十年（1293）完成通惠河，大运河全线贯通，将隋代始创的之字形运河路线拉直，形成了京杭大运河。此后，明清时期虽对大运河线路有局部调整，但均保持了元代形成的总体格局。京杭大运河沟通了钱塘江、长江、淮河、黄河、海河五大水系，纵贯当时最为富庶的东部沿海地区，实现了国家经济重心与政治中心的结合。

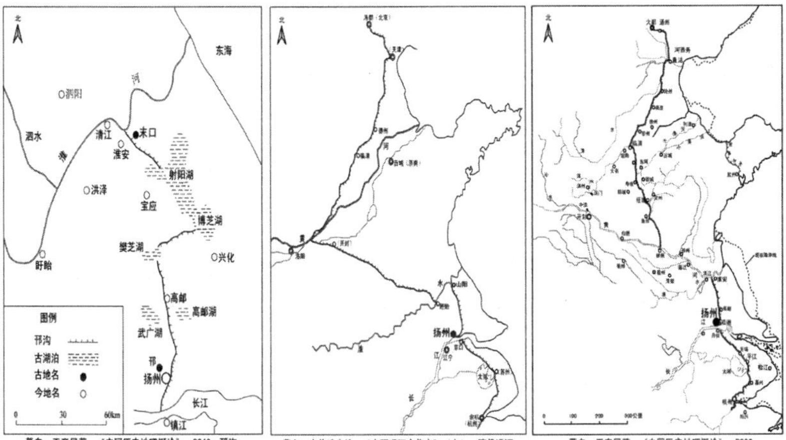


摹自：王育民著，《中国历史地理概论》，P246，邗沟　摹自：安作璋主编，《中国运河文化史》（上），隋代运河　摹自：王育民著，《中国历史地理概论》，P292

图 2：扬州在古邗沟、隋唐运河及元明清运河中的位置

3. 历史的对照

从两者历史比较来看，主要有以下几点：

（1）开凿目的不同。开凿米迪运河主要是出于经济目的，同时具有军事意义；而中国大运河最早则是出于军事目的，其后中国大运河在促进南北经济、文化交流，繁荣经济发展方面起了重要作用，尤其是在元明清时期，运河沿线城市成为经济、文化最为活跃的地区。

（2）代表了不同时期的文明与科技成就。中国大运河代表了中国古代农业文明时期的科技成就，而米迪运河则是工业时代文明的代表，它的开凿直接迎来了工业革命和现代技术成就。

（3）扬州与图卢兹均在运河发展的历史上占有重要地位，开启了运河时代，均是运河上重要的节点城市。

## 二、城市图景——运河与城市

1. 图卢兹

图卢兹坐落于加龙河畔，是法国西南部大城市，是上加龙省（Haute-Garonne）的省会。图卢兹是法国第四大城市，仅次于巴黎（Paris）、里昂（Lyon）和马赛（Marseille）。图卢兹是著名的航天工业城市，该市是空中客车的总部所在地。

图卢兹建于古代，是沃尔卡埃泰克托萨热斯的要塞。在罗马时期城市得到发展，名为托洛萨，后为阿基坦的加洛林王朝的主要城镇。778年后成为图卢兹封建伯爵领地首府。以后，修建了一些宗教建筑和大学（1229）。1420年建立大理院，在法国大革命前，它一直对朗格多克有管辖权。16世纪宗教战争时期，该市支持天主教联盟。1814年4月10日苏尔特元帅在反击惠灵顿公爵的半岛战争的最后一次战役中，在图卢兹城外战败。右岸高地旧城内有商业区，左岸低地为圣西普里安区，从4世纪起就是主教管辖区，自1317年起是大主教管辖区，有许多中世纪教堂。城内许多文艺复兴式和16—17世纪建筑构成法国最光辉的建筑之一。图卢兹的城市建筑始终保留着玫瑰红砖瓦的特色。旧城中心失修的大部分建筑物已拆毁，建起现代化的商业中心，与较古老的建筑风格很不协调。为向急剧增长的城市人口提供住房，在旧圣西普里安区西南新建城镇。19世纪图卢兹随着铁路的兴建发展了商业，工业多样化，有化学工业和飞机与机器制造业，充分利用了比利牛斯的水力和拉克的天然气。航空航天工业已得到惊人的发展，包括研究，试验，专家培训和飞行器制造（快帆式喷气式飞机，协和式客机，空中客车和军用构件）。由于是一个战略要地，处在南北交通要道上，因而成为地中海和阿基坦盆地之间的贸易中心。

图卢兹水资源丰富，主要有加龙河（Garonne）、米迪运河（Canal du Midi）、加龙运河（Canal de Garonne）与布里埃纳运河（Canal de Brienne），其中布里埃纳运河连接了加龙河、米迪运河与加龙运河，三条运河交汇于Jumeaux桥，构成了图卢兹城市空间结构的骨架。

2. 扬州

地处江苏省中部，长江下游北岸，江淮平原南端，是南京都市圈和上海经济圈的节点城市，国家重点工程南水北调东线水源地（三江口、江都水利枢纽）。向南接纳苏南、上海等地区经济辐射，向北作为开发苏北的前沿阵地和传导区域，素有“淮左名都，竹西佳处”之称。扬州的建城历史可追溯至公元前486年，是联合国人居奖城市、中国人居环境奖城市、国家环境保护模范城市、中国和谐管理城市、中国文明城市、中国森林城市。

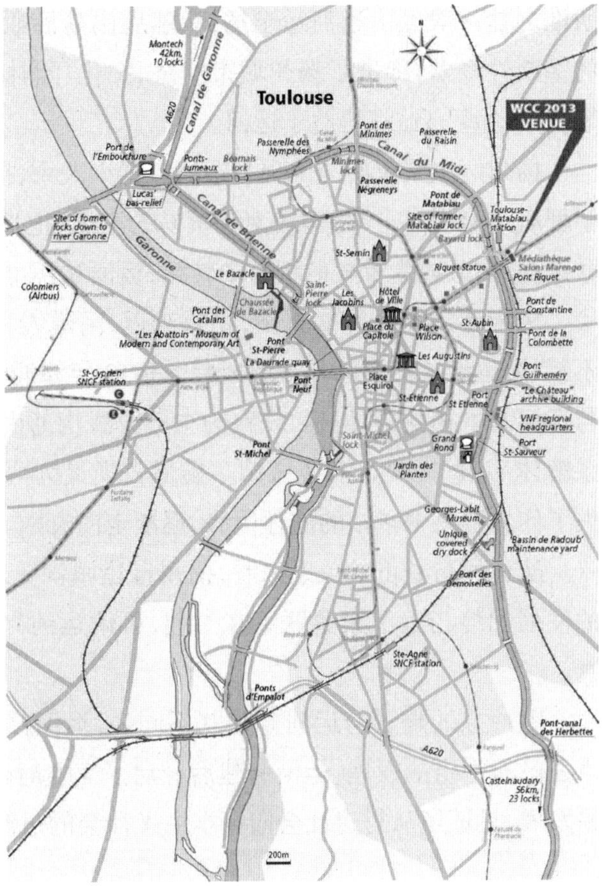


图3：图卢兹的加龙河、加龙运河、米迪运河与布里埃纳运河

扬州的兴衰与运河的兴废始终是联系在一起的。运河孕育了扬州城市，沟通了扬州河湖，影响了城市格局，推动了经济发展。扬州历史上隋唐与清代的康熙、雍正、乾隆时期两个兴盛时期，都与运河密不可分。

隋唐时期，随着运河的开凿，长江下游经济区域与西北的政治文化中心联系起来，逐步带动了扬州政治、经济、军事地位的提高。至唐朝时，扬州已成为长江下游地区的政治和经济中心城市，被称为“东南一大都会”。扬州当时在全国范围内也是著名的大都市，有“扬一益二”之誉。由于经济的繁荣以及运河联系的加强，扬州人口急剧增长，城市规模日益扩大。据当时来唐求佛法的日本和尚圆仁描述，时“扬府南北十一里，东西七里，周四十里”。

扬州兴盛的第二个时期是清代康、雍、乾三代，这一时期全国社会稳定，经济发展迅速，手工业得到很大的发展，区域间的商业贸易交流更加频繁密切。在全国性经济大繁荣的背景下，作为国内经济最发达地区的长江中下游地区的经济也呈现出快速发展的势头。扬州是南北交通的枢纽和两淮盐业中心，两淮之盐一般经由运河运至扬州，然后由盐商贩运至各地销售。扬州对盐业的垄断性经营，促进了扬州城市经济、文化、园林等各方面的高度繁荣，“扬州繁华以盐盛”，这都得益于运河。

扬州两次繁荣期的出现与运河有很大关系，扬州处在运河与长江这一“T”字型航道交汇点上，是沟通南北贸易的枢纽，把长江下游地区与其他地区紧密联系在一起，成为重要的贸易中转站，运河功不可没。

清末漕运体系弊病百出，积重难返，河道淤积严重，几近断航。海运之议不断，海运取代河运已是大势所趋。1912 年津浦铁路通车，津浦铁路所经地区与运河基本相同，以海运、铁路为主要方式沟通南北的格局已成定局。运河体系解体后，直接殃及沿线城镇。扬州表现最为明显，至民国年间，扬州已经丧失了作为贸易中转站的地理优势，逐渐走向衰败。

从运河与城市的关系来看，扬州自建城就受到运河的影响，自此以后城市的发展始终与运河紧紧联系在一起，可谓运河兴，则扬州盛；运河废，则扬州衰。

图卢兹的建置与运河修建并不同步，运河修建于 17 世纪后半叶，此时图卢兹已有一定的发展，运河修建后开启了工业时代，促进了图卢兹的工业和贸易发展，见证了从封建社会向资本主义社会的过渡。

## 三、运河的保护、管理与利用

### 1. 图卢兹米迪运河的保护与管理

米迪运河的永久财产权曾于 1666 年授于设计师里盖及其继承者，1897 年由国家购回。目前米迪运河由国家所有，其管理分为国家级与地方级两个层次。国家级的管理涉及文化部、国土、装备与交通部、环境部等部门，具体的管理机构为法国航道管理局（VNF，Voies Navigables de France）。地方层面，法国航道管理局在各大区都设有下属机构，图卢兹的米迪运河管理权就下放到法国国家航道管理局下属的图卢兹水运行政部（Service de la navigation de Toulouse），这个地方行政机构承担了运河管理的主要工作。同样，环境部、文化部也分国家级与地方级两个层次管理米迪运河，但并未直接参与到运河具体的日常管理，而是负责监督保护运河建筑和景观遗产。所有关于遗产建设和运河环境改造的事物均归由环境部下属的建筑和城市规划管理处及其地区环境管理处管理。文化部及其地区文化事务管理处负责保护和管理已经被列入历史建筑物的运河周边的市政建设、水利工程和建筑工程等。

2. 扬州段运河的保护与管理

中国大运河自古以来一直归国家所有。历史上,大运河的管理比较复杂,元明清时期已相当成熟,达到了较高的水平。大运河管理制度从内容上分为漕运管理与河道管理两套体系,从管理层级上分为中央级管理与地方管理两个层面,任职官员分为文职与武职两个系统,这些均表明大运河管理制度是一种二元结构,这是中国大运河管理制度的重要特色,也标志着元明清时期的大运河在管理方面已经达到很高的水平。河道管理与漕运管理作为运河管理最主要的两个方面,前者保证运河河道的畅通,后者则负责漕粮的正常运输,两者最初由一人掌管,明万历年间形成两套管理体系,自此以后两者长期处于一种在组织上相互独立、具体操作上相互协作的关系。河道管理与漕运管理均有中央与地方两个层级的管理,地方层级的管理多与地方行政体系相合作,使得大运河管理体系与地方行政体系之间有着千丝万缕的关联,因而大运河管理对地方经济社会也产生了重要影响。

目前中国的大运河管理也分为中央与地方两个层级,涉及水利、交通、国土、环境、文物、园林、旅游等众多部门,不同河段分属不同部门管理,甚至同一河段会由多个部门管理,呈现出“多头管理”的特征。扬州段运河的管理同样涉及水利、交通、环境、文物、园林等部门,但主要为水利与交通两个部门。

3. 两者对运河的利用

米迪运河传统的货物运输功能已基本丧失,旅游休闲与生态景观已成为其主要功能,图卢兹对米迪运河的利用也围绕这方面展开。此外,图卢兹对城内的加龙河、加龙运河、布里埃纳运河等水系也加以利用,制定相关规划,塑造城市景观,发展旅游等功能,如图卢兹制定的《加龙河公园计划》对加龙河景观塑造、遗产保护、旅游休闲等方面作出了指导。

米迪运河沿线两侧植树,形成线型绿色廊道。树下有林荫小道,市民与游客可漫步运河边,欣赏运河沿线风景。河畔有自行车道,骑车沿途享受运河的静谧与美丽,是一项充满乐趣且深受喜爱的体育休闲运动。

米迪运河的另一项重要功能是开展游艇旅游活动。旅游者可以参加旅游

图 4：扬州古运河风光带

团，也可以自己驾驶游船游览。米迪运河全线可通航，通过水上游线可以连接图卢兹、卡尔卡松等城市，参观其中的历史遗迹。

扬州段大运河目前主要还是航运功能，主要运输建筑材料、煤炭等。仅扬州城区段运河不再承担货运功能，用作旅游，并开发了水上游线，可乘坐画舫由东关街码头到达南门遗址。城区内沿运河进行了绿化，并建成了滨河公园，沿运河两侧分布着唐宋南门遗址、钞关遗址、东关街、普哈丁墓等景点。

在对运河保护、管理与利用方面，图卢兹相较扬州来说更为成熟，对米迪运河的保护与管理有一套较为成熟的体系，管理层级清晰，管理制度完善。图卢兹已实现了运河货运功能向旅游功能的转变，并把米迪运河与其他相关运河作为重要的城市景观进行塑造，使其成为城市居民的重要休闲场所，并发展成为重要的旅游休闲场所。而扬州对运河的管理部门众多，多头管理现象明显，没有形成合理清晰的管理体系和完善的管理制度。对运河的旅游开发也仅限于城区段，且项目较为单一。

## 四、他山之石——启示与借鉴

通过对扬州与图卢兹两座运河城市的比较，我们可以从中得出以下启示，以期对扬州运河的发展有所帮助。

图 5：米迪运河两侧绿树

1. 重视运河对城市发展的促进作用

从扬州以及图卢兹的发展历史来看，运河自开凿始就对城市的发展起着至关重要的作用，城河关系密切。从图卢兹经验看，目前运河对城市的贡献已不再是通过运输带来经济的发展，而是以生态廊道、旅游休闲的功能改善城市环境，提升城市整体品质，从而促进城市的发展。

2. 实现运河功能转变

在新的交通方式出现以后，运河传统功能正在发生变化。目前，大运河具有航运、灌溉、防洪、排涝、排洪等传统功能。此外，生态环境功能、景观塑造功能、旅游休闲功能是大运河的新功能，从图卢兹及其他国际经验来看，这将是运河发展的新方向。扬州运河应积极顺应这一趋势，做好相关规划，实现运河功能的转变，利用运河来改善扬州生态环境，塑造特色城市景观，发展旅游休闲，实现运河功能的转变，使运河的发展进入一个新的时代。

3. 理顺运河管理体制

扬州段运河管理情况目前较为混乱，涉及部门众多，多头管理现象明显，管理体制不顺。应借鉴米迪运河的管理经验，在全国范围内设置负责大运河管理的具体行政部门(可命名为“大运河遗产管理委员会”),地方上亦有对应的一个主管部门。扬州应在此总的管理框架下,设置一个管理部门,由它负责协调运河所涉及的各个部门关系,达到一种动态的平衡,克服多头管理的弊病。

**参考文献:**

[1] 魏徵. 隋书 [M]. 北京:中华书局,1973.

[2] 司马光. 资治通鉴 [M]. 北京:中华书局,1956.

[3] [日]圆仁. 入唐求法巡礼行记 [M]. 顾承甫,何原达,点校. 上海:上海古籍出版社,1986.

[4] 钟行明. 元明清时期大运河管理制度及其建筑 [D]. 东南大学,2012.

# 关于大运河河道遗产保护与发展的规划建议

张广汉

**摘　要：**在大运河申报世界遗产和大运河作为国家重要内河航运面临大发展的双重背景下，如何处理好大运河河道遗产的保护和发展之间的矛盾，成为大运河遗产保护规划的重点和难点。本文以大运河遗产浙江段省级保护规划为例，通过对河道岸线进行分类保护的办法，提出了解决在用运河保护与发展矛盾的具体保护管理规划措施。

**关键词：**大运河；河道遗产；遗产保护；运河发展

## 引言

2006年5月，国务院将京杭大运河公布为第六批全国重点文物保护单位；12月，国家文物局将大运河列入重新设定的《中国世界文化遗产预备名单》。2009年开始编制大运河遗产保护规划。

与此同时，在国家大力发展内河航运的总体部署下，作为国家内河运输的重要组成部分——大运河将在“十二五”期间迎来新的发展机遇。在此背景下，大运河河道遗产面临着如何处理好保护与发展的矛盾的问题。

---

**作者简介**：张广汉，中国城市规划设计研究院教授级高级城市规划师、中国城市规划学会历史文化名城学术委员会副秘书长、大运河遗产浙江段保护规划项目负责人。

## 一、河道遗产的保护

中国大运河始建于公元前486年，包括京杭大运河、隋唐运河和浙东运河，地跨北京、天津、河北、山东、江苏、浙江、河南和安徽8个省、直辖市。大运河遗产保护内容包括河道、与运河相关的水利水运工程设施、运河城镇和运河村落和其他相关历史遗存，也包括与大运河密切相关的生态与景观环境和非物质文化遗产等。

大运河河道保存及使用状况各异，有的河道已不存，有的河道尚存，但已干涸或污染严重。市区运河有的成为城市景观，郊区运河兼顾农业灌溉及排水防洪作用。至今，大运河山东济宁以南段仍有1100多公里在正常通航，发挥着重要的交通、运输、行洪、灌溉、输水等功能。

大运河是文化遗产的一种新的类型。中国大运河是在千百年的流淌中形成的融合与交流沿途各种文化的独特文化线路，是一条形态鲜明的线性文化遗产。河道遗产是这一线性文化遗产的重要组成部分。河道遗产不仅自身具有很高的科学技术价值，它还联系着众多的水利航运枢纽、运河城镇等其他重要运河遗产。

1. 中国大运河的价值

●大运河是世界上唯一一个为确保粮食运输安全，维持帝国统一的目的，由国家投资开凿、国家管理的巨大工程体系。

●是世界上开凿时间较早、规模最大、线路最长、延续时间最久且目前仍在使用的人工运河。

● 是农业文明时期最具复杂性、系统性、综合性的超大型水利工程，显示了古代水利航运工程技术的卓越成就，体现了人类伟大的创造力和顽强精神。

● 大运河的选线设计，体现出古代中国人民在地形测量、水文勘察、水利规划等方面的高超智慧。

2. 保护目标

● 保护好大运河这一丰富的文化资源，科学合理地展示利用，实现可持续发展。

● 保持和维护好大运河历史延续的航运主要功能以及防洪、水利等功能。

● 深入挖掘大运河的文化遗产价值，并予以科学展示。

● 发挥大运河作为旅游资源的潜力，建设设施完善、质量较高的遗产体验型旅游线路，促进沿线地区发展。

● 使大运河作为人类文化遗产的地位得到全社会应有的重视和认同。

3. 保护规划主要内容

● 遗产构成及其价值、真实性、完整性评估。

● 划定保护范围和建设控制地带，保护河道遗产的本体和环境。运河水工遗存为现状水域或在用工程的，主要依据现行各省、市相关法规、规章中规定的河道管理范围或水利工程管理范围划定。

● 提出保护要求和控制措施。

● 制定管理措施。河道的管理由交通、水利部门主管，文物部门协管。

4. 世界遗产真实性要求

和其他世界遗产一样，中国大运河申遗需要满足遗产的真实性和完整性要求。根据《奈良真实性文件》，遗产真实性要求表现在以下几个方面：

● 形式与设计。

● 原料与材料。

● 用途与功能。

● 传统、技术与管理系统。

● 位置与环境。

● 语言和其他形式的非物质文化遗产。

● 精神与情感。

● 以及其他内、外因素。

## 二、保护与发展的碰撞

大运河今天仍然发挥着重要的交通、运输、行洪、灌溉、输水等功能，面临着航道升级要求，如京杭大运河的江南运河段“四改三”工程，航道需要加宽和局部裁弯取直，以适应新的航运发展需要；防洪要求，如太湖流域水环境综合治理重点水利工程等；码头建设要求；南水北调工程的建设要求等等。

虽然保护规划明确将河道遗产的管理权仍由交通、水利部门管理，保护范围和建设控制地带也按现行各省、市相关法规、规章中规定的河道管理范围或水利工程管理范围划定，但考虑到遗产真实性、完整性的保护需要，保护规划对保护范围和建设控制地带提出了相应的保护要求和控制措施，这成为大运河保护和申遗省部际会商小组会议上争议最大的问题，也是担负保护和发展双重责任的运河沿线地方政府最为困惑的问题。在全国大运河规划和申遗名单讨论中，许多河段不得不被迫舍弃，如江南运河城市与城市之间的郊野段由于要改扩建而被建议不作为遗产申报，使得大运河这一线性文化遗产名不符实。

## 三、解决河道遗产保护与发展矛盾的规划建议

1. 对河道遗产保护的认识

大运河河道遗产急需保护，但不能完全按照一般文物保护单位那样对待，特别是对于在用的活态的运河河道遗产，需要探索新的符合遗产特点的保护方式。历史上，大运河航道随着航运技术的发展而变化，这种变化包括河道的拓宽、因自然的改变而改线等等。但拓宽的河道原来的位置没有改变，因改线而保留下来的河道建筑材料和技艺得以保存。

2. 河道岸线的分类保护

面对保护与发展的尖锐矛盾，我们在浙江省级大运河保护规划中，根据对大运河河道岸线的调查与评估，提出对大运河在用河道岸线进行分类保护。规划根据河道岸线的遗产分布和价值、保存状况、目前主要功能等，把河道岸线分为三个类别：一类河道岸线、二类河道岸线、三类河道岸线。

一类河道岸线，为沿岸分布有运河遗产或者沿岸景观风貌较好，基本保持原有历史风貌的河道岸线段落。如浙江省嘉兴环城河段、塘栖镇区段、杭州城区段、绍兴城区段、宁波西塘河段、浙东运河中有纤道一侧的河岸等。此类河道岸线原则禁止拓宽、开挖等改造活动。

二类河道岸线，为尽管没有运河遗产分布，但是沿岸景观风貌较好的河道岸线段落。如位于浙江省的嵊塘北岸、浙东运河大部分河岸、上塘河、奉口河、余杭塘河、虞余运河、慈江、刹子港的郊野段落等。此类河道岸线不宜进行大规模的拓宽、开挖等改造活动，应尽量保持原有风貌。

三类河道岸线，为没有运河遗产分布，已经大幅拓宽改造，目前正在承担繁重的航运功能和重要水利功能，未来还有进一步改造要求的主干河道岸线段落。如位于浙江省内的岨塘南岸、江南运河的中线和东线的主干河段、四十里河等。此类河道岸线允许改造，以使大运河的航运水利功能得到延续。

当河道两侧均列为一类河道岸线需要保护时，航道改扩建可以采取航道外移避开原河段的发展模式。如浙江省塘栖古镇段运河、南浔古镇岨塘古道段等，交通部门都采取了航道外移的方式，浙东运河绍兴段被杭甬运河新线所取代，成为大运河发展与保护相协调的成功案例。

当河道一侧为一类岸线需要保护，另一侧为三类岸线可以改造时，航道改扩建可以采取单侧扩建的发展模式。如余杭通济桥段河道的改建，就是采取只拓宽一侧，保老桥，建新桥的办法，保护大运河遗产，提高运河的运输能力。

## 四、结语

大运河的保护与发展，是大运河遗产保护规划和航道发展规划必须考虑的重要问题。河道遗产的保护要根据遗产的特点，探索与一般文物不同的保护办法。

采用岸线分类保护的方法，可以有利于解决保护与发展的矛盾，有利于部门之间的协调管理，提高大运河沿线项目审批管理的效率。建议相关部门尽快研究出台不同于《文物保护法》，但适合于大运河这一新的文化遗产类型的大运河遗产保护条例，使相关部门能够依法协调解决大运河遗产保护与发展的矛盾。

**参考文献：**

[1] 中国城市规划设计研究院．大运河（浙江段）遗产保护规划 [S]. 2011.

[2] 中国文化遗产研究院，中国城市规划设计研究院，等. 大运河遗产保护与管理总体规划 [S]. 2011.

[3] 单霁翔．中国大运河的突出普遍价值研究 [M]. 中国文化遗产保护无锡论坛，2011.

# 中国大运河与加拿大里多运河对比研究

唐剑波

**摘　要**：从运河遗产现状、遗产构成、遗产价值和遗产管理四个方面对中国大运河和加拿大里多运河进行了对比研究。在遗产保护上，要对中国大运河不通航河道进行整治，保护堤岸形态，并逐步恢复河流生态系统；在遗产构成上，中国大运河附属遗产数量多，类型十分丰富；在遗产价值评估上，宜采用世界遗产突出普遍价值的评估标准来阐述其突出普遍价值；在遗产管理上，需要借鉴加拿大遗产备忘录制度。最后，对中国大运河申遗类型进行了展望，中国大运河可以按遗产运河进行申遗，也可以按照文化线路进行申遗。

**关键字**：中国大运河；里多运河；对比；申遗

在《国际运河遗产名录》中，法国的米迪运河 (Canal Du Midi)、加拿大的里多运河 (Rideau Canal ) 和中国的京杭大运河作为遗产运河的代表而广受瞩目，米迪运河和里多运河已经登录为世界遗产，中国的运河遗产则超出了运河名录中的京杭运河的时空界限，将中国大运河作为一个整体进行申遗。中国大运河( the Grand Canal )，是指我国自春秋时期开凿的邗沟以来，先后在隋唐宋时期以洛阳为中心的南北大运河、元明清时期以北京为中心的京杭大运河及浙东运河的总称。南北大运河和京杭大运河在淮扬运河段和江南运河段基本重叠，南北大运河永济渠和南运河段部分重叠。在申请世界遗产前期，

---

**作者简介**：唐剑波，清华大学建筑学院博士研究生。

开展运河遗产进行调查、登录工作，摸清“家底”，将运河遗产进行分类整理，评估遗产价值，制定遗产保护与管理规划，并按照规划采取保护措施，以展示中国大运河的突出普遍价值，保持中国大运河的真实性和完整性。借鉴已经登录为世界遗产的加拿大里多运河，开展对比分析研究是开展中国大运河遗产保护与管理和申遗的重要研究内容，可以为中国大运河遗产保护、申遗和管理提供有益的借鉴。

## 一、中国大运河与里多运河

### 1. 中国大运河

中国大运河开凿于公元前486年，隋代之前，在各水系间已逐步开挖了不少运河，但基本上各不相通，直到隋代一统天下，以洛阳为东都，隋炀帝下令开凿通济渠、永济渠，并将江南运河与通济渠相连，南北大运河告成，在中国历史上第一次构建了以军事和漕运为目的的国家水路运输网络。这一水运网络一直到元朝建立后，才得到根本性的改线，元代建都大都（今北京），在经历最初靡费甚巨的水陆盘坝转运后，经过周密工程设计，开凿了沟通黄河与卫运河之间更便捷的运河，即济州河和会通河，至此，京杭大运河开凿成功。这一运河的格局，维持到了现在。中国大运河跨地域南北，北至北京，南抵杭州，东达宁波，西到洛阳，与我国海河、黄河、淮河、长江、钱塘江5大水系相交汇，流经38个地级市和直辖市（图1），全长3117KM，

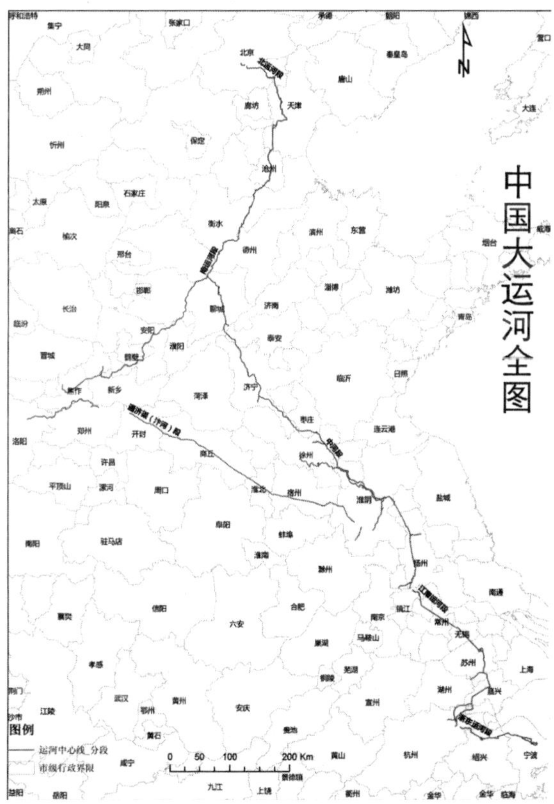


图1：中国大运河全图

流经城市域面积 311269.97Km$^2$,占国土面积 3.2%,运河面积(按运河河堤外堤脚线范围内统计)834.39 Km$^2$。运河沿线城市经济总量占我国国民生产总值(GDP)总量(按 2010 年统计)的 25.08% ,人口数量(按 2008 年统计)占全国人口的 15.22% ,是我国跨地域最为广大的线性文化遗产。中国大运河流经之地,催生了经济文化繁荣发展的城市群,它们随运河的通畅而兴盛,又随运河的荒废而逐步淡出历史舞台。即便在今天的江南地区,仍旧享受着祖先伟大创造的恩泽,运河上依旧舟车辐辏,沿岸村镇繁华如昔。

2. 里多运河

里多运河兴建于 19 世纪初,其最北端在首都渥太华市北面的渥太华河上。运河自北向南贯穿包含了里多河和卡坦拉基河 (Cataraqui) 长达 202Km 的河段,北起渥太华,南接圣劳伦斯河畔的金斯顿港。在英美两国争相控制这一区域之际,为战略军事目的开凿了这条运河。里多运河是首批专为蒸汽船设计的运河之一,防御工事群是它的另一个特色。1826 年,在运河建造初期,英国人采用“静水”技术,避免了大量挖掘工作,并建立了一连串的水库和 47 座大型水闸,将水位抬高到适航深度。这是北美保存最完好的静水运河,表明当时北美已大规模使用这项欧洲技术,是唯一一条始建于 19 世纪初北美大规模兴建运河时代,流经线路至今保持不变,且绝大多数原始构造完好无损的运河。运河上建有 6 座“碉堡”和 1 座要塞,后来又在多个闸站增建

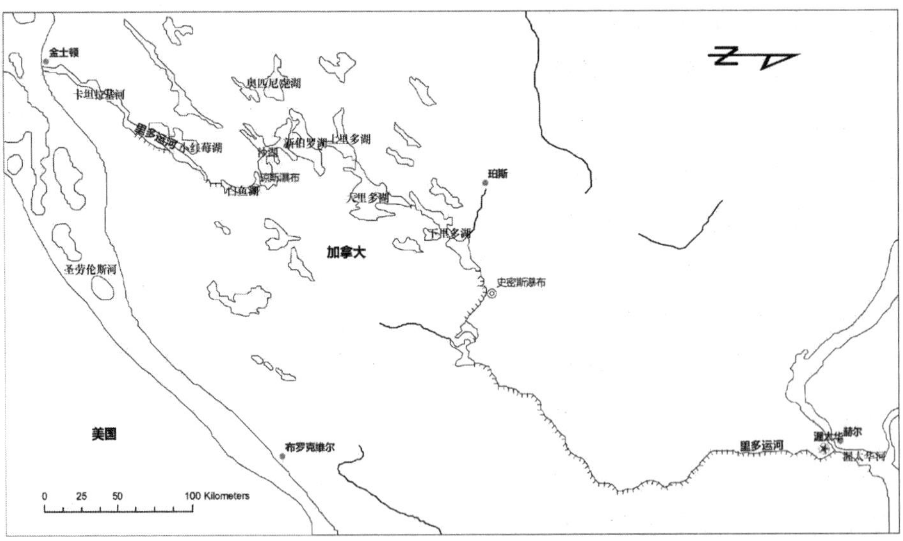


图 2:里多运河图(转绘自大英百科全书)

防御性闸门和管理员值班室。在1846至1848年期间,为加固金斯顿港口的防御工事建造了四个圆形石堡。里多运河见证了为控制北美大陆发起的战争,具有重要的历史价值(图2)。

## 二、中国大运河和里多运河的对比分析

1. 遗产现状对比分析

中国大运河的遗产按其遗产现状可分为三种类型,一是地下遗址,如通济渠,大部分埋藏于地下;二是地上遗址,如南运河,大部分河道、堤岸形态尚存,但是不通航,无连续水面;三是在用遗产,如江南运河、浙东运河等,但绝大多数河道形态和古运河河道迥异,为现代航运主干道,但基本上是在原有古运河河道上的裁弯取直、加宽浚深。里多运河原先也是内河航道,沟通渥太华河和圣劳伦斯河及以西的美国五大湖区,从19世纪70年代后航运功能逐步为现代公路铁路运输所取代,转变为观光游览水道。表1显示了它们在遗产现状上的不同。里多运河在申遗前很长一段时期内已经不参与实体经济运行,因而保持得十分完好。中国大运河在封建社会时期一直由国家垄断性控制和管理,因而其命运与国家的形势息息相关,在清末民初的乱局下,运河没有完成由国家控制到民间资本控制的历史性转变,因而其命运必然随着清朝的灭亡和铁路等新兴运输体系的兴起而急转直下。再者,由于我国特殊的地形和气候,北方干旱而少雨,水资源匮乏,在济宁以北地区,运河却早已退出历史舞台,在封建社会时期一度十分繁荣的许多古城古镇日渐衰落,运河因无法创造财富而被长期忽视,退出了地方经济发展舞台。而江南地区则水网密布,河流纵横,江南运河一直是主要的运输要道,这一属性今天不是减弱而是还要极大的加强,现在进行的航道扩容就是为了满足江南地区经济快速发展的要求。因此中国大运河和里多运河在遗产现状上的不同,归根结底是使用方式上的不同。中国大运河同时具有三种遗产状态的运河进行申遗是没有先例的,对于埋藏于地下的运河,可以采用以点带线的方式来进行保护和展示,对于济宁以北地区的运河,则应先进行清淤,维护堤岸形态,从通水开始,逐步恢复河流生态系统,这样中国大运河在类别上要少一类"地上遗存运河",更能体现运河的真实性和完整性。否则济宁以北运河局部河段只

**表 1 中国大运河和里多运河现状比较分析**

| 遗产名称 | 遗产级别 | 现状分类 | 相关河段 | 现状功能 |
|---|---|---|---|---|
| 中国大运河 | 申请世界遗产预备名录遗产 | 地下遗址 | 通济渠 | 局部经考古发掘展示，大部分埋藏于地下 |
| | | 地上遗址 | 通惠河、北运河、南运河、会通河、永济渠、卫运河 | 城市泄洪排污、市区景观休闲、市郊废弃河道。 |
| | | 在用遗产 | 中运河、淮扬运河、江南运河、浙东运河 | 航运干道，将升级为 3 级内河航道 |
| 里多运河 | 世界遗产 | 遗产运河 | 里多运河 | 景观、休闲游览 |

能是一种地貌形态，很难再称其为“河”。

2. 遗产构成对比分析

中国大运河的遗产构成和分类方法目前还没有统一意见，目前主要提出过四种分类方法，第一种是将遗产构成分为五类，分别是大运河水利工程及相关文化遗产、大运河聚落遗产、其它大运河物质文化遗产、大运河生态与景观环境及大运河相关非物质文化遗产。第二种也将遗产构成分成五类，分别是水利水运（水工）工程遗产、运河城镇和村落、其他相关历史遗存、非物质文化遗产和大运河背景环境（城乡建设环境、郊野自然环境等）。第三种将遗产构成分为四类，分别是水道工程、水源工程、工程管理设施和运河附属建筑。第四种将遗产构成分为三类，分别是运河水工遗存、运河附属遗存和运河相关遗产。遗产构成类型的逐步减少，反映了在遗产数量没有实质减少的情况下，遗产类型逐步得到精炼，也反映了在对中国大运河进行深入研究之后，大运河的遗产构成变得更加清晰，内容也更全面客观。

里多运河的遗产包括闸坝、桥梁、军事防御设施、闸室和考古遗迹。因此也可分为三类，第一类是水工设施；第二类是附属设施；第三类是相关遗产；将它们一一对应，表 2 表示它们在遗产构成和长度上的对比情况，从遗产长度上看，里多运河的遗产规模比中国大运河要小很多。从遗产数量来看，中国大运河比里运河多出数倍，是遗产规模巨大的运河。

3. 遗产价值对比分析

### 表 2 里多运河与中国大运河遗产构成与规模对比分析

| 运河名称 | 建设缘由 | 建设年代 | 长度(km) | 遗产构成 | | | |
|---|---|---|---|---|---|---|---|
| | | | | 主体河道 | 水工遗存 | 附属遗存 | 相关遗存 |
| 中国大运河 | 早期军事目的，统一时期主要是漕运 | 公元前486年—公元1901年，前工业时期 | 3117 | 1- 南北大运河<br>2- 京杭大运河<br>3- 浙东运河 | 160 | 55 | 102 |
| 里多运河 | 军事防御 | 1826年，19世纪第一次工业革命时期 | 202 | 1- 里多运河 | 47 | 不详 | 7 |

### 表 3 里多运河与中国大运河突出普遍价值对比

| 运河名称 | 突出普遍价值（OUV）标准 | 价值阐释 |
|---|---|---|
| 中国大运河 | (i)代表一种独特的艺术成就，一种创造性的天才杰作；<br>(iii)作为一种已消逝的文明或文化传统提供一种独特的至少是特殊的见证；<br>(iv)可作为一种建筑或建筑群或景观的杰出范例，展示出人类历史上一个(或几个)重要阶段。 | 大运河山东段位于大运河的中部，是南北交通枢纽和文化传播中心。此段运河畅通与否，关乎整个航线的命运。因此，山东段是大运河的重要枢纽。元，明，清三朝，在大运河的管理机构都设在这里，山东段被认为是运河管理中的重点和难点。因此这条运河开通以后，在河道上设立了许多水闸。为保障水运的正常运行，元代在汶河和泗水上修建了一系列辅助设施。南旺分水枢纽用来调节运河水量，使得运河水量得以可控。所有这些都具有重大的科学，历史和艺术价值。特别南旺分水枢纽工程，在民国初期，美国水利专家方维(音)评价道："此种工作当十四、五世纪工程学的萌芽时期，必视为绝大事业，古人综其事，主其谋而遂如许完善之结果者，今我后人见之，焉得不敬而且崇耶。"运河两岸有许多人文景观和碑文与大运河紧密相关，具有深厚的文化内涵，如"大元新开会通河记"。总之，运河山东省段是中国大运河的重要组成部分。其值适用于标准(i)，(iii)及(iv)被列入世界文化遗产。 |
| 里多运河 | (i)(iv)同上 | (i)里多运河是使用欧洲的静水技术在北美大规模兴建的运河中仍然保存最好的运河。它是19世纪早期开凿以来，至今仍在北美使用，线路未改变且大多数原始构造都保存完好的唯一一条运河。<br>(iv)里多运河是一个影响深远，保护完好的重要实例，因其军事目的和人类一段重要历史——争夺北美大陆控制权紧密相连。 |

说明：限于篇幅，中国大运河的价值阐释仅以山东段为例。

遗产的突出普遍价值(OUV)是遗产价值的核心,不具备突出普遍价值的遗产将不能列为世界遗产,世界遗产突出普遍价值的评估标准共有十项,其中 (i)~(vi) 对应于世界文化遗产, (vii)~ (x) 对应世界自然遗产,具备一项及以上的突出普遍价值的遗产就可以申请成为世界遗产。遗产突出普遍价值的对比分析可以得出价值评估标准的所对应的世界遗产类型,价值评估标准的不同组合,对运河申遗的类型具有决定性的影响。中国大运河的突出普遍价值主要对应 (i)~(vi) 中的价值评估标准。里多运河符合价值评估标准中的 (i)、(iv) 两项,由于中国大运河的科学技术水平在国际上已经得到公认,对中国古代封建王朝的巨大影响力也有目共睹,可以推定,中国大运河最少也符合这两项价值标准。也就是说,中国大运河可以作为遗产运河来进行申遗。在世界遗产中心网站的预备名录上,中国大运河符合 (i)~(vi) 全部 6 条价值标准,足见中国大运河的价值十分重大,但中国大运河是以一个完整的体系来呈现价值的,局部价值不能等同于全部价值,总的价值应该是各段价值之间的“交集”而不是“并集”,因此中国大运河的价值标准适用于 (i), (iii), (iv)3 项。表 3 是里多运河与中国大运河的突出普遍价值对比。

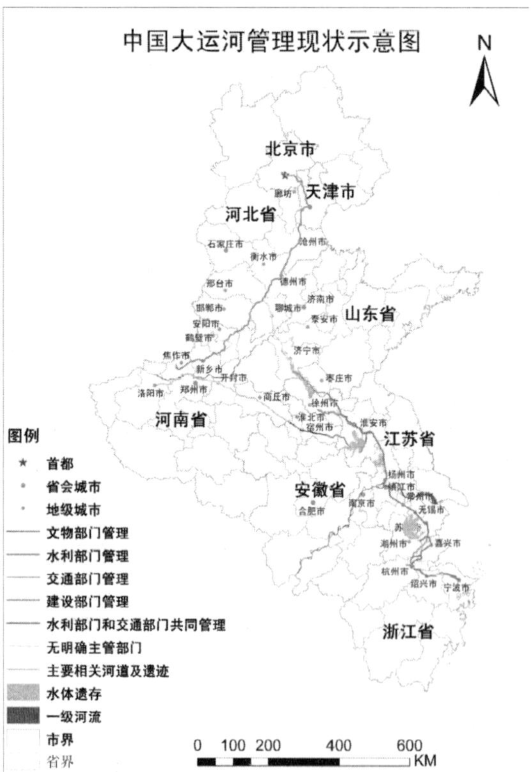


图 3:中国大运河管理现状示意图

4. 遗产管理方式比较

中国大运河的管理在横向格局上主要归属国务院下属的交通、水利、文化、国土及建设部门管理,在纵向格局上,则按照相应行政级别向下实行委托代理。中国大运河的管理,体现了我国行政管理中以横向的分部门管理和纵向的分级管理相结合,“条块结合、以块为主”的管理特征。中国大运河的管理现状见图 3。

从图 3 中可以看出,我国大

运河的管理由于其河道现阶段使用功能不同而由不同的职能部门管理。南方通航河段一般由水利部门和交通部门管理,北方不通航河道一般归属水利部门管理,文物部门只管理其中少数河段。里多运河的管理方式则采用垂直管理方式,由加拿大国家公园管理局管辖,运河遗产中,只有少数的军事设施因处在军事区域内,由加拿大国防部代管,加拿大国家公园管理局和加拿大国防部为此建立了遗产备忘制度,由遗产部门对这几个要塞的保护提供理论和技术支持,遗产得到很好的保护。中国大运河是一种按行政区域分割的管理模式(见表4),在保护运河突出普遍价值的前提下,适当调整现有的管理格局,在中国大运河参与国民经济建设中时,以文化遗产得到保护为前提,建立一个由文化遗产保护部门参与,对遗产保护提供技术支持,与多部门联合,权责分明的管理体系,是保护好中国大运河的积极探索。目前已经建立中国大运河申遗部级协调机制,用以解决部门职能交叉带来的问题,待大运河申遗成功之后,宜成立专门性管理机构,建立财事权相协调的管理制度,并将各段的管理进行细化,在保证运河真实性和完整性前提下,建立动态监测预警机制,使大运河的突出普遍价值得到保护。

## 三、结语

中国大运河与里多运河同属运河遗产,但各有特点,本文只针对其保护现状、遗产构成、遗产价值和管理方式进行了比较,通过比较可以得出,中国大运河的突出普遍价值和里多运河有相似性,但更加多样化。同时里多运河的管理方式值得我们在管理中国大运河中加以借鉴。我国在申请世界遗产中,存在着突出普遍价值标准项采用过多的倾向,通常认为符合价值标准项越多,越能体现遗产价值,通常局部价值难以体现全线价值,而国外运河选取标准一般较少,因此建议申遗的突出普遍价值采用(i),(iii),(iv)3项,将中国大运河中的京杭大运河作为“主轴”,南北大运河和浙东运河为“转盘”,围绕“主轴”进行申遗。中国大运河的申遗类型,既可以采用申请“遗产运河”的稳妥方式,也可以将中国大运河所沿岸形成的独特线性人文景观和运河遗产相结合,朝着“文化线路遗产”的方向迈进。

**参考文献：**

[1] 王晶. 隋唐大运河线性文化遗产特点及保护方式初探——以安徽段大运河为例 [J]. 东南文化，2010，(1).

[2] 东南大学，中国文化遗产研究院. 大运河保护规划第一阶段编制要求 [Z]. 2008.

[3] 东南大学，中国文化遗产研究院. 大运河保护规划第一阶段编制要求 [Z]. 2009.

[4] 谭徐明，于冰，王英华，等. 京杭大运河遗产的特性与核心构成 [J]. 水利学报，2009，(10).

[5] 中国文化遗产研究院，东南大学，中国城市规划设计研究院，等. 中国大运河遗产保护与管理总体规划 [Z]. 2011.

[6] 国务院发展研究中心课题组. 中国文化遗产事业发展报告(2008) [M]. 北京：社会科学文献出版社，2008.

# 精致扬州与精致管理

马 援

**摘 要:**“精致扬州”是扬州市经济社会建设发展的战略定位之一,也是对扬州城市特质的理性描述。“精致扬州”与精致管理相互联系、相互依存、相互制约。精致扬州需要精致管理的支撑和匹配,精致管理需要精致扬州的引领和运用。本文着重从精致的规划管理、精致的建设管理、精致的运行管理等三方面阐明精致管理的内涵和要求。只有实行精制管理,才能使人本、文明、温馨、雅致、高效、和谐与古老、富庶、秀美、玲珑等一样也成为精致扬州的本质特征,才能使扬州的内涵建设更具潜力。

**关键词:** 精致扬州; 精致管理

精致,即精巧细致之意。精致扬州,是市委市政府对扬州建设发展的战略定位之一,也是对扬州城市特质基于历史和现实考证的理性描述。它是指在扬州经济社会建设发展的外部形态、形象和内部结构、质量上将精巧细致作为重要特质来追求和体现。精致管理,是指精巧细致在管理思想与具体管理实践中的贯穿和融合。精致扬州与精致管理是相互联系、相互依存、相互制约的统一体。精致扬州需要精致管理的支撑和匹配,精致管理需要精致扬州的引领和运用。

---

**作者简介:** 马援,扬州大学医学院党委书记、副研究员。

## 一、精致扬州需要精致的规划管理

在精致扬州建设和发展中，精致的规划管理首当其重，应努力追求“精心、精深、精审”。

精心——即以高度负责的态度和细致的工作作风投入精致扬州建设规划的制定。精心确立发展目标，精心凝练发展内涵，精心梳理发展机缘，精心构架发展格局，精心遴选发展路径，精心体现发展品味。扬州区域和城市发展规划的制定，可以借鉴当代青年人生涯发展规划的“SWOT 法”来进行。S 即 Strength（优势）；W 即 Weakness（劣势）；O 即 Opportunity（机遇）；T 即 Threat（风险）。通过“SWOT”分析，对精致扬州建设的内外部条件进行预测、分析和梳理，列出精致扬州各项建设显现和潜在的优势和劣势、机会和风险，重点研判在哪些方面更可能获得成功并使其持续增值，成为扬州市的独特品质。在去粗取精，去伪存真的基础上，对精致扬州的总体目标及其表征、指标、功能等进行展望和描述，提出精致扬州建设的目标体系及其实现路径，制定整合优势、扬长避短、形成塑造扬州个性魅力和“不可复制”的施政要略。要特别警惕和防止“划一型、盲目性”在战略规划制定和执行中重蹈覆辙。

精深——即以深邃的历史眼光对待精致扬州发展规划的制定。发展规划既要符合现代化城乡建设、发展的共性要求和趋势，又要突出精致扬州建设、发展在历史方位中的定格；既要融入国际化现代产业发展潮流，又要体现历史积淀，保持和弘扬传统产业的特色；既要符合经济发展和人民群众日益增长的物质文化需要，又要避免资源过度开发，造成无可挽回的损失；既要有强烈的时代责任感，为满足当今社会发展和人们不断增长的物质文化需求作出卓有成效的贡献，又要有强烈的“身后意识”，即在城市规划建设中，政府相关部门需要经常考虑这样一个严肃的问题——当我们成为古人的时候，能够为后人留下什么值得尊重、自豪和骄傲的历史遗产，如何防止昙花一现的所谓“政绩工程”，如何避免产生让后人贻笑大方的反面史料，使扬州经济社会建设发展成果以及后续效应经得起历史检验。要特别警惕和防止“大跃进”的发展方式在战略规划制定和执行中重蹈覆辙。

精审——即以精密周详的程序、机制和审慎的态度进行城乡规划的科学制定。城乡建设发展规划不仅是地方党委政府的重要工作，也是人民群众密切关注的热点问题。精致扬州不是一般意义上的口号,而是具有特定内涵、表征和具体建设、发展指标的系统描述及任务体系。精致扬州需要从扬州经济社会发展的全方位进行顶层设计和谋划,而这种设计规划首先应进行充分的科学论证,充分听取广大市民意愿和专家意见,充分反映群众的根本利益,建立健全听证会制度和城市发展规划征求民意制度,提高群众知情度、参与度。其次,要充分收集各行业、各系统对精致扬州内涵的提炼和诠释,在此基础上对精致扬州进行具体描述,使政府部门和各系统对此形成高度认同。第三,要充分发挥人大、政协在设计规划过程中的参谋和监督作用,加强对规划的审核、审议。通过集思广益和严格的程序、严密的论证,使精致扬州的设计规划切实体现民主、科学精神和长远、睿智的眼光。要特别警惕和防止"农业学大寨"运动中朝令夕改、"一任干部一条河"的决策随意性与折腾现象在战略规划制定和执行中重蹈覆辙。

## 二、精致扬州需要精致的建设管理

建设管理是建设质量、风格、特质的保证。精致的建设管理应努力体现"精美、精妙、精品"。

精美——即精美的形象追求。精美的形象追求是一项庞大而复杂的系统工程。精致扬州形象的重要标志应该包括:城市规模适中,街区疏密有致,人居环境优美,便民设施完善,产业结构合理,人民生活富裕,市民素养优良,社会安定和谐,管理科学有序,城市运行协调等等。要将以上概念性的表述具体化为系列性的指标体系,并矢志不渝地落到实处。比如人居环境优美,应将人口密度指数、空气环保指数、内外河水质标准、噪音限制指数、交通干、支道卫生指标、绿化覆盖率等制定出详尽的常规数据,作为城市人居环境建设的硬性标准。从城市主街道环境看,扬州的外观形象与发达国家同等城市相比已经相差无几,乃至更胜一筹,但走进(走近)社区、小巷、城内河道,那我们与别人的距离就成几何级数地拉大了,城乡结合部就更难以比较。即使是主街道,也存在一些令人遗憾的现象。例如:扬州市政府为了改善城市道路品质,投入巨资在人行道上铺设了功能现代、质地优良、色彩美观的花岗岩路面,但由于施工不精细、地基不平实、质量不过关、管理不到位等,加之不当碾压、人为破坏,不少路段已破损不堪，既造成资金、资源的极大浪费，又严重损害了扬州城市的美好形象。因此，城市精美形象打造，不仅要抓建设，而且更要抓管理；不仅要抓外表，而且更要抓内里；不仅要抓局部，而且更要抓整体；不仅要抓数量，而且更要抓质量；不仅要抓物质层面，而且更要抓精神层面。

精妙——即精妙的名片打造。近年来，扬州市委、市政府在风景名胜、古城街区、运河古道、新区开发、非物质文化遗产等方面进行了大规模、深尺度的发掘，一些新景点、新街区不愧为精妙之作，使得扬州在国内外的知名度、美誉度得到很大提升。但扬州目前精妙名片的打造与精制扬州的内涵还不相匹配，一些原有的优势发挥不够充分，如城内河道价值发挥与发掘、非物质文化的继承与创新、市民文化素养传承与提升、公益性文体设施建设与使用等等。而一些需要通过创新脱颖而出的却成长缓慢，如在新兴产业链条化、绿色食品系列化、街区建设风格化、民生工程规范化、城中森林遍布化、城市交通流畅化等方面仍然具有巨大的发展和改善空间，而这些均是城市品牌的重要代表与象征。精妙的名片打造，关键在于精妙构思、科学安排及合理运作。

精品——即精品的琳琅汇聚。无论是有形的物质产品，还是无形的精神文化产品，都应有“精品”意识。扬州自古就追求产品精细、考究的制作工序、工艺，因而不少传统产品经久不衰，享誉海内外。但曾经也是扬州人引以自豪的黎明汽车、亚星奔驰、扬柴动力等，如今都已悄无声息，这些除了体制因素外，恐怕都与背离“精品”追求直接相关。同时，要有“经典”追求。意大利的建筑蜚声全世界，就是除了讲究建筑质量以外，还在于她的文化内涵丰富、艺术底蕴厚重、施工技术精湛，建筑风格独特，因而，在世界建筑史上堪称典范。扬州的古代园林、私家花园积淀了中国传统文化、地域文化的丰富信息，凝聚了精品与经典的特征，为我们当代的城市建设提供了宝贵的参照系。我们在恢复、修复古代遗迹或扩展风景旅游区域时，仍然应坚持“精品”与“经典”的完美结合。近年来，我市恢复、修复的古建筑大多数得到市民和游客的高度赞誉，但也有少数建筑过于粗糙，“修旧”不“如旧”，“速度”的痕迹过重。历史上扬州的街区建筑具有鲜明的地域特色、人文特色，形成了古城扬州的独特风格。而近年来大规模开发的房地产有些却显得杂乱无章，无风格可言，有的甚至与整体环境格格不入，大煞风景。政府在规划引导、风格引导、功能引导、前瞻引导等方面应发挥强有力作用。扬州的文化产品也应在提升内涵上下功夫。

扬州人需要像打造玉器、漆器、扬州古代园林那样，将更多的质量追求和文化、艺术、科技、创新要素融汇于自己的作品之中，将更多的“精品”奉献给世人。

## 三、精致扬州需要精致的运行管理

精致的运行管理既是目标管理，又是过程管理，它的功能是保证扬州经济社会发展处于高效能、居民生活处于高品质状态。精致的运行管理应致力于“精细、精到、精良”。

精细——即精密细致的管理规章。要结合我国的国情、扬州的市情，完善地方性的城市管理法规。管理学的“魔鬼理论”告诉我们:“魔鬼”总是藏在枝节里。即“Devils are in the details”。这里所讲的“魔鬼”，是指由相关主客观原因形成的影响管理目标实现的显现和潜在的因素。“魔鬼在细节”这句话是20世纪世界最著名建筑师密斯·凡·德罗总结他成功经验时的高度概括。他认为，枝节里的“魔鬼”往往对宏观目标的最终实现产生致命影响。在完善城市管理法规过程中，需要按照该理论揭示的客观规律，将容易形成管理漏洞的具体枝节、细节，特别是容易形成管理盲点、空白点、交叉点的环节以及容易派生出推诿、敷衍、扯皮现象的根源排查出来，将隐藏在管理枝节、细节里的可能影响精致扬州运行目标的各类要素梳理出来，按照社会生活运行管理的机理、规律、诉求来构建科学的管理体系和机制，形成制约和清除“魔鬼”的有效对策，实现城市管理效能的最大化。新加坡针对城市管理制定的法律法规达400多种，涵盖了社会生活的各个领域、方方面面。对于扬州市城市建设的大方向、总目标，广大市民是人心所向、高度认同的，阶段性成就也是有目共睹、众口皆碑的，但在管理细节和管理的规范化上，扬州的城市管理离精致的要求仍相距较远。比如在扬州文明城市创建过程中，有一个问题总是周而复始地出现——那就是遍布扬州市区大街小巷的盐水鹅摊点每逢重大卫生、文明检查就被赶得无影无踪，市民由于生活不方便而怨声载道；可检查一过，盐水鹅摊点造成的“脏乱差”现象依然如故，市民们也不免对此冷嘲热讽。这不仅影响城市形象，而且还削弱政府威望。如若政府部门在沿街合适地点或社区设置具有统一标识、相关设施、设备(如水电、防雨、防尘、防蝇)的、小巧玲珑、与古城建筑风格相协调的、租用价格合理的专用售货亭并加强规范化、常态化管理。这样不仅可以为市民提供方便，改善食品卫生条件，而且也许还会形成扬州城市的一道独特靓丽的风景线。由此可见，精细化管理代替粗放式管理势在必行。

精到——即精密周到的监控和维护。无论是产业的发展、环境的维护，还是城市生活的正常运行，都应实行精到的监督、控制和维护，使精致城市不仅成为一种愿景，而且成为一种常态。新加坡尽管国土面积十分有限，经济总量也不大，而它的城市管理在世界上却堪称一流。精致的管理与精致的布局、精制的产业、精致的设施、精致的街区、精致的服务交相辉映。道路上川流不息的汽车中，没有任何汽车车胎是带泥进入市区的，也没有任何运载泥土的卡车一路颠颠掉掉的，更没有冒着黑烟招摇过市的；建筑工地周围看不到尘土飞扬，更没有泥沙污水横流。它的市政管理无处不体现出精致的特质和人本精神。当然，对违规违法行为的惩罚也是很严厉的。因此，新加坡的城乡道路特别整洁，空气特别清新。新加坡的街道上几乎看不到警察，看不到城管人员，更听不到管理或执法人员吆三喝四的声音，而一旦发生事故、事端，管理人员总能在第一时间出现。这说明它的监控和维护是十分精到的。

精良——即训练有素、品行优良的管理队伍。管理队伍的素质，除了精湛的业务素质外，还需体现在管理队伍的思想道德素质、敬业精神和法纪素质等方面。管理队伍教育训练的规范化、系统化以及效能考核是实现精致管理的重要前提和关键环节。管理队伍的一切追求和努力都应归结为对市民民生的负责和关怀上，而非自身权力的滥用或不作为上；管理队伍的能力水平主要应体现在其执行力上，而非野蛮执法上；管理队伍的绩效最终应体现在扬州城市的外在形象和内在品质上，而非临时突击的短期效应上。要通过队伍的思想、能力、作风建设，将有效的管理渗透到城市运行的每个层面、每个立面。扬州市委、市政府实行的机关作风一年两次的督查活动发挥了积极的促进作用，受到良好效果。实际上，考核面还可以再大些，督查度还可以再深些，明察暗访的时间安排上还可以更常态些。

总之，精致扬州的建设离不开精致的管理。应通过实行精制管理，使人本、文明、温馨、雅致、高效、和谐与古老、富庶、秀美、玲珑等一样也成为精致扬州的本质特征，成为扬州人引以自豪的充要理由。

# 巴黎建成世界名城的经验及对扬州的启示

王汉林　石那曲

**摘　要：**本文以巴黎为例，总结了其建成世界名城的成功经验。结合区域发展特色，积极探索扬州建设成为世界名城的策略，旨在把扬州打造成器物精致城、技术创新城、特色经济城和人文优雅城。

**关键词：**世界名城；巴黎；扬州

城市建设是改变城市面貌的主要手段，也是促进城市发展的重要环节，更是提升城市竞争力的根本条件。城市建设服务于城市经济社会发展，最终目标在于为市民创造良好的人居环境。国际大都市巴黎基于其成功的城市建设，使得其在保持原有特色文化魅力不减的同时，城市经济也得到了快速的发展，形成了良好的人居生活环境，并藉此跨入了世界名城的行列。巴黎成功的城市建设给扬州带来了许多启示。

## 一、巴黎成为世界名城的建设经验

世界名城巴黎基于其成功的城市建设，使其在保持原有城市文化魅力不减的同时，城市经济也得到了快速发展。总结如下：

---

**作者简介：**王汉林，扬州大学生物科学与技术学院副书记，社会发展学院副教授；石那曲，扬州大学马克思主义学院硕士研究生。

1. 建设特色的城市文化

巴黎是世界上著名的“文化之都”。拥有着两千多年社会发展历史的巴黎,有着极其丰厚的文化遗产。埃菲尔铁塔、卢浮宫、凯旋门、巴黎圣母院、圣心教堂……这些都是巴黎典型的文化建筑,也是巴黎文化的象征。巴黎的城市建设过程中始终渗透着浓厚的文化情结,真正做到了物质发展与人文情怀的和谐统一。巴黎非常注重对古建筑的保护。扩建卢浮宫,改造奥赛博物馆等都是巴黎城市建设中的重要议事内容。除此之外,巴黎市内许多凝聚着城市时代文化气息的古建筑,例如私人博物馆,剧场,咖啡馆等都在规模性的城市改造中被细致的保留了下来。巴黎对于传统文化的尊敬与崇尚一览无余,老城区的改造体现了古代文化与现代文明的有机结合。老城区在城市建设中得到了新生,更好的融入到了现代文明中。

巴黎又是“浪漫之都”。比比皆是的文化建筑和场所为巴黎开展文化活动和艺术行为提供了充分的物质保障。参与各种文化活动已经成为了巴黎人民日常生活中的重要内容,巴黎人喜欢用音乐传诵这座永恒的艺术之都。巴黎拥有世界上占地最大的歌剧院——巴黎歌剧院。每年巴黎国内都要开展数百场次大型的音乐节、文化节、博览会等。除此之外,巴黎还和世界各国的城市积极开展文化交流活动,促进城市多元文化的交流与融合。融汇多元文化是巴黎城市建设中的一个重要理念,多元文化之间的不断碰撞与交融成就了巴黎独特的文化魅力,也成就了巴黎人民特有的文化修养。这座城市的包容性和多样性使得它原有的文化历史在得到传承的同时,能紧跟时代的步伐。所以说,巴黎无一日不在变,巴黎却仍旧是巴黎,古典却不失现代,严谨又不失浪漫!

2. 发展特色的城市经济

巴黎是世界时装之都。巴黎的服装产业以其悠久的发展历史,浓厚的时装文化以及享誉盛名的时装品牌在全世界处于领先地位。高级服装产业在给巴黎带来巨大经济效益的同时,也衍生了相关,如巴黎香水、化妆品、工艺品产业,以路易威登为代表的高级饰品、旅行品产业,创意性极强的设计产业等。

巴黎地铁的发达可以说是世界之最,其覆盖的范围、管理的完善以及运行的效率均达到了世界一流的水平。发达的地铁交通系统催生了巴黎独特的经济类型—地铁经济。巴黎地铁不仅仅只是具有运输功能,还配备了商业设施,是一个巨大的地下超市。地铁建设,不仅缓解了地面交通的压力,也成了巴黎经济增长的一个新载体。

3. 拥有特色的城市环境

巴黎被誉为是“鲜花之都”。无论是在大街上,道路旁,商店里或是居民的房间里,院落里,到处都能看见盛开的鲜花。巴黎的城市建设中始终贯穿着“人与自然和谐相处”的理念。巴黎在城市绿化建设过程中,注重绿地布局的科学性和合理性。城市郊区拥有大片森林,城市周边建有环城绿带,使整个城市处于绿色环抱之中。市区拥有许多街头公园,大街小巷均栽有行道树,高密度的绿化带是巴黎的一大特色。到目前为止,巴黎的人均公共绿地面积已经达到24平方米,市区拥有450座公园。生态环保是公园建设的理念,在巴黎的公园内,几乎看不到用石板或是花岗岩铺设的道路,有的只是砾石路,这种做法不仅有利于园内植物根系的生长,同时也大大节约了公园的建造成本,还具有按摩脚底的功效。巴黎是欧洲历史上第一个对城市的宝贵自然财产—树木进行有效保护的城市。除了传统的保护方法之外,例如通过地方法规保护公共绿地和私人绿地,巴黎在保护树木的过程中更是运用了现代科技。巴黎市内的每一株行道树都拥有属于自己的电子标签,里面记录着每一棵树木的电子信息。养护人员会定期读取电子标签里面的记录,以便随时把握树木的生长状态,及时进行有效维护,大大提高了养护的质量。

4. 形成特色的城市治理

“以人文本、城市为人”是巴黎的治市特色。巴黎在城市建设过程中十分注重听取市民的意见。每一项城市规划项目在着手之前都必须进行前期的调查,组织相关人员进行民意测验,充分听取社会各方面的公众意见。相关的方案与计划完成之后则仍旧需要公开征询公众意见。如果公众对政府的某些政策存在疑惑,则可以通过相关组织对政府工作进行监督。如此做法,是为了确保每一项政策的实施都能最大限度地符合市民要求和满足市民愿望,淋漓尽致的体现了城市建设的最终目标便是惠及于民。巴黎为了不断提高居民的生活质量,坚持基础设施先行的城市规划理念,重视城市交通网路体系的发展以及住房、商业、交通、医疗、休闲等配套基础设施的建设。巴黎城市建设中的种种举措无一不体现以人为本、城市为人服务的精神。

## 二、扬州建设世界名城的若干发展策略

城市发展的历史表明,“器物城市—技术城市—经济城市—人文城市”已成为城市发展的显性规律。基于此,扬州的城市发展亦可以遵循这一规律,同时结合巴黎城市建设的成功经验,总结出以下四点可行性较强的创建世界名城的发展策略。

1. 器物精致城

法国巴黎的凡赛尔宫,澳大利亚悉尼的歌剧院,意大利威尼斯的水面与船夫,墨西哥城的壁画,美国纽约、匈牙利布达佩斯的“自由女神像”,比利时布鲁塞尔的“小男孩撒尿铜像”,波兰华沙的“美人鱼青铜雕”,丹麦哥本哈根的“海的女儿铜像”,等等,世界名城建设都有世界级“名景”。器物是一个城市的“灵”与“肉”的统一。扬州要建设成为世界名城,需因地制宜,致力于打造世界级“名景”,要把扬州打造成一个能够彰显深厚文化底蕴,展现独特文化魅力,吸引国际化人才聚集的城市。

首先要大力保护历史文化古迹,科学挖掘历史文化遗迹,传承优秀的城市文化,塑造扬州精神。要正确分析古城、古运河以及瘦西湖等这些活态文化遗产的保护所面临的现代与形势,采取有效合理的保护措施。以古城维护为例,要做到保护与开发并举。一方面要对古城内重点居民、重点街道和重点文物古迹进行维护与修缮,在资金、技术上予以支持,保护古城的历史风貌。另一方面,也要按照现代性的要求,运用现代技术完善排水、消防等各种配套设施;运用信息传媒,更好地彰显古城文化、掌握维护动态,使古城集文化、休闲、娱乐、教育于一体,使古城重获“新生”。

其次不能忽略的就是扬州特有的人文风采,也就是非物质文化遗产的保护与传承。扬州有着丰富的文化内涵,以“扬州八怪”为代表的正直、创新的文化精髓正是城市文化的象征。“民族的才是世界的。”要举办主题鲜明、内涵丰富、形式不拘、群众参与的文化活动,扶持民间文化的主体性,展现浓郁的地域风情,培育出文明、诚信、优雅的现代公民。否则,“见物不见人”的古城街巷有可能变成普通意义上的“美食一条街”、“小商品一条街”。

2. 技术创新城

巴黎拥有世界一流的时装设计生产技术荷兰埃因霍温拥有世界一流的电

器研发生产技术，美国西雅图拥有世界一流的飞机研发生产技术，美国的威尔明顿拥有世界一流的化工技术，美国底特律、日本丰田拥有世界一流的汽车研发生产技术，德国慕尼黑拥有世界一流的啤酒研发生产技术，等等，可见世界名城无不具有过硬的世界级“技术”。

扬州要建设成为世界名城就应致力于把扬州打造成为“科技城”。大力实施科技创新发展战略，加快经济发展方式转变，把创新发展作为经济社会发展的主引擎，把扬州建成创新产业发达、创新技术领先、创新载体优良、创新人才富集、创新体系健全的创新型城市，可以向全世界输出高品质产品和服务的城市。扬州要紧跟科技发展潮流，善引巧借智力资源，在驻扬高校、科研院所。以及周边城市科技力量辐射下，继续发展农业科技、第三产业科技，努力寻求第二产业技术的突破。

3. 特色创新城

世界名城无一不具有特色经济，拥有世界级“名品”，如说到香水，人们会想到巴黎；说到信息科技，人们会想到旧金山的硅谷；说到钟表，人们会想到瑞士的伯尼尔；说到汽车，人们会想到美国的底特律；说到宝石，人们会想到斯里兰卡的拉特纳普拉；说到繁荣的旅游业，人们不得不谈“美国最干净的城市”迈阿密；等等。特色经济和名品就是一个城市的鲜亮名片。

世界名城、国际化都市是两个不同的概念。世界名城重在特色，国际化都市重在综合，是在全球经济活动中具有重大影响力的城市。国际化都市都算得上世界名城，而世界名城不一定是国家化都市，如威尼斯、巴西利亚等、扬州要成为世界名城，就要倾力发展特色经济，倾心打造自主品牌。扬州拥有悠久的文化历史、隽秀的人文景观，旅游资源相当丰富，可以致力于把扬州打造成为以休闲旅游业为核心的“名品城”，笔者认为这是扬州建设世界名城的始点，也是重要切入点。要树立“旅游大产业”的理念，开发衍生产品，树立品牌意识，推广品牌形象，使扬州知名度、美誉度，以及扬州旅游产业要放眼世界，面向国际市场，加大国际宣传力度，开发适合不同国家人群的旅游资源。此外，扬州实体经济的发展要切合扬州特色，运用好扬州品牌，在品牌推广过程中要有助于树立扬州良好形象。

4. 人文优雅城

名城让民享。城市建设必须坚持“以人为本、服务于人”的理念。政府要为人们的发展提供切实的帮助,尤其是通过社会保障机制确保弱势群体生存与发展的基本权利。要加强市民意识与健全人格的培养,培育幸福文化与优雅风尚,提升生活品质与综合素质,使其深刻认识到作为扬州市民的快乐与意义。民生幸福是世界名城的最终追求,扬州要打造成为世界"文化城",必须时刻围绕人的需要和人的发展。

民者城之本。城市的发展与人的关系是相互的,城市的发展能够更好地促进人的发展,而人的发展又是推动城市建设的根本动力。注重市民参与,这是巴黎城市治理的特色。"建设世界名城"的提法,在国内同类城市中是独树一帜的。扬州要建设世界名城,不仅要吸引普通市民的参与,更要吸引学者的参与,研究世界名城的成功经验,跟踪世界名城的发展态势,探讨扬州建设世界名城的路径等。

建成世界名城,离不开世界级"人才"。人才是一个城市发展的动力资源和智力支持。扬州要大力引智,做好兄弟城市引智的服务工作,大力发展基础教育事业以及卓越人才培养体系,大力支持各级各类特色学校,尤其是驻扬高校的建设与发展。

**参考文献:**

[1] 黄辉. 巴黎文化产业的现状、特征与发展空间 [J]. 城市观察,2009,(3).

[2] 王跃. 巴黎城市绿化基本特征及对上海绿化发展的启示 [J]. 上海建设科技,2006,(1).

[3] 王艳,王克婴. 创意城市建设以及对我们的启示 [J]. 边疆经济与文化,2012,(8).

[4] 魏文杰,丁建平. 面向 21 世纪扬州旅游经济发展思路 [J]. 扬州大学学报(人文社会科学版),1999,(3).

# 德国的世界名城之路与扬州的世界城市建设

徐继承

**摘　要：**本文在回顾与总结世界城市及世界城市体系研究已有的主要研究成果的基础上，认为德国受特殊国情与历史发展道路的影响形成了独特的世界名城——合作型的全球城市，在此基础上主要探讨了杜塞尔多夫建设世界名城的道路。作为德国第三大内陆港的杜塞尔多夫港，经历了城市由制造业中心向服务业中心的经济结构转变和港口运输向道路运输的交通结构转变。文章最后总结了德国做法对扬州建设世界名城的启示是，构建"信息扬州"，借船出海积极融入长三角，构建合作性的世界城市。

**关键词：**世界城市；德国；杜塞尔多夫；扬州；信息

## 一、世界城市理论的发展脉络与研究范式

1. 发展脉络

世界城市的现代研究的早期的开拓者当属彼特·霍尔。彼特·霍尔提出了"世界城市"概念，对伦敦、巴黎、莫斯科、纽约、东京等处于世界顶尖位置的城市的政治、贸易、通讯设施、金融、文化、技术以及高等教育进行了全面研究。[1]斯蒂芬·海莫在世界经济研究中，首先提出世界经济转向及总部控制对

1 Hall P. TheWorld Cities [M]．London：Heinemann，1966，p.47.

**作者简介：**徐继承，山西师范大学历史学院副教授，中国德国史学会理事。

当今世界的主宰地位，跨国公司总部趋向集中于世界主要的城市，如纽约、伦敦、巴黎、波恩、东京、莫斯科及北京等。[1] 在这之后的许多研究把跨国公司总部作为判别城市在全球城市体系中的位序的重要指标。这些研究，确定了城市相对重要性，但并未在全球城市的网络中确定城市的等级。在科恩提出新的城市等级体系的主宰后，基于资本的组织意义以及新劳动地域分工理论，弗里德曼提出了其著名的世界城市假设理论，但弗里德曼的研究重于理论，轻于实证，对许多变量，如金融、跨国公司总部、商业服务业、制造业活动、交通以及人口等指标没有进行测量。许多学者对弗里德曼的世界城市等级提出了批评，就连弗里德曼自己也承认存在某些不足。后来的研究大都建立在几个全球城市主宰的基础上，通过对某些城市的实证研究，在世界城市框架下研究其等级与位序。与弗里德曼不同，萨森以纽约、伦敦、东京三大城市实证研究为基础，把全球城市看成是国际金融中心，强调高级生产服务业，如会计、广告、保险、法律、管理咨询、房地产以及银行和金融方面在全球城市中的巨大作用，但萨森并没有提及其他城市，也没有论及与其他城市的联系。在萨森研究的基础上，卡斯特尔斯提出了流的空间（ space of flow ），世界城市被作为全球网络的结点。近年来，世界城市及体系研究，更关注世界城市的网络、等级体系、网络组织、世界城市的现实联系以及世界城市区域（ city- region ）的研究。[2]

2. 研究范式

世界城市研究范式不断进行调整。20 世纪初期，城市研究以城市人类生态为主要研究范式，把城市内部的变化看成跟自然界的动物和植物遵从的自然法则一样，认为城市内部的变化是一种自然变化。这种研究范式，最大的不足是忽视了人的行为及政府的作用。20 世纪 70 年代，城市生态范式被马克思主义的政治经济学的范式所取代。政治经济学的范式强调财富、权力及人的能力的重要性，城市及其组成部分被看成是商品，适用市场规则。拥有财富和权利的决策者，决定城市空间格局。这一范式强调经济利益与政治行

---

1 Hymer S. The mutinational corporation and the law of uneven development [ A] . In Economics andWorld Order[ C ], edited by Jagdish N. Bhagwati New York : Macm llan. 1972, pp.13—40.

2 吕拉昌：《全球城市与中国的国际城市》，《地理科学》，2007 年第 4 期，第 449—455 页。

为及其关系。许多全球化的分析者把这一研究范式用来研究世界城市，把控制城市内部变化的规则应用到城市之间，认为其具有相似性。因此，他们把眼光放在了世界财富集中的城市，如大型股票交易市场、银行及金融机构所在的城市，这些城市资本集中，对决策有很强的影响力，形成了全球的战略地点（strategic site），分析家认为这些“权力”城市，必然对其他城市产生影响，因而把资本的集中度和决策影响作为全球城市的重要指标。

20 世纪 70 年代的世界系统理论（World System Theory，简称 WST）有很大的影响，也是源于马克思主义的政治经济学的分析范式。根据 WST 理论，几百年来的世界被划分成核心区与边缘区，处于核心区的国家与边缘区的国家具有不同的财富和影响，核心区剥削边缘区。虽然 WST 理论是建立在马克思主义理论基础上，但马克思主义主要强调国家内部的资本主义的影响，而 WST 则强调资本主义的国际影响。处在核心区的国家（如英国、法国等），通过殖民、对边缘区的原料掠夺、劳动力的剥削取得对边缘区的支配地位，核心区的国家或公司通过对边缘区的剥削实现超额利润。世界城市体系早期的研究，也是基于 WST 理论之下。弗里德曼认为城市与世界经济联系非常重要，同样城市间的联系也非常重要。他把居于领导地位的城市概念化为全球控制城市（global command center），这些城市处于世界市场与生产的最高点，具有较高级的服务功能；把城市的财政经济、商业服务作为划分城市等级体系重要的标准，同时强调核心区与边缘区的划分的重要性，按他的定义，世界城市不可能出现在边缘地区。萨森则放弃了 WST 的分析框架，在对伦敦、纽约、东京三大处于世界顶尖位置的城市研究的基础上，认为全球城市对所在的国家及世界经济都具有重要的影响。她认为城市是世界经济的主要结构，而不是国家，从而把城市与国家区分开来。[1]

20 世纪 80 年代以来，新经济地理学兴起，地理经济学强调空间集聚、制度锁定、路径依赖，新经济地理强调主体合作、文化与制度对区域与城市发展的作用。事实上两者均是强调全球化与地区化的作用的范式。全球化下经济要素在全球存在超级的流动，伴随后现代主义文化的“超级合理”，出现相互联系的网络城市，另一方面区域性也颇受关注，世界城市区域的概念受到很多学

1 吕拉昌：《全球城市与中国的国际城市》，《地理科学》，2007 年第 4 期，第 449—455 页。

者的关注。

## 二、德国独特的世界城市——合作型的全球城市

在国际城市体系中处于顶端地位的全球城市都位于经济高度发达的国家,如纽约、伦敦和东京分别位于美国、英国和日本,也因而出现了这样的认知,即世界经济大国都需要有一个全球城市。德国也是世界经济强国之一,经济总量列世界第三位,而且根据各种新的全球化指数衡量,德国与世界经济高度融合,在出口方面居全球第一。然而,对于德国是否拥有一个全球城市,某一个城市如柏林能否算是一个全球城市,却存在着广泛的讨论。萨斯基娅·萨森在关于全球城市的经典著作中主要描述了纽约、东京和伦敦三个全球城市,没有提到德国的重要城市。在对世界城市网络的研究中,泰勒分析了大量有关世界城市的文献,几个德国城市在不同的研究中被提到,如柏林、斯图加特、波恩、科隆、慕尼黑、杜塞尔多夫和法兰克福,其中法兰克福是被提名次数最多的德国城市。在对全球城市的排名中,把德国城市列在全球城市体系中的较低等级(柏林位于最低的第6层),仅在一些特殊的功能网络中处于较高等级。[1]

德国城市体系经历了上世纪40年代之前的极化、二战后的分散化和两德统一之后的微弱再集中三个阶段。

1. 第二次世界大战前极化的城市体系

德国在历史上邦国、诸侯和独立城市林立。这些邦国和诸侯拥有各自的首都,都具有一定地域范围内的政治、文化和经济中心功能;而独立城市则在自己的地域内起着小首都的作用。这一结构导致了功能上的高度竞争和广阔的分布。只有在1871年国家统一和柏林成为首都后,城市体系才开始向柏林极化发展。直到魏玛共和国时期(1919—1933),柏林才成为德国明确的中心。在第三帝国时期(1933—1945),由于纳粹政权的政治原因推动,城市体系向着柏林极化的趋势继续加强。即便如此,柏林在德国城市体系中的中心地位却从来没有达到巴黎在法国和伦敦在英国的那种程度。

1 Taylor P. World City Network. A Global Urban Analysis, London, New York, 2004,p.75.

2. 第二次世界大战后相对均衡的城市体系

二战后，德国被划分成4个军事占领区：西部的美国、英国和法国占领区发展成为联邦德国，而东部苏联占领区发展为民主德国。大部分东部城市丧失了许多功能。

（1）柏林丧失了作为西德政治中心的功能。联邦德国临时首都被定位于波恩，而东柏林仍然是政治、经济和文化中心，并且是民主德国的首都。

（2）柏林丧失了作为金融中心的功能。东西德分开后，金融中心被建在法兰克福。美国在那里为他们的占领区建立了航空中心，之后法兰克福变成西德的航空中心，统一后则成为整个国家的航空中心。由于法兰克福是欧洲中央银行所在地，因此柏林重新成为德国金融中心功能是不可能的。

（3）柏林丧失了德国媒体中心的功能。广播和新闻媒体被重新部署在汉堡、科隆、慕尼黑和其他城市，原本在柏林和莱比锡的很多出版机构被重新部署在慕尼黑、斯图加特、法兰克福和其他城市。

（4）战前，柏林和莱比锡也是商品交易中心，战后两个城市丧失了很多举办交易会的机会，也造成了人员和技术知识的流失。新的交易区位被选定在汉诺威，很多交易会被重新部署在传统区位如慕尼黑、科隆和法兰克福及其他地点。

（5）大量工业和服务企业离开德国东部，在不同的西德城市寻找到新的区位，如西门子、Odol、Hauni、德累斯顿银行和几个保险公司。结果是西德城市功能增强，而柏林和东部德国城市则在功能、经济动力和人力资本等方面存在严重流失。与1871年之前相比，相对极化的城市体系开始走向分散化，重要城市的分布逐渐均衡。

3. 两德统一后微弱集中的城市体系

德国统一后，大多数职能并没有再度集中于柏林，而是仍然分布在各大重要城市，如金融服务业在法兰克福，媒体业在汉堡、科隆、慕尼黑，高技术产业在慕尼黑与斯图加特，广告业在汉堡与杜塞尔多夫，重要公司的总部则分布于多个城市之中。其原因首先在于德国的联邦制度，各个州在联邦政府都具有强大的影响力，各州有其独立的首府城市，这些城市具有各自的经济、政治、文化中心等职能。其次，在德国城市体系内，德国的交通系统具有高度的可达性，使长距离的交流成为可能，因此弥补了空间分离的缺陷。

综上所述,德国并不拥有全球城市,其战略功能、经济活动和基础设施在空间上高度均质分布。但同其他欧洲国家相比,德国几乎所有的区域内部和区域之间都有着非常高的可达性。它的城市体系现状部分是有意识的人为结果,但主要还是历史原因造成的,即缓慢而较晚的国家统一、二战后的分裂和 1990 年的再统一。[1]

德国各联邦州、地方政府和城市具有强大的自治权,加剧了不同空间层面之间为争取企业和居民的竞争,有利于在社会、经济、文化和空间政策等各领域找到更好的问题解决方案。地方和区域政府出于竞争的需要,会为企业和居民提供不同的服务供给,进而导致不同城市间的专业化分工。当然,所有的大城市都具备容纳各种功能和服务的良好基础,但在某些功能方面,重要城市之间还是具有相对明确的分工。国际化和全球化使竞争的空间范围变得更加宽广,并且导致区域内的城市和腹地之间以及城市之间和区域(城市网络)之间的合作在不断上升。通过协调不同城市和地方政府之间的关系,德国空间政策正引导建立新的空间等级层次,即所谓的大都市区。

高度的交通可达性和连通性使国家内部高效率的劳动分工成为可能。可达性替代空间临近在现实中已存在,如专业化功能(法律咨询、金融服务、工程服务和研究等)可在至多一天的通行圈内完成。这里强调的是城市之间大尺度的劳动或功能分工的可能性和收益。但是,一个全球城市如伦敦、纽约或东京,是否比紧密联系的德国城市体系具有更小的真实时空距离,还需要进一步探讨。

良好的功能分工和高度的交通可达性,显著地降低了交通堵塞和过度集聚的危险,但可能会丧失单中心极化作用下的集聚经济效益。强调全球城市的学者认为,全球化导致控制功能和相关服务集中,并进而促进了全球城市发展。按照这种推论,德国城市将会丧失其竞争优势,因为他们不得不在别处获得相关知识。然而事实是,德国工业在世界市场中高端产品的专业化生产方面具有优势,这与德国模式,即工业和服务业在紧密的空间关系中密切合作有关。为此,迪特尔·莱普勒提出了城市化模式多样化的论点,他认为目

1 孙斌栋,迪特里希·亨克尔,刘学良:《合作型的全球城市—德国城市体系研究及其对上海的启示》,《国际城市规划》,2008 年第 6 期。

前还难以回答这样一个问题,即德国公司是被迫受到全球城市(如伦敦或纽约)的战略控制并购买它们发展的知识,还是德国空间结构具有自身的比较优势。

基于以上分析,德国城市体系模式的发展前景是有理由被看好的。这种分散化的城市系统的功能运转如果能够稳定下来,紧密的经济一体化可以使德国城市系统被看作为一个合作的或者虚拟的全球城市,而不需要一个严格意义上的全球城市。紧接着的问题是,德国模式是否能够作为一个可供借鉴的目标模式。事实上,欧洲的荷兰、奥地利和意大利的城市系统非常类似于德国。但是就如前面提到的,很多发展更多的不是有意识的行为的结果,而是历史路径依赖的结果。因此,复制一个城市系统是不容易的。例如,很多国家有意识的分散首都过于臃肿的部分功能,从而实现均衡发展,却没有取得明确的成功。这至少需要足够的政治意愿、规划努力和实施能力。

尽管德国没有一个单一的城市符合严格意义上的全球城市,但是拥有由多个几乎同等层次的实力强大的城市构成的城市网络体系;这些城市之间存在良好的劳动分工和专业化协作,城市网络具有很高的可达性和连通性;城市体系的分散结构加强了区域之间的竞争,有利于提高效率,而且与单一的全球城市相比具有较低的拥堵成本。因而,尽管德国没有一个全球城市,但却通过城市间的分工协作增强了整体竞争力,在事实上发挥了一个全球城市的作用,从而使德国成为世界上最重要的经济体之一,且与世界市场高度一体化。至此可以提出这样的论点,即德国城市系统是一个合作的或虚拟的全球城市,弥补了没有单一全球城市的劣势。

## 三、德国世界城市的建设轨迹

本文以杜塞尔多夫为例,简要介绍德国建设世界城市、走向国际化的轨迹。杜塞尔多夫是著名的德国文化古城,与扬州有相似性。

杜塞尔多夫,德国莱茵河沿岸重要城市,北莱茵—威斯特法伦州首府。在莱茵河右岸。市区人口约有 57 万。工业以钢铁、煤炭、化工、汽车、电机、玻璃、精密仪器、纺织、造纸等为主,并为全国服装业的中心。铁路、公路枢纽;河港及重要航空站之一。12 世纪见于记载,市内有 13 至 18 世纪古迹、艺术学院、著名陶器博物馆等。19世纪德国诗人海因里希·海涅的出生地。

杜塞尔多夫有鲁尔区的“办公桌”之称,位于德国鲁尔重工业区的中心,设在这里的钢材、钢管、钢铁、机械、化工和玻璃等工业企业享有世界声誉。德国大公司蒂森克虏伯、曼内斯曼、费巴、汉高总部设在这里。杜塞尔多夫是德国的时装之都,也是世界著名的时装城市。每年举行大型时装展览会和交易会。杜塞尔多夫又是有名的博览会城市,每年四季都举办各种行业的国际大型展览会。其传统博览会场地有11个展厅,展览面积达10万多平米。杜塞尔多夫是德国广告、服装和通讯业的重要中心。市内共有约1000所广告公司,其中包括了以杜塞尔多夫为基地的BBDO广告公司、Grey广告公司和Publicis广告公司德国三大广告公司。通讯业是杜塞尔多夫急速发展的行业。杜塞尔多夫依靠新型媒体产业改造传统产业,走出了一条独特的世界城市之路。其中构建杜塞尔多夫媒体港,不仅是德国老工业港口改造的典范,也是走向世界名城的重要举措。

在过去的几十年中,杜塞尔多夫港作为德国第三大内陆港,经历了由制造业中心向服务业中心的经济结构转变和港口运输向道路运输的交通结构转变。杜塞尔多夫港通过功能转变与结构调整,由一个封闭衰败的老工业港口转变为一个具有优美自然生态景观、巨大经济潜力和高品质生活环境的充满活力的新城市中心。杜塞尔多夫媒体港因港口功能调整后媒体业等临港新兴服务业异军突起而得名,并已成为老工业港口结构转型的典范之一。

1. 杜塞尔多夫港的历史沿革

位于莱茵河畔的杜塞尔多夫具有理想的港口位置,自15世纪杜塞尔多夫的城市徽章上就有锚的图案。杜塞尔多夫港的发展得益于19世纪中叶的工业化发展。1886年,市议会决定在称作“劳斯沃德”的地区建设一个港口,这是今天市区港口的一部分,并委托柏林的建筑师普沃茨克进行港口规划。占地80$hm^2$的杜塞尔多夫港于1896年开幕,这是当时最现代的内河港口。20世纪前30年,世界经济的增长与国际航运交通的进步,使得莱茵河港口的运输变得更加重要。杜塞尔多夫港作为德国重要的进出口岸之一,鲁尔区煤矿、钢铁等产品出口与德国对农产品进口均需通过杜塞尔多夫港,导致港口的货运物流量迅速增长,并很快超过百万吨。因此,这一时期港口得以扩建。一战前夕,主要港口区占地约135$hm^2$,并成为莱茵河最大的内陆港口。此后,在第一、二次世界大战期间，杜塞尔多夫港口遭到严重破坏。“二战”后到20世纪50年代，随着德国经济的复苏，杜塞尔多夫港的货运量得以恢复。20世纪60年代初，德国城市已经呈现出由工业向服务业的转变趋势。随着汽车和公路的发展，货运交通也开始向道路交通转移，港口货运量停滞。但在1955年-1964年间，杜塞尔多夫港口仍旧在进行扩建以增强其吸引力。20世纪60年代中期，港口达到了最大规模，拥有8个码头，$55hm^2$的水域面积。同一时期，杜塞尔多夫市的范围也扩大了一倍。最初港口的位置在城市南部边缘，现在则几乎临近市区，距老城不足1km。[1]

20世纪70年代，石油危机引发世界经济衰退，德国城市的产业结构调整和物流链的改变使莱茵河内港口的经济重要性明显下降；杜塞尔多夫市作为北威州首府和国际化大都市，需要建立一个新区来完成这一职责。鉴于以上原因，杜塞尔多夫市议会在1974年正式决定缩小港口面积，并考虑集中重组临近市区的港口，用于满足城市的新功能。杜塞尔多夫港口的转型也由此正式拉开了序幕。

2. 媒体港的发展历程

杜塞尔多夫港口转型的目的，在于提升港口区的品质，增强其经济活力，提高地区的吸引力。港口的更新规划理念，一是将部分港口工业用地转用于城市规划，发展为城市服务与办公区，创造新的就业机会；二是为商业港口的现代化创造必要条件，保持原有企业的竞争力。

（1）1976—1989：港口结构重组

自20世纪70年代中期至今，港口更新改造的范围由临近市区的入境口岸逐渐延伸至港口的核心码头区。港口的更新改造主要经历了3次规划调整期，可划分为4个建设阶段。

1976年，在港口结构改造的最初规划中，首先考虑将临近市区的几个港口码头区列入改造发展规划，并分为4个阶段逐步进行，依次是入境口岸（Zollhafen）；商业码头 / 锤子街码头（AmHandelshafen/Hammerstraße）；运输街码头（Speditionstraß）；锅炉街码头（Kesselstraß）。1978年—1989年的第

---

1 Die Geschichte des Düsseldorfer Hafens.[2010-05-12].http：//www.duesseldorf.de/medienhafen /geschichte/index.shtml.

一阶段改造期间，入境口岸的 10hm$^2$ 用地经过改造后，建有电视塔(1982)、北威州议会大厦(1988)、莱茵公园、一个居住区和游艇港。[1]

(2)1990—2002：媒体港的发展

1990 年东、西德统一之后，德国的社会发展进入了一个新时期。德国社会的结构性改革及其对就业和地方经济的影响显得更加重要。“在失业率颇高、以传统产业为基础的城市中，地方政府机构的意图是推动衰败中的地方产业基础进行现代化改革，发展新型的产业和服务经济，并试图通过各种方法和措施，吸引投资并支持地方公司和企业的发展，鼓励地方市民创建自己的产业。”

早在 1985 年，市议会决定在毗邻市中心的港口区发展新兴的媒体产业。1989 年，市议会通过了一项名为“核心区”的 9hm$^2$ 用地发展规划决议，核心区即商业码头至锤子街之间的港区。港口的更新改造进入到第二阶段。此后的 10 多年间，核心区的更新规划与建设项目逐步实现。1999 年，由弗兰克・盖里设计的新海关大院构成了媒体港最著名的景观。运输街东岸作为呼应核心区的沿河景观，也被纳入到第二阶段实施，其港口老建筑的更新改造在 2002 年完成。

核心区展现出新旧建筑对比鲜明、富有创造性、充满活力的新环境，吸引了众多媒体企业和文化机构，如奥美广告公司、欧洲媒体研究所、北威州电影基金会、国家广播公司和北威州建筑师公会，一些小型创意工作室、手工艺作坊和餐饮、零售、多媒体影院等服务机构也进驻于此。当时进驻该地区的企业以传媒领域为主，“媒体港”由此得名。媒体港逐步成为媒体、广告、时尚、艺术和商业中心。工作之余，娱乐、购物、休闲等丰富多样的生活方式也悄然融于这一地区。

(3)2002 年至今：媒体港的延续

基于媒体港的蓬勃发展，在 1992 年编制的港口未来发展框架基础上，2001 年市议会从经济、城市规划和生态角度对杜塞尔多夫主要港区的各种发展方案开展评估，确定港区的功能定位，并由此得出一个指导行动建议，用

---

1 Hafenentwicklung seit 1976 . [2011-03-17].http://www.duesseldorf.de/planung/hafen/entwicklung/index.shtml

于指导未来发展。2002 年发表的《杜塞尔多夫港口展望》报告指出，运输街码头既是媒体港的延续和发展，也是西部工业区和东部核心媒体港的缓冲地带。[1] 当前，第三阶段对运输街西侧与木料街之间区域的更新改造仍在建设之中。运输街西侧的规划设计来自于 1998 年对该地段的城市规划和建筑设计竞赛。改造后的新区将提供大约 600 个新的就业岗位。结合第三阶段运输街西侧的规划理念，第四阶段锅炉街的规划方案以居住和工作的混合发展为主导，方案仍在讨论和完善中。

（4）媒体港的未来发展

2004 年，杜塞尔多夫城市发展规划委员会制定了新港区发展规划，以进一步振兴港口。对运输街和锅炉街码头的规划进行了修订，并进一步延伸媒体港的改造范围，将布雷默街（Bremerstraß）/ 磨坊街码头与经济港（Wirtschaftshafen）/ 劳斯沃德（Lausward）港区纳入到新发展规划中。后两个港口码头是杜塞尔多夫的主要港口区，主要供工业、商业服务、船舶和铁路货运使用。磨坊街码头（Weizenm ü hlenstraße）有多个大型工厂，同时也是船舶和卡车货运码头，主要运送食品和饲料。劳斯沃德港区设有一个电厂，也是煤炭储存区。在港区的中长期发展规划中，这两个港口的功能转变仍主要以商业和居住的混合发展为目标。此外，布雷默街码头的顶端继续作为绿化用地，入境口岸的莱茵公园通过跨河大桥可一直延伸至此。对于目前仍在运营中的电厂，一方面要进一步降低其对周边媒体港居民的噪音等生态环境影响；另一方面，将结合市场，规划适当的功能转变以取代发电厂。[2]

3. 媒体港的更新改造规划策略

杜塞尔多夫媒体港的更新规划理念体现了后工业时代欧洲城市规划理念的转变与发展趋势。20 世纪 70 年代中期，生态环境保护与工业闲置用地的功能转变成为欧洲城市的关注焦点。在这一时期，对入境口岸的更新改造中，几乎超过一半的土地用作绿化用地。20 世纪 90 年代，在北威州举办的埃姆歇公园国际建筑展项目开创了工业遗迹保护再利用和工业景观复兴之路。

---

1 zur 21. nderung des Fl chennutzungsplanes .[2010-9-1].h t t p : //w w w.d u e s s e l d o r f.d e/p l a n u n g/b a u l e i t/p l a e n e/h a f e n/f n p_21/i n d e x.shtml : 3

2 刘涟涟，孙亦民：《杜塞尔多夫媒体港——德国老工业港口改造典范》，《城市建筑》，2011 年第 8 期。

这一为期 10 年的项目影响了整个鲁尔工业区及其港口区的更新改造方向。因此媒体港第二阶段规划与第一阶段将港口建筑拆除的改造规划理念相反,注重对港口工业文化和工业遗迹的保护,规划方案在现有城市结构基础上保持历史港口布局,实现新老建筑均衡的谨慎更新。除了对一些仓库和港口建筑的保留,位于商业港口街的全部机械设备被作为历史港口建筑技术发展的见证,在 1990 年列入建筑保护名单。

媒体港的规划体现了保护性更新,对港口区的原有街道网络和城市骨架的改造也都十分有节制地进行。总体上,媒体港的每个码头区及其水面仍能呈现出"港口"的特点。

在土地使用规划方面,媒体港实现了多种功能区的混合发展。媒体港并没有被完全规划为商业区。原因在于:功能单一的商业区在夜晚会变成毫无生机的空城。媒体港的前期建设中没有规划大面积的住宅区,但在中长期规划中,居住与工作的混合发展模式成为主导方向。

2000 年之后,鉴于媒体港的成功转型(前两个阶段),杜塞尔多夫市政当局对港口的土地利用总体规划主要进行了 3 次修订。2002 年考虑将运输街码头地段作为媒体港的延续,转变为包括商业、办公、酒店及餐厅等功能的商务园区;之后,2004 年和 2007 年对港口土地利用总体规划又进一步做了调整,确定将运输街码头西侧与锅炉街码头改为住宅建筑用地,原来作为特殊用地的磨坊街码头、西侧码头作为商业性使用,东侧和码头端口区作为商务园区;发电厂及其附属公司、临近的联合货运场地作为商业和工业用地;布雷默街码头的顶端作为绿化用地;将南侧部分转变为商务园区。

在交通规划方面,现代化的基础设施是媒体港发展的根本。每一阶段改造中,道路和公共交通规划都占据了重要地位。已建成的港区具有完备的交通基础设施和极为便利的公共交通联系。目前,港口区的公共交通网络已初步形成,共有 3 条城郊快轨(S-bahn)线路(S8, S1, S28)、3 条有轨电车(708, 704, 709)和 2 条公共汽车线路(725, 726)可达媒体港及其周边。通过公共交通方式,媒体港与市中心的国王大街和老城仅 10 分钟行程,距飞机场仅 20 分钟行程。

运输街码头的规划设计延续了媒体港一直以来对自行车和步行交通方式的关注。特别强调在水面创造步行和自行车交通的必要联系,以桥梁形式形成了步行自行车通道，将运输街与核心的媒体港相连，成为港口的亮点，同时餐饮、博物馆和文化用途也得到满足。

在杜塞尔多夫港口中长期规划中，从锅炉街和磨坊街直到布雷默街码头地区，将进一步投入公共交通联系，除了在港口区扩建道路，还要架设桥梁供有轨电车、汽车、自行车和步行交通使用。特别是有轨电车可以继续向西部港口延伸。另外，在临近媒体港的弗兰茨斯街（Franziusstraße）正在建设一个拥有 500 个停车位的地下车库。

4. 港口建筑的更新与改造

港口码头旧建筑改造与新建筑的对比、融合是媒体港的独特魅力。在保持工业文化遗迹的规划理念下，保护并再利用老工业建筑，加强对工业港口地区身份及其意义的认识，已经成为规划师、建筑师和业主的共识。规划师、建筑师和艺术家都在寻求新方法将旧工业建筑与整个港区新环境相协调。自 1896 年以来的码头墙、楼梯、铸铁灯箱和锻铁栏杆，以及码头区的旧轨道和起重机仍旧保留在港区，形成了媒体港独特的工业景观。新建筑也同样能看到旧日的工业元素。

在媒体港，可以感受到无处不在的创新气氛。为了满足创新和媒体企业的需求，媒体港采取了灵活的规划方式，将每一地块单独运作，以满足其未来使用者的需求。因此，媒体港建筑没有统一的模式束缚，为建筑师创造风格各异的建筑样式提供了条件。

总体上，媒体港的高楼尺度已经突破了原来电视塔所控制的天际线高度。在形式上，相对于老工业建筑，新建筑也更具现代感和未来感。

媒体港为世界建筑提供了一个极佳的展示平台。霍尔、齐普菲尔德、盖里、克伦和奥尔索普等众多国际知名建筑师和德国著名的建筑师及其事务所都将其经典之作展现在媒体港。

杜塞尔多夫媒体港的成功体现了城市更新改造对近代工业文化与遗迹的尊重与保护，同时也展现出后工业社会背景下对城市发展的展望与期待。媒体港很好地实现了城市可持续发展，其更新改造策略可总结出以下几点：其一，改善城市废弃工业用地的生态环境，利用现有水面和绿地构建新的城市绿色走廊；其二，保护与延续城市的历史结构与框架；其三，促进土地多功能的混合利用；其四，构筑以公共交通为主导的、有利于可持续发展的绿色交通模式；其五，注重工业遗产的保存和再利用，建立新老建筑的创造性融合。如今，老工业港口重新恢复了生机与活力，截至 2010 年，媒体港共有 800 家企业机构落户，平均每年增加 50 个新企业。其中，25% 的企业来自于传媒领域，76% 的公司总部驻扎在这里。提供了 8600 个就业岗位，每年就业岗位大约增加 22%。[1] 未来还将有更多的居民落户于此。整个媒体港区正逐步形成集商业、居住、工作、娱乐、休闲等多功能于一体的城市新区。

## 四、对于扬州建设世界名城的启示

为了构建世界名城，必须牢牢把握建设“创新扬州、精致扬州、幸福扬州”这一主题，坚持发展第一要务，坚持以人为本，更加注重全面协调可持续发展，更加注重保障和改善民生。把加快转变经济发展方式、“发展创新型经济、建设创新型城市”作为构建的主线，坚定不移地推进结构调整和自主创新，着力推动经济发展方式由主要依靠物质资源消耗向创新驱动转变、粗放式增长向集约型发展转变、城乡二元结构向城乡一体化发展转变。

### 1. 以信息产业助推扬州产业转型——构建“信息扬州”

拥有较强自主创新力和国际竞争力的信息产业，形成信息化基础设施先进、信息资源有序整合、无线电通信安全畅通、企业信息化水平普遍提高、城市信息化与农村信息化协调发展、电子政务与电子商务广泛应用的信息化体系等方面的发展一直是扬州发展的目标。信息产业逐渐发展成为扬州经济社会发展的主导产业。全市企业利用信息技术开展生产、管理、创新活动的比例超过 90%，企业利用互联网开展电子商务的比例超过 60%，成套设备和传统产业整机产品信息化率分别超过 40%；建成两化融合示范（试验）区 8 个、示范企业 10 个、试点企业 100 个以上，通过示范项目推进千企升级。全市信息化投入占社会固定资产总投资比重达 10% 以上，居民信息消费占全部消费比重超过 34%。

完善以公民和企业为中心、信息共享和互联互通为重点的电子政务公共

---

1 Der MedienHafen boomt [EB/OL]. [2011-4-30]. http : //www.dues seldorf.de/medien hafen/branchenstruktur/index.shtml

服务体系，深入推进以提高政府管控水平、提升资源整合效能和保障服务民生为宗旨的电子政务建设。统筹市、县、乡电子政务建设需求，着力拓展“无线扬州”应用，构建全要素、全时段、全覆盖且纵向贯通、横向联动、建设集约、管理集群的电子政务模式。

近年来，软件产业成为扬州经济发展新的经济增长点。2011 年实现业务收入 120 亿元；2012 年实现业务收入 180 亿元，形成以广陵区为核心，以维扬、邗江、江都、仪征和市经济技术开发区为重点的“一核五园多点”的产业发展格局，努力将扬州市打造成为新兴的软件名城。

2. 借船出海——深度融入长三角，提高国际化水平

建设长三角合作型的全球城市是代表国家参与全球竞争和抢占全球经济制高点的需要，也是整合长三角资源和提高长三角整体竞争力的必然选择。在经济日益全球化的格局下，经济大国的发展需要全球城市作为增长的支撑。美国、日本和英国分别拥有纽约、东京和伦敦，而德国则以城市之间的分工协作和高度交通可达性构成另一类全球城市即合作型的全球城市。中国崛起同样需要全球城市作为引擎。上海虽然极具潜力，但自身能级有限，与全球城市差距还很大，尤其是在当前的行政体制下，上海的发展在很多方面受限于行政界限，难以放大中心作用。

另一方面，长三角地区各城市之间存在较为突出的非正常竞争，行政主导的区域经济发展导致产业高度同构，缺乏合理的分工与协作，导致重复建设和资源浪费，弱化了区域的整体竞争力。在日益激烈的市场竞争中，城市的单兵作战已很难立足。全球化进一步使竞争从局部市场扩展到全球市场，国家干预空间缩小，国家之间的经济竞争更多地体现为以区域为代表的经济竞争。在这种形势下，城市间通过协作来对抗全球竞争便成为必然之举。上海与长三角腹地是唇亡齿寒的关系，以合作型全球城市为共同目标有利于整合资源、促进分工、实现共赢、提高城市体系的能级，在不久的将来以一个合作的整体参与世界分工。为此，扬州也必须借此机会深度融入长三角，重新定位自身产业发展，参与全球竞争，提高国际化水平。

# 瓜纳华托市“世界名城”之路及其对扬州的启示

李　超　韩　琦

**摘　要:** 墨西哥的瓜纳华托市从昔日的银矿之都,发展到今天的以世界文化遗产为依托、以发展旅游业为基础、以文化艺术氛围浓郁为特色的“世界名城”,走过了一条相对成功的道路。瓜纳华托市打造“世界名城”的经验教训,值得借鉴汲取。要把扬州建设成为“世界名城”,需要我们创新发展思路,增强城市魅力和特色。从城市现有优势资源出发,采取发展文化旅游业、保护与开发古城、申报世界遗产、提升城市文化品位、打造国际交流平台等举措,还要注重发挥政府促进、公众参与的作用,走可持续发展之路。

**关键词:** 墨西哥; 瓜纳华托; 世界名城; 扬州

瓜纳华托市( Guanajuato, Gto ),是一座坐落在墨西哥中部马德雷山脉三个深谷交界处、气候温和、降水适中、风景秀丽、历史悠久的中小城市。殖民地时期,以矿业经济为基础,城市建设得以大规模兴起,城市知名度迅速提高,曾经是世界上最繁华、最著名的矿业城市之一。受银矿衰竭、政治动荡、山洪泛滥等因素困扰,城市曾经一度衰微。20世纪中后期以来,随着城市建设的复兴、城市面貌的改善、旅游业的发展、塞万提斯国际艺术节的举办、古城申报请世界文化遗产的成功,瓜纳华托市重新焕发活力,再度走向世界舞台,成为别具特色的“世界名城”之一。

---

**作者简介**:李超,南开大学拉丁美洲研究中心硕士研究生;韩琦,南开大学世界近现代史研究中心和拉丁美洲研究中心教授。

## 一、从“银矿之都”到“世界名城”

瓜纳华托的兴起可以追溯到16世纪，与西班牙殖民者的活动有密切关系。同玻利维亚的波托西、新格拉纳达的梅里达、巴西米纳斯吉拉斯地区著名矿区城市的兴起一样，瓜纳华托也是伴随着金银等贵金属的发现和开采而建立和发展起来的。[1] 瓜纳华托这一名称源自当地塔拉斯坎印第安语（Tarascan Indian），意思是一块在城外看似青蛙的大岩石或曰“蛙山”。[2] 西班牙殖民者到来之前，土著部落居住于此。1529年，殖民者征服了当地土著居民后，开始向此地移民。1541年，这片土地被总督安东尼奥·德·门多萨（Viceroy Antonio de Mendoza）授予罗德里戈·巴斯克斯（Rodrigo Vazquez）。1548—1554年，在此区域的圣贝尔纳瓦（San Bernabe）与拉雅（Rayas）等地，人们偶然发现银矿，从此瓜纳华托与银矿结缘。为了抵御土著人反攻，保护与开发银矿，1554年，殖民者开始修建堡垒和社区。在瓜纳华托的莫尔菲（Marfil）、特佩塔帕（Tepetapa）、圣塔安娜（Santa Ana）和赛罗·德尔夸尔托（Cerro del Cuarto）四个地区相继形成聚集区，出现城市雏形。随后，由于开矿需要引起移民大量到来，此地人口开始增加。1679年，瓜纳华托被提升为“圣达菲市镇和皇家瓜纳华托银矿”（Villa de Santa Fe y Real de Minas de Guanajuato）。1700年，当地人口增加到16000。[3]1741年，菲利普五世（King Philip V）授予该地“非常高贵忠诚的圣达菲城镇和皇家瓜纳华托银矿”（muy noble y leal ciudad de Santa Fe y Real de Minas de Guanajuato）称号，标志着瓜纳华托城市正式形成。

18世纪后半期，瓜纳华托进入到矿业繁荣时期，成为世界上最大的银矿生产地。[4] 这一时期，著名的瓦伦西亚矿井（la Mina de Valenciana）开始生产，直到墨西哥独立战争时期，瓜纳华托一直主导着世界的银矿生产。1790年，大大小小采矿点有1816座、人口32098，进入到鼎盛时期。随着人口的增加，四个

---

1 韩琦：《拉丁美洲的城市发展和城市化问题》，《拉丁美洲研究》，1999年第2期，第43–48页。

2 Mrs. Peter M. Myers, A city of dreams (Guanajuato), Press of Gillet & Company, 1908, p. 26.

3 Lucio Marmolejo, Efem é rides Guanajuatenses, Tomo II (Guanajuato: Imprenta del Colegio de Artes y Oficios, 1883), p. 345.

4 Elizabeth Emma Ferry, “Geologies of power: Value transformations of mineral specimens from Guanajuato, Mexico,” American Ethnologist, Vol. 32, No. 3 (August 2005), pp. 420 - 436.

相互分离的区域开始形成一个整体。这种城市发展进程，决定了瓜纳华托不像其他西班牙殖民城市的建设那样具有一种相对规则的模式，而是具有一种独特的风格。[1]矿业的兴盛带来了巨额财富，据历史学家统计，瓜纳华托矿业的产值达 13.5 亿美元。[2]巨额财富推动城市建设，城市建设使得城市面貌焕然一新，促使这座城市在 18 世纪达到高度辉煌与繁盛。这一时期，许多矿主开始把巨额财富投入到豪华住宅和公共建筑上，兴建了许多巴洛克风格的建筑，包括教堂、纪念碑、城市广场等。其代表性建筑为坎帕尼亚基督教堂（Templo de la Compa・ia）、圣卡耶塔诺教堂（Templo de San Cayetano o de la Valenciana，又称瓦伦西亚教堂）、圣迭戈教堂（Templo de San Diego）。经济繁荣也使得修建大坝、粮仓，用鹅卵石铺筑街道成为可能，著名的阿隆笛加・德格兰纳迪塔斯大粮仓（Alhondiga de Granaditas）和奥亚大坝（la Presa de la Olla）便是修建于这一时期。全市有众多宏伟而漂亮的建筑，宽敞而整洁的街道，广场，教堂和市场。19 世纪初，约 70000 人（1810 年）住在这座城市及其周围地区。[3]亚历山大・冯・洪堡（Alejandro Von Humboldt）曾经赞美道：瓜纳华托城市华丽的建筑甚至足以点缀巴黎或那不勒斯的街道。[4]

19 世纪，瓜纳华托见证了墨西哥独立战争及革新战争动荡不安的历史。独立战争期间，瓜纳华托是起义者占领的第一座重要城市。在起义军攻占瓜纳华托的战斗中，当地的银矿工人勇敢地投入战斗，涌现出许多可歌可泣的英雄事迹。当起义军进攻受阻时，绰号皮皮拉的矿工冒着枪林弹雨、只身潜入敌军负隅顽抗的据点阿隆笛加・德格兰纳迪塔斯大粮仓放火，使殖民者的防守瞬间奔溃。人们为了纪念这位青年勇士，在市郊的山坡上建起了一座 25 米高的塑像（Monumento al P í pila，1939 年）。伊达尔戈率领的起义失败后，革命者的头颅被悬挂在粮仓的四个角落达 10 年之久。如今，城内的皮皮拉雕像和阿隆

1 Fernando Peñalosa, "Ecological Organization of the Transitional City: Some Mexican Evidence, Social Forces," Vol. 46, No. 2 (December 1967), pp. 221–229.

2 Percy F. Martin, Mexico's treasure house (Guanajuato): an illustrated and descriptive account of the mines and their operations in 1906 (New York: The Cheltenham Press, 1906), p. 85.

3 Isauro Rionda Arregu í n, "La Ciudad de Guanajuato antes de la Revoluci ó n de Independencia de M é xico," Acta Universitaria, Vol. 13, No. 1 (Enero–Abril, 2003), pp. 18–24.

4 C. E. Casteñeda (Review), "Proceso Hist ó rico de la Metr ó poli Guanajuatense. by Fulgencio Vargas," The Hispanic American Historical Review, Vol. 23, No. 3 (August 1943), pp. 517–518.

笛加·德格兰纳迪塔斯博物馆依稀可以让人感受到那段历史。独立战争结束后，瓜纳华托市成为州首府。之后，保守派和自由派在那里展开了激烈的争夺。1858 年，胡亚雷斯宣布瓜纳华托市为临时首都，以此为基地抵抗叛军。1863—1868 年，城市被法国军队占领。由于长期处于争夺的中心地带，频繁的战争，给矿业生产带来巨大的损失。墨西哥独立战争前的十年，瓜纳华托金银每年的产值超过530万比索。独立战争开始后的十年里，则降到了200万比索稍多。19 世纪 20 年代，则只有 100 万比索。[1]

经过长达将近一个世纪的相对停滞后，19 世纪末波菲里奥·迪亚斯统治时期开始出现变化。由于新矿藏的发现、外国资本到来和新技术新方法的引进，矿业生产有所恢复和发展，经济再度繁荣起来，城市建设开始增多，城市面貌也有了很大改观。这一时期，新建或修缮了剧院、纪念碑、市政建筑、市场、公园、水库、大坝等建筑和工程。著名的有希望大坝( la Presa de La Esperanza )、新立法宫( el nuevo Palacio Legislativo )、胡亚雷斯剧院( Teatro Ju á rez )、伊达尔戈市场( Mercado Hidalgo )等。1882 年铁路通向此地，两年之后，电器照明和有轨车辆也出现在城市中。[2]20 世纪初，城市人口达到 8 万多( 1900 年)，有 100 多家矿井在运营，矿工达到 6000 多人，使用的蒸汽机达 32 台，印刷厂、裁缝铺、鞋店、银行、药店、集贸市场、咖啡馆、酒馆、旅馆、客栈、图书馆、面包店、杂货店等服务行业一应俱全，商业活动频繁。[3] 但这种繁荣局面持续时间并不长，很快被墨西哥革命打断。革命期间，瓜纳华托市遭遇了严重的经济和社会危机，甚至产生了饥荒。1930 年人口降至不足 4 万( 36484 人)。

由于地形的缘故，瓜纳华托城市的发展受到了一定限制。瓜纳华托城坐落在山谷底部，周围被群山环绕，很容易受到山洪等自然灾害影响。1704 年、1741 年、1760 年、1822 年和 1905 年等年份，山洪给城市造成了很大的损失。

---

1 Margaret E. Rankine, “The Mexican Mining Industry in the Nineteenth Century with Special Reference to Guanajuato,” Bulletin of Latin American Research, Vol. 11, No. 1 (January 1992), pp. 29–48.

2 C. E. Casteñeda (Review), “Proceso Hist ó rico de la Metr ó poli Guanajuatense. by Fulgencio Vargas,” The Hispanic American Historical Review, Vol. 23, No. 3 (August 1943), pp. 517–518.

3 H. Ayuntamiento de Guanajuato, Plan de Gobierno Municipal de Guanajuato 2009–2012 (Guanajuato: Municipio de Guanajuato, 2008), pp. 24–25.

1760年山洪甚至使其失去了三分之二的市区。1905年山洪导致约500人死伤，破坏力尤为巨大。[1] 直到20世纪中期，人们才控制住山洪。山洪频繁、加上战争和革命带来的动荡、银矿衰竭等因素，加速了城市衰微的步伐。

20世纪30年代，在联邦政府的扶植下，城市经济开始有所好转。四五十年代，城市建设加快。这一时期，成立了瓜纳华托大学和建筑学院，兴建了堤坝和污水处理厂，修筑了地下隧道，改建了博物馆，开始保护古城，瓜纳华托市走向复兴，旅游业开始发展起来。60年代以后，经济发生结构性变化，采矿业开始失去其重要性，旅游业和教育行业的重要性明显增加。1962年该市成立了旅游局（Departamento de Turismo）。70年代，创办了塞万提斯国际艺术节，兴建了4座新的博物馆，继续完善交通网络、医院等基础设施，城市面貌大有改善。1980年，人口增加到8万余人。但城市扩展和人口增长的加快，也带来了水资源短缺、住房供应不足、交通拥堵、污染加剧和城市服务业滞后等新的城市问题。[2]80年代，城市发展进入到一个新阶段，走向世界的步伐明显加快。1982年墨西哥国家人类学与历史研究所（Instituto Nacional de Antropolog í a e Historia，INAH）宣布此地为历史遗产区。1988年，在巴西利亚举行的第12届联合国教科文组织世界遗产委员会会议上，瓜纳华托历史名城及其周围矿区被评定为世界文化遗产。

如今，瓜纳华托市既是瓜纳华托州首府所在地，也是世界文化遗产城市，还是瓜纳华托大学所在地和众多文化艺术活动举办地。该城人口已经达到17万人。其中经济活动人口占到50%以上，他们极少失业，主要就业于商业、服务业、建筑业、矿业，农业所占比重非常有限，最重要的经济部门是旅游业和商业。这座城市丰富的文化和艺术遗产以及其殖民地时期的建筑，吸引着众多游客前来。小城处处散发着独特的魅力。它的魅力来自于其悠久的历史。作为一座历史名城，处处展现着旧时代的影响。瓦伦西亚矿井口（Bocamina de Valenciana）、瓜纳华托圣母大教堂（the Basilica Colegiata de Nuestra Señora de Guanajuato）、坎帕尼亚基督教堂、胡亚雷斯剧院等建筑，向人们展示着曾经的

---

1 Mrs. Peter M. Myers, A city of dreams (Guanajuato) (Milwaukee: Press of Gillet & Company, 1908), pp. 18–20.

2 H. Ayuntamiento de Guanajuato, Plan Municipal de Desarrollo 2003—2028, pp. 35—38.

辉煌。皮皮拉雕像、阿隆笛加·德格兰纳迪塔斯博物馆,向人们诉说着那段血雨腥风的岁月。她的魅力还来自于由于独特的地理环境和城市发展进程带来的别样城市风景。整座城市被群山环抱,色彩缤纷,被誉为"藏在万山之中的瑰宝"。由于在发展的全盛时期,街道的分布和格局已经定型,没有空间可以继续增建,城市得以保持原貌,全城几乎看不到现代化的建筑,建筑依旧保持着原有的风格。随着人口的增加,城中的建筑密度越来越大,形成许多蜿蜒、狭窄的小街,这些小街窄到连一个人都很难通过。[1]最著名是位于市中心、有着凄美故事和传说的接吻巷(Callej ó n del Beso),建筑物仅距离 68 厘米,阳台相接。由于常年受洪灾影响,居民不断提高建筑物的高度。20 世纪中期,修建的大坝将河道改至地下。昔日的河道,如今被整修成为畅通的地下隧道(Calle Subterr á nea),成为著名的城市符号之一。小城的魅力还来自于其浓厚的文化和艺术气息。这里是墨西哥壁画大师迭戈·里韦拉(Diego Rivera,1886—1957 年)的出生地,还是众多国际艺术节和学术会议的举办地。人们穿梭在蜿蜒的小巷中,欣赏着缤纷多彩的街道、广场、民居、教堂、雕塑、博物馆、艺术馆、剧院,置身于艺术的殿堂里,流连忘返。

2006 年,瓜纳华托市被国家地理杂志评为世界上最漂亮的 50 个城市之一。城市特色和魅力,是一张无形的城市名片,在其走向世界的过程中至关重要。它用自身的魅力和特色征服了世界,使得其在"世界名城"之林中有了自己的立足之地。

## 二、瓜纳华托市建设"世界名城"的经验

纵观瓜纳华托市的历史,特别是她从衰败的矿业城市转变为充满活力、受世人欢迎的旅游胜地和文化艺术中心的历史,我们可以总结出其在城市建设和走向"世界名城"之路上的一些经验和教训。

1. 发展旅游业,打造经济基础

20 世纪中后期,瓜纳华托市城市发展的许多条件发生了根本性变化,试图恢复殖民地时期矿业繁荣的可能性微乎其微。再加上地理环境的限制,农业

---

1 郭磊:《走近瓜纳华托》,《城市规划通讯》,2004 年第 2 期,第 16–17 页。

产量有限。于是政府积极转换发展思路，把旅游业作为城市经济的支柱产业，同时也把旅游业作为城市走向"世界名城"的经济基础和宣传手段之一。瓜纳华托市过去曾经是享誉全球的、世界上最繁华和最漂亮的矿业城市之一，现在则以其优美的风景、悠久的历史、独特的建筑风格、浓郁的文化和艺术氛围、开放的心态、完善的基础设施和高品质的服务成为游客心中的旅游胜地。由于选择了这一方向，如今，在经历了长期的萧条之后，瓜纳华托不仅实现了可持续发展，而且在建设"世界名城"的道路上走在了墨西哥国内城市的前列。

瓜纳华托城市发展的转型符合国家经济发展的趋势和自身资源优势的特点。墨西哥是世界上旅游业十分发达的国家之一，旅游业已经成为继石油和加工工业之后的第三大支柱产业和创汇行业，在国民经济中发挥着极其重要的作用。现代旅游业成为墨西哥经济的核心。[1] 瓜纳华托市别具魅力和特色，其发展旅游业的优势十分明显。除了拥有众多高质量的旅游资源外，小城公路、铁路和航空交通十分便利，拥有各种星级的宾馆、饭店、酒吧，建有客房2600 多间（2010 年），基础设施非常完善。[2] 众多高质量的当地导游也能满足游客的需要。除此之外，联邦政府和市政府十分重视旅游业的发展。联邦政府对国际游客的签证政策非常便利。为发展旅游业，市政府采取了加强城市基础设施建设，改善城市风貌，恢复和保护文物古迹，申报世界遗产，建设文化设施和机构，举办各种文艺活动，规范导游运作和提高服务质量等多种举措，为旅游业的发展创造了良好的条件和环境。

2. 申报世界文化遗产，提高国际知名度

在建设"世界名城"的道路上，历史文化名城往往会遇到既要保护又要开发的两难选择。而做好既保护又开发的工作，则有助于向世界彰显城市特色和魅力。墨西哥拥有众多的历史文化名城，例如瓜纳华托、克雷塔罗、莫雷利亚、特拉克塔尔潘、霍奇米尔科、萨卡特卡斯、坎佩切、瓦哈卡、圣米格尔—德阿连德、普埃布拉等。作为历史文化名城之一，瓜纳华托市保存有完好的古老建筑和城市布局。20 世纪中后期，尤其是 80 年代以来，市政府联合当地大学和

---

1 Michael Clancy, "Mexican Tourism: Export Growth and Structural Change since 1970," Latin American Research Review, Vol. 36, No. 1 (January 2001), pp. 128–150.

2 Instituto Nacional de Estadística y Geografía, Anuario estadístico de los Estados Unidos Mexicanos 2012 (México: Instituto Nacional de Estadística y Geografía, 2013), p. 495.

专家的力量,参与到古城的保护中来。联邦政府和州政府则给予经济和技术上的援助。在专家的合理指导下,制定标准,合理规划城市建设,恢复和保护17—19世纪民用和宗教历史建筑,规划和拓展城市交通系统,建设地下隧道,改善街头风貌,提升城市形象,使古城的保护提高到国家和国际水平。经过长期的努力,在市民的配合和支持下,瓜纳华托市城市面貌有了极大的改观,实现了古城风格与现代文明的交相辉映。[1] 由于古城本身所具有的独特历史文化价值以及城市在古城保护中取得的巨大进展,1988年瓜纳华托历史名城及周围矿藏被认定为满足世界遗产登录标准中Ⅰ、Ⅱ、Ⅳ和Ⅵ四条标准,顺利入选世界文化遗产名录。[2]

古城,是一笔珍贵的历史财富。瓜纳华托市通过保护与开发古城,向世界彰显了自身的特色和魅力。世界遗产被誉为"地球的名片",申报世界遗产使瓜纳华托市获得了全球关注,为其"世界名城"建设构筑了国际化平台。保护与开发古城以及申报世界遗产,使瓜纳华托市城市建设、旅游业的发展上升到一个新的台阶,对其城市发展和走向世界具有重要意义。

3. 举办国际艺术节,提升城市文化品位

瓜纳华托市被誉为"艺术之城",每年都要举办众多的文化艺术活动。通过频繁的文化艺术交流,提高城市的世界影响力。如塞万提斯国际艺术节(Festival Internacional Cervantino)、瓜纳华托国际电影节(Festival Internacional de Cine de Guanajuato)、国际管风琴节(Festival Internacional de Órgano de Guanajuato, FIOG)、早期音乐节(Festival de Música Antigua)、夏季音乐节(El Festival de Verano)、遗产座谈会(Coloquio del Patrimonio)等。除开展文化艺术活动外,还承办学术会议。如2007年9月,承办第二十八届量子概率和相关主题的国际会议(The 28th Conference on Quantum Probability and Related Topics),这是该会议首次在拉美国家举行。2011年6月,承办第十三届国际机构学与机器科学联合会世界大会(International Federation for the Promotion of Mechanism and Machine Science World Congress, IFToMM World Congress 2011),

---

1 Angel H. A. Garcia, "Interventions in the historical center of the city of Guanajuato, Mexico," City & Time, Vol. 3, No. 1 (January 2007), pp. 15–23.

2 1972年,联合国教科文组织成员国通过了《世界遗产公约》,确定了列入世界遗产名录的标准,标准的具体内容详见 http://whc.unesco.org/en/criteria/。

这是相关领域最高规格的国际会议之一。在上述文化艺术活动和学术会议中，影响最大要属每年在瓜纳华托市举行的塞万提斯国际艺术节。它是拉丁美洲最大的艺术节，也是最有影响的国际艺术节之一。

塞万提斯国际艺术节的起源可以追溯到20世纪50年代。当时，戏剧爱好者们聚集在圣罗克小广场（la Plaza de San Roque）上表演西班牙文学家塞万提斯的剧作，由此推动了广场艺术在瓜纳华托市的发展。此后，这种民间演出成为该市的传统。20世纪70年代，墨西哥议会讨论要为振兴旅游创办一个国际节，由当时墨西哥总统埃切维利亚建议，正式成立了塞万提斯国际艺术节（1973年）。随着时间的推移，艺术节的形式日趋多样化，规模和影响力也越来越大。在每年的艺术节上，来自墨西哥各地以及世界上不同国家的艺术家、文艺团体齐聚瓜纳华托市，举办精彩纷呈的艺术展示活动，展示内容包括音乐、舞蹈、戏剧、街头表演、艺术展览、电影放映、讲座等。享有盛誉的英国罗亚尔莎士比亚剧团，纽约交响乐团，法国国家剧院，维也纳交响乐团，乐坛巨擘、以色列指挥家梅塔，美国现代芭蕾创始人格雷厄姆，俄国小提琴家罗斯特罗波维奇，古巴芭蕾舞蹈家阿里西娅·阿隆索等大批顶尖级艺术家均来此献艺。[1]20世纪初，艺术节开始邀请本国其他州和世界其他国家或地区作为主宾，集中展示主宾州和主宾国的艺术作品。2012年10月，来自26个国家的3000多名艺术家参加了第40届塞万提斯国际艺术节，吸引了数万名艺术爱好者和游客。为期三周的第41届塞万提斯国际艺术节于2013年10月在瓜纳华托市举行，这又是一场艺术的盛宴。

从某种程度上讲，是塞万提斯国际艺术节成就了“世界名城”。艺术节不仅赋予瓜纳华托市浓郁的艺术韵味，而且在推动当地旅游业发展、提升城市国际知名度方面也发挥了巨大作用。艺术节使其成为人们心目中的旅游和艺术圣地。艺术节的举办，将表演艺术和旅游观光结合在一起，既推动了城市艺术的繁荣，也带动了城市基础设施建设和旅游业的发展，为城中居民带来了丰厚的经济收入。2010年，为期26天的艺术节为城市带来17.9万游客和4.23亿比索的收入。艺术节的举行，还促进了当地文化同世界各地文化的交流。这种文化的交流和推介作用，拉近了瓜纳华托市与世界的距离，提高了其国际知

1 孙扶民：《墨西哥塞万提斯艺术节巡礼》，《中外文化交流》，1998年第2期，第42页。

名度,加快了其走向世界的步伐。

瓜纳华托市是一个文化底蕴深厚的城市。除艺术节外,瓜纳华托市教育事业发达,公共文化和娱乐机构设施众多。位于此地的瓜纳华托大学不仅历史悠久、建筑宏伟,还是墨西哥顶尖的文学和艺术殿堂。目前,全州有16个分校,3万多名学生,小城也因学生众多成为“学生城”。城市拥有众多的博物馆、肖像馆、图书馆、雕塑、礼堂、剧院、公园、教堂。甚至连普通的街道、广场,都成了人们表演的场所。著名的文化机构有民众博物馆(Museo del Pueblo)、迭戈·里维拉故居博物馆(Museo Casa Diego Rivera)、木乃伊博物馆(Museo de las Momias)、奇尤特肖像馆(Iconogr á fico del Quijote)、胡亚雷斯剧院等等。这些文化设施和机构,再加上瓜纳华托市悠久的历史,定期或不定期举办音乐会、会议、展览、讲习或培训班等各式各样的文化艺术活动,使城市颇具文化韵味。2005年,该市被联合国教科文组织授予“美洲塞万提斯之都”称号。浓厚的文化艺术氛围,不断更新的艺术活动,使小城不仅仅只是拥有漂亮的建筑,还拥有了独特的文化内涵。

## 三、对扬州建设“世界名城”的启示

瓜纳华托市走向世界的经验表明:“世界名城”不仅仅是拥有高楼大厦的现代化城市,更是具有鲜明特色和独特魅力的个性化城市。在如今城市特色褪化的背景下,增强城市特色,提高城市魅力,对城市发展和“世界名城”的建设具有重要的意义。扬州是一个极富特色和魅力的城市,主要体现在其悠久的历史、丰富的历史遗存、独特的传统文化、多彩的艺术形式、别样的城市景观、良好的人文环境之中。建设“世界名城”,就要积极转换发展思路,充分利用现有资源,打造特色扬州、魅力扬州。建设“世界名城”,可以从以下几个方面入手。

### 1. 发展文化旅游业,彰显城市形象

在城市发展和“世界名城”建设的道路上,瓜纳华托市利用资源优势,合理规划,加强古城保护与开发,改善基础设施,为旅游业的发展创造了良好条件。同时,积极申报世界文化遗产,兴建文化设施,承办各种文化艺术活动,为旅游业的发展增添了内涵。旅游业的发展,为其复兴提供了经济基础,为其可

持续发展创造了前提，也为其走向“世界名城”创造了条件。

改革开放以来，扬州的第二产业发展迅速，第二产业的比重一直居高不下。《2012年扬州市国民经济和社会发展统计公报》显示：2012年，全市地区2933.2亿生产总值中第二产业增加值为1555.78亿元，比重为53%。但同时旅游业也是扬州的一大优势和特色产业，兼具资源、交通、市场等诸多优势。1998年，扬州成为全国首批“中国优秀旅游城市”之一。曾经的运河和商业大都会，如今的历史文化名城，扬州拥有近2500年的建城史。悠久的历史、灿烂的文化留与其丰富的遗产。绿杨城郭、园林胜迹、运河风光、古街小巷、文人墨迹、特色工艺、淮扬美食、民俗文化等丰富的历史文化资源，既为扬州发展文化旅游业提供了依托，也为扬州建设“世界名城”增添了历史文化内涵。此外，扬州位于经济发达、交通便利、国际化程度较高的长江三角洲地区，其区位优势也相当明显。

发展旅游业，尤其是文化旅游业，可以把旅游产业、历史文化资源、城市宣传和建设结合起来。为此，需要我们采取挖掘文化特色、确立旅游品牌、完善基础设施、提高服务质量等举措。发展国际旅游业，还需要创造国际品牌（运河、园林、“烟花三月”等）、培养国际化人才和提高国际接待能力。在发展文化旅游业中，传承历史文化，优化产业结构，实现经济转型，彰显城市形象，走向“世界名城”。

2. 保护与开发古城，推动“申遗”进程

在合理规划的基础上，瓜纳华托市对古城进行了全面修复、合理保护与适度开发，并成功申报了世界文化遗产。这些举措，既推动了城市建设、改善了城市面貌、提升了城市形象，又提高了城市知名度、扩大了城市国际影响力。

改革开放以来，我国的历史文化名城保护工作受到市场经济很大的冲击。在众多的历史文化名城中，只有平遥和丽江等少数城市入选世界遗产名录。为加强历史文化名城的保护工作，我国于1982年公布了第一批国家历史文化名城名单，扬州成为首批国家级历史文化名城之一。以唐城、宋城、明清古城为代表的扬州古城遗址，是扬州最宝贵的历史财富。此后，扬州一直注重古城的保护工作。2006年，由于在古城保护和人居环境改善方面取得突出成绩，还荣获了“联合国人居奖”殊荣。建设“世界名城”，就要保护好、利用好这一宝贵的历史财富，继续科学规划，采取严格标准，实行有力措施，加强古城保护与开发力度，改善古城环境和风貌，开发文化创意产业，展示古城历史文化，彰显古城魅力和特色，使古城逐渐具有世界级影响力。

作为"地球的名片"的世界遗产，文化精神功能是其主要属性，但其附带的经济和社会效益也不容忽视。从瓜纳华托市的经验来看，"申遗"对其城市的发展和走向世界具有重要意义。2013 年，随着新疆天山和云南哈尼梯田成功"申遗"，我国的世界遗产数量增至 45 处，成为拥有世界遗产数量第二多的国家。尽管学者们对"申遗热"这一现象褒贬不一，但"申遗"对城市发展产生的积极影响是毋庸置疑的。目前，扬州同时参与了扬州瘦西湖及盐商园林文化景观、大运河和海上丝绸之路三个项目的申请工作，其中又以大运河申遗这一项目影响力最大。纵贯南北的大运河，是世界上里程最长、最古老的运河之一，有"活着的遗产走廊"之美誉。扬州是最典型的"运河城市"之一，大运河培育了扬州城市独特的历史和文化。扬州城市兴衰，同运河兴衰紧密联系在一起。如今，运河的运输功能已经逐渐让位于文化与旅游功能，为推动扬州走向世界带来新的机遇。2008 年由国家文物局主导、联合运河沿岸省市在扬州发表了联合申遗的《扬州共识》，扬州成为大运河申遗的牵头城市。2012 年，35 个运河城市在扬州举行的第 25 届世界运河大会上签署《大运河遗产联合保护协定》。目前，8 个省市 35 个城市联合申报进入关键阶段。扬州作为大运河申遗的牵头城市，在其中发挥着至关重要的作用。一旦大运河申遗成功，作为古运河上重要城市，扬州必然会迎来城市建设和旅游业发展的新契机，城市知名度在世界范围内也会迅速提高。

3. 提升城市文化品位，打造国际交流平台

文化，是一座城市的灵魂，其在推动"世界名城"建设过程中的作用不应被忽视。一座城市要主动去培育自己的文化。瓜纳华托市并非塞万提斯的诞生地，但颇具影响力的塞万提斯国际艺术节每年都要在此地举办。艺术节加上城市文化设施建设、城市品位的提升，既为城市旅游业的发展注入了新的活力，也为城市走向国际化起到了大力宣传的作用。

同瓜纳华托市一样，扬州同样历史底蕴深厚，文化艺术气息浓郁。建筑古迹、古街小巷、园林、大运河遗迹等有形资源，诗词、曲艺、技艺、民俗等无形资源，构成了扬州提高城市文化品位，建设"世界名城"的依托。建设"世界名城"，要大力宣传独特的扬州文化，如以大运河为代表的运河文化，以个园、何

园、瘦西湖等为代表的园林文化，以卢氏盐商住宅为代表的盐商文化，以“绿杨城郭、园林深巷”为代表的居住文化，以古城为代表的建筑文化，以“扬州三把刀”为代表的休闲文化，以扬州面点、淮扬菜系为代表的饮食文化，以扬州八怪、扬剧、扬州评话、扬州清曲等为代表的艺术文化，以扬州剪纸、扬州玉雕、扬州漆器、扬州雕版印刷技艺等为代表的工艺和民俗文化等。文化需要载体，目前，扬州市有各级各类文物保护单位 438 处，有文化博览场所 82 处。建设“世界名城”，除大力加强扬州文化的宣传外，还要通过加快建立博物馆、剧院等文化娱乐设施，开展丰富多彩的文化艺术活动，保护非物质文化遗产等手段，打造“文化博览城”，提升城市文化品位。

借鉴瓜纳华托市开展国际艺术节的做法，建设“世界名城”，需要搭建城市文化艺术交流平台，开展文化艺术交流活动，尤其是国际性、高层次的文化艺术交流活动。对扬州而言，由扬州市政府和江苏省旅游事业管理局联合主办的“烟花三月”国际经贸旅游节已经连续举行 12 届，以运河保护与利用、运河名城持续发展为主题的“世界运河名城博览会”也已经连续举行了 7 届。要建设“世界名城”，需要我们做好、做强和做大“烟花三月”国际经贸旅游节以及“世界运河名城博览会”这两项重要的国际交流盛会，打造国际品牌，全方位、多角度展示扬州、宣传扬州、推介扬州，加深世界对扬州的了解与认同，扩大扬州的国际影响力。

4. 政府促进和公众参与，推动城市可持续发展

政府与公众，是建设“世界名城”的主要力量。在瓜纳华托市“世界名城”建设过程中，联邦政府、州政府以及市政府的作用都得到了很好的发挥。瓜纳华托市政府在城市规划、城市各项事业建设、城市面貌改善、城市环境治理、古城保护和修复、规范旅游行业等领域，积极发挥作用。由于受到了民众的普遍欢迎，城市改造和古城的保护与开发工作进展相对顺利。扬州现阶段“世界名城”建设，也应充分发挥政府的作用，扩大公共参与。扬州市政府可以在制定城市规划、协调各方力量、组织城市建设、完善城市治理、加强城市宣传等方面发挥积极作用。“世界名城”应为公众而建，公众参与是理所当然。没有公众的支持和参与，城市建设便无从开展，“世界名城”更是遥不可及。因此，建设“世界名城”，除政府积极推动外，还要增强公众参与意识，完善公众参与机制，倾听公众要求，尊重公众意见，赢得公众支持。

“世界名城”，首先应该是可持续发展的城市。可持续发展，是建设“世界名城”的必然要求。早期瓜纳华托城市发展过程中，频繁的山洪等自然灾害使城市发展受到极大困扰。直到20世纪中叶，山洪才得到有效控制。20世纪中后期，城市水资源短缺、污染加剧、交通拥堵、城市贫困和失业等生态环境和经济社会问题的产生和加剧，影响了小城的可持续发展。[1] 市政府采取了一系列措施，试图解决这些问题和困扰。扬州城市发展，或多或少也会面临类似问题。建设“世界名城”，不能以牺牲环境、破坏生态为代价，更不能以损害居民利益为代价，要树立科学理念，合理规划，正确处理生态环境和经济社会问题，走可持续发展道路。

**参考文献：**

[1] Isauro Rionda Arreguín, La Ciudad de Guanajuato antes de la Revolución de Independencia de México, Acta Universitaria, Vol. 13, No. 1 (Enero-Abril, 2003), pp. 18-24.

[2] Mrs. Peter M. Myers, A city of dreams (Guanajuato), Press of Gillet & Company, 1908.

[3] Percy F. Martin, Mexico's treasure house (Guanajuato): an illustrated and descriptive account of the mines and their operations in 1906, Cheltenham Press, 1906.

[4] Instituto Nacional de Estadística y Geografía, Anuario estadístico de los Estados Unidos Mexicanos 2012, Instituto Nacional de Estadística y Geografía (México), 2013.

[5] H. Ayuntamiento de Guanajuato, Plan Municipal de Desarrollo 2003—2028. ordenjuridicodemo.segob.gob.mx/.../GUANAJUATO/Municipi.

1 Angel H. A. Garcia, Interventions in the Historical Center of The City of Guanajuato, Mexico, City & Time, Vol. 3, No. 1 (2007), pp. 15—23.

# 世界名城视角下的波士顿与扬州

王　洋

**摘　要**：世界城市，又称全球城市，主要是指那些在经济、文化、社会或政治层面具有全球影响力的城市。波士顿是美国历史悠久的古城，也是当今著名的世界城市之一，但其城市发展的道路却并非一帆风顺，几经兴衰。20世纪后半期，波士顿通过在城市交通、环境、规划和文化上的一系列重建与改造，促进了城市产业的转型与城市活力的恢复，奠定了其世界名城的地位。波士顿的城市发展经验对现今扬州发展世界名城之路提供了若干启示，扬州应参与区域经济，通过精心的城市规划，保护历史区域，彰显城市文化，迈向世界名城。

**关键词**：世界名城；波士顿；扬州

城市是文明的标志，根据统计资料，"中国的城镇人口首次超过农村人口，达到6.9亿人，是中国社会结构的一个历史性变化。城镇化率持续维持着较快的增长速度，2011年城镇化率比2010年提高1.59%，达51.27%。"[1] 伴随着城市发展速度的加快，我国城市面临着一个前所未有的城市发展机遇与挑战，许多城市开始结合自身条件，发展城市特色产业，为成为世界名城而努力。

1 国际欧亚科学院中国科学中心、中国市长协会和联合国人居署：《中国城市状况报告（2012/2013）》，外文出版社，2012年版，第1页。

**作者简介**：王洋，云南师范大学历史与行政学院讲师，博士。

## 一、世界名城的含义与特征

“世界名城”，英文通常称为“World Famous City”，但近年来，“世界名城“不仅仅指“著名的城市”，它更多的被用来形容那些在世界范围内具有影响力的城市，更类似于英文称为“World City/Global City”，通常也被翻译成“世界城市”、“全球城市”。这两个概念可以被追溯至1886年的《伦敦新闻画报》，其中作者用“世界城市”（world-city）称呼利物浦，认为利物浦是世界的奇迹，它不仅仅是英国的一个城市，而是欧洲的纽约。[1]但在学术界通常认为“世界城市”这一概念最早是由苏格兰生物学家、人文主义的城市学者帕特里克·格迪斯（Patrick Geddes）在1915年的著作《进化中的城市——城市规划与城市研究导论》（Cities in Evolution：An Introduction To The Town Planning Movement And To The Study Of Civics）中开始使用的，是一种城市进化的理论构想。这一构想在1966年，英国城市规划大师彼得·霍尔（Peter Hall）的著作《世界城市》（The World Cities）中又有了进一步的解释，霍尔认为世界城市是关于城市增长与城市问题的，世界城市是人口聚集之所，是政治、商业、财政和交通功能的中心。1986年美国学者约翰·弗里德曼（John Friedmann）提出世界城市假说，认为世界城市假说是关于新国际分工中的空间组织。[2]弗里德曼提出“世界城市”的特征：1. 与世界经济相整合的城市，其构成和范围，以及在新劳动空间分布中所被赋予的功能，决定着城市所发生的所有结构变化。2. 世界范围内的关键城市，借助于全球资本，成为空间组织与生产和市场的相互联系的“基点”。由此产生的联系使将世界城市纳入复杂的空间等级结构中成为了可能。3. 世界城市的全球控制功能直接反映在其生产部分与就业的结构和动力机制。4. 世界城市是国际资本集中和汇聚的主要场所。5. 世界城市是大量国内或国际移民的主要目的地。6. 世界城市的构成卷入工业资本主义的主要矛盾之中——其空间与阶级的分化。7. 世界城市增长产

---

1 John Belchem, review of The Empire in One City? Liverpool's inconvenient Imperial Past. http://www.history.ac.uk/reviews/review/737〔2013年6月4日〕

2 John Friedmann, “The World City Hypothesis”, Development and Change, Vol. 17（1986）, p. 69.

生的社会成本易于超过国家财政的能力。[1]

1991 年,荷兰社会学家萨斯基娅 · 萨森( Saskia Sassen )在世界全球化的发展中,将这一概念与经济全球化相结合,在她的著作《全球城市:纽约 · 伦敦 · 东京》( The Global City : New York, London, Tokyo )中提出了“全球城市”的概念。萨森提出“全球城市”假说,认为“全球城市”的特征是:1. 促进公司中心功能的发展与重要性提升的一个关键因素是经济活动的地理分散形成了全球化,以及这些地理分散活动的整合。2. 这些中心功能的日益复杂,促使大型的全球公司总部将其外包出去。3. 聚集经济制约着这些在复杂和全球性的市场中从事专门服务的公司。4. 由于上一个原因,全球公司总部越是将它们最为复杂的与不定型的功能外包出去,尤其是那些受多变市场及最新资讯制约的部分,那么它们选择地点的行为就越自由,因为大部分在总部所做的剩余工作实际上并不太受聚集经济的制约。5. 这些专业服务公司需要提供全球服务,这就意味着要有一个由各个分公司构成的全球网络,或是某种其他形式的合作。6. 越来越多高专业水平与高盈利的服务公司的出现,加剧了这些城市空间与社会经济的不平等。7. 第六个特征所描述的那种动力导致了一系列非正式经济活动的增长,并在这些城市内找到了有效需求,但是还没有获得利润,这使它们不能和在体系顶端的高盈利公司竞争资源。[2]

在城市研究中,“世界城市”与“全球城市”经常被划上等号,但两个概念之间仍有差别,主要在于:弗里德曼的“世界城市”是统治与权力的中心;而萨森的“全球城市”是信息资源的生产中心,正是这些信息资源构成了控制全球的能力。[3] 现今,“世界城市”或“全球城市”概念已不仅仅局限于某一方面,而是成为了一种综合性的概念,指那些在经济、文化、社会或政治层面有着全球影响力的城市。

---

1 Ibid., pp. 69—83.

2 Saskia Sassen, “The Global City : New York, London, Tokyo, Princeton University Press, 2001, pp. xix-xxii.

3 Ben Derudder, Anneleen De Vos and Frank Witlox, “Global city/World city” , in International Handbook of Globalization and World Cities, edited by Ben Derudder, Michael Hoyler, Peter J. Taylor and Frank Witlox, Edward Elgar Publishing Limited, 2012, p.76.

## 二、世界名城波士顿的历史与变革

波士顿位于美国东部新英格兰地区的中心，据美国人口普查局数据显示，波士顿市区面积为48.28平方英里（约125平方千米），2012年人口总数达636，479。[1]波士顿和周围的一些城市组成的大都市区称为大波士顿地区（Great Boston Area）。但由于使用上的模糊，大波士顿地区的范围，有时指波士顿大都市统计区（MSA of Boston），有时指波士顿联合统计区（CSA of Boston）。波士顿联合统计区还包括罗得岛州的普罗维登斯与马萨诸塞州的伍斯特的城市地区。波士顿大都市统计区的人口数量大约为459万。

图1：大波士顿地区地图

（资料来源：Newcomer' s Handbook：For Moving to and Living in Boston.3rd Edition，First Books，2004，p.138.）

早在1630年，波士顿驻扎地便初步形成，由于当地的造船工业发展迅速，所以这一地区很快便繁荣起来，吸引了许多移民来此定居，推动了美国早期殖民地的发展。1822年波士顿正式获得批准建市，是马萨诸塞州的首府。浓厚悠久的历史，使波士顿经常被学者描述为“美国最古老、最有文化价值的城市之一”，同时也被赋予了“美国雅典”的称号。

---

1 U.S.Census Bureau：State and County QuickFacts. http：//quickfacts.census.gov/qfd/states/25/2507000.html〔2013年6月12日〕

从美国发展的历史来看,向来不缺少波士顿的身影。美国独立战争时期,波士顿就是许多重大历史事件的发生地;独立战争之后,波士顿由于它得天独厚的地理位置,成为了美国对外贸易的重要港口;19世纪中叶到20世纪中叶,是波士顿制造业经济发展的鼎盛时期,也促进了美国的经济繁荣;但到了20世纪中叶,由于城市面积有限,铁路运输力不强,再加上美国的郊区化浪潮等原因,大量的制造业与人口开始迁出波士顿,城市面临发展危机,但幸运的是,波士顿及时抓住产业转型的契机,经过改造,变身为美国的金融管理中心,成为美国东北部璀璨不灭的星辰。从波士顿由边陲小镇发展成世界名城的历史过程来看,其成功经验主要在以下几个方面:

1. 波士顿城市交通枢纽功能的发挥

波士顿位于美国的东北部,是美国重要的港口城市之一。波士顿港(Port of Boston)是马萨诸塞州最大的港口,也是美国东海岸最主要的港口之一,这使波士顿成为了美国重要的交通枢纽城市之一。最初波士顿港位于现今城市商业区一带,对波士顿城市的发展起到了重要的推动作用。在1660年之前,几乎所有进口的货物都是在波士顿港及新英格兰地区,港口贸易促进了波士顿城市商业及人口的繁荣,使波士顿成为早期北美殖民地最繁华的城市之一。在美国工业革命时期,波士顿港口主要担当国内贸易往来的任务。但是,由于纽约港与费城港以及马萨诸塞州其他港口城市的兴起,波士顿的港口贸易也受到严重冲击。从1740年至1790年城市人口增长缓慢,几乎存于停滞状态。在这种情况下,波士顿及时调整城市发展战略,由于波士顿在地理位置上比美国其他东海岸城市港口离欧洲更近些,因此,波士顿开始主要发展对外贸易,主要是对英国与中国的贸易往来,初显波士顿城市在全球经济贸易中的枢纽地位。20世纪50年代,随着其他交通技术的发展,波士顿的造船业及港口贸易逐渐衰落。1956年,马萨诸塞州港务局(Massachusetts Port Authority,简称Massport)获得了波士顿港口的控制权,并开始对这一港口进行现代化改革。1966年,波士顿港引进了集装箱运输,在卡斯特岛建成了集装箱码头,来满足集装箱运输的需要。在20世纪90年代中期,波士顿港又迎来了新一轮的现代化改革。除了现代化的港口集装箱运输外,对海岸周围的环境改造也使这一区域的居住环境得到了极大的改善。

现今,波士顿交通枢纽城市的地位仍然得到巨大的发挥,是美国东北部的交通中心，许多高速公路与铁路将波士顿和其他城市连接起来。波士顿洛根国际机场是美国国内和国际航班出入最繁忙的机场之一。由于在地理位置上，波士顿临近美国首都华盛顿哥伦比亚特区以及全球城市纽约，促成了波士顿—华盛顿城市带（BosWash）的形成。波士顿—华盛顿城市带位于美国东北部大西洋海岸，由波士顿经纽约、费城、巴尔的摩，至首都华盛顿哥伦比亚特区，以纽约为核心构成了美国大都市群之一。在城市群内，每个成员城市均各具特色，纽约的资本、费城的重工业、波士顿的高科技产业等，以纽约为核心，区域内产业互补，通过便利的交通将各个城市连为一成，形成了多核心的城市群体系。

2. 波士顿城市环境与交通的创新性改革

波士顿通常被人认为是一座保守的城市，但在城市改革上却经常出现大刀阔斧的改革。其中，被波士顿人亲切称为绿宝石项链（Emerald Necklace）的公园系统就是其中的一例。这项工程开始于1878年前后，是由美国“园林之父”奥姆斯特德（Frederick Law Olmsted）设计的公园系统，从波士顿公地到富兰克林公园绵延约16公里，山相互连接成9个组成部分，像一条项链环绕着波士顿半岛。奥姆斯特德独具创新的设计，虽然遭到了波士顿一些保守派的不满，但却使波士顿城市向更生态的方向转变，将群体的需求与个体的需求良好地结合起来，使波士顿的园林景观服务于公众，激发了城市旺盛的生命力。

20世纪五六十年代的城市规划改革至今仍是人们争议的热点话题。另一例是耗资150亿美元的波士顿中央大道的改造工程（The Central Artery/Tunnel Project），也被称为大挖掘（Big Dig），是一项世界公认的复杂、难度性高的工程。波士顿中央大道建成于1959年，随着城市化的发展，波士顿中央大道成为美国最拥挤的城市交通线，对此交通线的改造迫在眉睫。但由于城市土地面积有限，波士顿已经没有再用于开发的土地，因此，设计者提出在中央大街的下面建设一条地下快速干道，在波士顿海湾建设一条海底隧道，将机场与城市中心联系在一起，以此改善城市的交通环境。这一项被认为是“劳民伤财”的工程在波士顿也广受争议，但建成之后却受到了不少的好评，通过波士顿中心隧道工程，将部分高架路拆除，改建为地下车行道路，以消除高速路产生的噪声、污染等问题，地面空出来的空间改建为一条绿色廊道，成为了城市园林绿化,使城市环境也大为改善。这一工程建设从1991年到2006年,历时15年,于2007年正式完工,但相关配套设施仍在建设之中,虽然这一工程耗时漫长,但它对波士顿的城市发展有着深远的影响。

在20世纪50年代末,波士顿中心城市像美国其他城市一样,出现了人口流失、中心区衰落的现象。1959年,约翰·克林斯当选波士顿市长后,着手进行了一系列城市重建计划。20世纪90年代,波士顿重建局对波士顿海港区进行规划与重建,推动了海港区的复兴。

3. 波士顿城市的产业转型

在波士顿城市发展早期,居民从事的主要产业是渔业与造船业。19世纪,波士顿通过修建公路、新运河和铁路,将城市与城镇连接在一起,加上大量外来移民,波士顿很快发展成为美国的制造业中心。从20世纪60年代开始,波士顿的传统的制造业、手工业逐渐让位于服务业,波士顿日益成为全球市场的服务提供者。“1960年,波士顿32%以上的工人就职于制造业部门,尽管在之后的36年中,就业增长了59%,但在1990年就职于制造业部门的人数却下降18%以下。”[1] 现今,波士顿已经成为美国高科技产业、旅游、教育及医疗服务中心。

(1)高技术产业。波士顿第128号公路(Route 128)是一条近90公里长的环城公路干线。20世纪五六十年代,公路沿线建立了一批从事高科技研究、发展和生产的机构和公司,最终形成了这一带的高技术区,由此声名远扬。1955年,《商业周刊》(Business Week)将波士顿第128号公路称为“神圣的半圆”(the Magic Semicircle)。[2] 之后波士顿128号公路逐渐发展成为信息来源最快,生产周期短、经济效益高以及新产品不断涌现的科技与工业生产综合区域。美国无线电公司、阿杰克公司、波纳罗伊德公司和王安公司等一大批著名的企业均位于此,使波士顿第128号公路成为仅次于硅谷的第二大高科技中心。虽然,近几年来,波士顿第128号公路逐渐由盛转衰,但高科技产业仍然是波士顿的主导产业之一,对波士顿城市的发展有着重要的推动

1 Edited by Roger Simmonds and Gary Hack, Global City Regions: Their Emerging Forms, Spon Press, 2000, p. 31.

2 Kasai, "Route 128: Birthplace of the Digital Age", July 6, 2010, http://bizcloudnetwork.com(2013年6月26日).

作用。

（2）旅游业。由于波士顿是美国最早的城市之一，在独立战争中扮演了重要的角色，因此一些在独立战争时期的历史遗迹至今仍作为波士顿国家历史公园的一部分，被严格的保护起来。波士顿的历史文化再加上城市管理者对历史区的改造重建计划，使波士顿的旅游观光业也大为兴盛，名列美国的前五名，间接带了波士顿其他旅游相关产业，包括酒店服务、餐饮、零售、文化事业和娱乐服务业。

（3）教育产业。美国作家马克·吐温曾说："到了波士顿，不能夸耀学问。"具有悠久历史文化教育传统的波士顿早在美国建国之前便是许多社会精英饱学之士汇聚的地方。现今，波士顿城市内25岁以上的居民有本科及以上学历的占42.8%。[1]高教育水平的居民为波士顿城市的发展提供了稳定的人才基础。波士顿大都市区更是名校林立，有超过100所大学位于这一区域。著名的哈佛大学、麻省理工学院和马萨诸塞州大学，奠定了波士顿城市教育的基础。由于拥有众多的大学和学院，波士顿城市具有大专学历的居民比例在全国名列第五，波士顿大都市区具有大专学历的居民比例名列第八。很多移民来到波士顿就为了攻读本科学位。

（4）医疗服务业。现今，波士顿在医疗服务业方面的优势也愈加明显，成为世界著名的医疗教育和研究中心。许多全美最好的医疗服务机构都位于波士顿，其中包括著名的麻省总医院、贝斯以色列女执事医疗中心和布莱根妇女医院等，这些医院在疾病治疗和医疗创新方面在美国均属领先地位。

波士顿已经成功的从"劳动密集型产业"转向"技术密集型产业"，再到"知识密集型产业"，保证了城市经济发展的稳定。

4. 波士顿各具特色的分区与历史区的保护

波士顿城市引以为傲的还有它的城市社区。波士顿共有21个官方认定的城市分区，这些社区各具特色与吸引力，波士顿城市的特色与活力就根植于这些社区之中。其中包括：奥尔斯顿/布赖顿（Allston/Brighton）、后湾区（Back Bay）、湾村（Bay Village）、比肯山（Beacon Hill）、查尔斯敦（Charlestown）、唐人

---

1 U.S.Census Bureau : State and County QuickFacts. http : //quickfacts.census.gov/qfd/states/25/2507000.html（2013年6月12日）.

街(Chinatown)、多尔切斯特(Dorchester)、商业区(Downtown/Financial District)、东波士顿(East Boston)、肯莫尔(Fenway/Kenmore)、海德公园(Hyde Park)、牙买加平原(Jamaica Plain)、麻台本(Mattapan)、米申希尔(Mission Hill)、北端区(North End)、罗斯林德尔(Roslindale)、罗克斯伯里(Roxbury)、南波士顿(South Boston)、南端区(South End)、西端区(West End)、西罗克斯伯里(West Roxbury)。这些社区各具特色,有的是大学区、有的是旅游区、有的是历史区,构成了波士顿的“社区之城”。

波士顿尤为重视历史区保护。波士顿有九个历史区,分别是:阿伯丁建筑保护区(Aberdeen Architectural Conservation District)、后湾建筑区(Back Bay Architectural District)、湾州立路/背湾西建筑保护区(Bay State Road/Back Bay West Architectural Conservation District)、湾村历史区(Bay Village Historic District)、笔架山历史区(Historic Beacon Hill District)、堡点通道标志区(Fort Point Channel Landmark District)、团山三角建筑保护区(Mission Hill Triangle Architectural Conservation District)、南端标志区(South End Landmark District)、圣博托尔夫建筑保护区(St. Botolph Architectural Conservation District)。波士顿历史区保护工作主要由两个部门负责,一是历史保护委员会(The Historic District Commissions),其职能主要是协助确保波士顿的历史区独特的历史与建筑特色得到相应的保护与保留。二是波士顿地标委员(The Boston Landmarks Commission),是保护波士顿历史建筑、遗迹和社区的市政组织,负责波

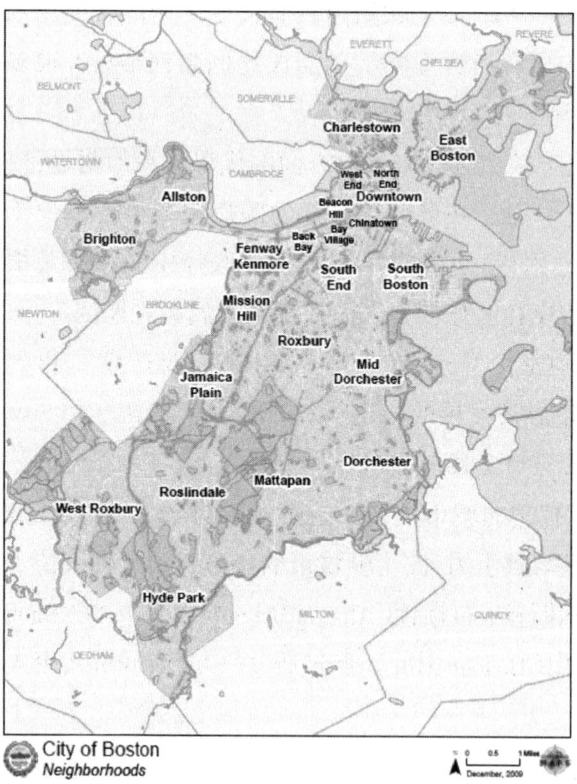


图 2:波士顿城市社区

士顿九个历史区内超过8000处历史遗迹的保护工作。1975年,州立法通过创建波士顿地标委员会作为波士顿城市范围内历史保护组织。

## 三、波士顿城市发展经验对扬州建设世界名城的启示

扬州位于我国江苏省的中部,长江下游北岸,江淮平原南端。扬州之名,始见于《禹贡》,为古九州之一。"扬"字意为"巨大"或"辽阔","州"字意为"地区"、"省"或"国家"。[1]扬州历史悠久,可以追溯至公元前486年,是我国著名的历史文化名城。从古至今,扬州也是我国重要的运河交通枢纽城市,扬州城区位于长江与京杭大运河交汇处。在唐代,扬州是重要的经济贸易中心,是海上丝绸之路的著名港口,在对外贸易与国际交往中发挥着重要的作用。清代中期,扬州成为漕运枢纽和全国最大的盐业经销中心。

根据2010年第六次全国人口普查数据,扬州市常住人口数量为4459760。城市"总面积6591.21平方千米,其中市区面积2350.74平方千米(其中建成区面积124.5平方千米)、县(市)面积4240.47平方千米(其中建成区面积91.81平方千米)。"[2]历史上扬州所辖区域几经变化,在"2011年11月,经国务院批准,扬州市调整部分行政区划。撤销县级江都市,设立扬州市江都区,以原江都市行政区域为江都区行政区域;将邗江区李典、头桥、沙头、杭集、泰安等5个镇并入广陵区;撤销扬州市维扬区,将维扬区的行政区域并入划出5个镇的邗江区。扬州市设广陵、邗江、江都等3个区,辖宝应县,代管仪征、高邮等2个县级市。2011年,扬州共有71个镇、5个乡、13个街道。"[3]

2500年的历史给过扬州繁荣与兴盛,也给过萧条与衰落。每次经历了城市的衰落之后扬州却依然屹立。每次当城市面临萧条之际,扬州总能找到新的城市发展点。从城市历史文化与地理位置来看,波士顿与扬州有着许多相似之处,对波士顿世界名城发展经验的借鉴,有利于扬州结合自身,提出促进城市发展的政策。

---

1 [澳]安东篱:《说扬州:1550—1850年的一座中国城市》,李霞译,中华书局,2007年版,第17页。

2 中国扬州,http://www.yangzhou.gov.cn/mlyz/Newmlyz1_index.shtml(2013年6月12日).

3《2012扬州年鉴》,第24页。http://www.yangzhou.gov.cn/yznj/yznj_index.shtml(2013年6月28日).

1. 参与区域经济，迈向世界名城

从弗里德曼的“世界城市”与萨森的“全球城市”的概念与特征来看，世界城市应在经济全球化中参与分工，成为全球经济发展的结点。随着现代化的发展，扬州也面临着产业转型的问题。扬州与波士顿在历史上都曾经是沟通城市之间往来的枢纽城市，京杭大运河曾经作为南北的交通大动脉，它的通航促进了扬州的迅速发展，扬州也成为史上有名的运河城市。但由于传统运输的衰落，被现代化的交通工具所取代，原来在交通航运上的优势开始逐渐减弱，城市面临着新的发展困境。从波士顿城市的发展经验来看，扬州应改变历史上依赖运河运输作为城市主要交通的方式，开发多种交通方面，融入到区域城市群之间，在区域城市群中发展经济枢纽城市作用，进而走向世界。

美国城市规划师刘易斯 · 芒福德提到经济区域时写道：“按照本顿 · 麦凯所言，总共有三种类型的经济区域。第一种类型，主要依靠自给自足并因而形成经济平衡。”“第二种类型完全是一种专业化区域，地球上的任何一部分，不论其有着怎么样的潜在多样性，它都会主要从事于有限的商品系列的生产。”“第三种类型的经济区域是以较先进的文化为特点的：它的一部分是自给自足的，同时又有专业化的部分。在它的区域中同时拥有一系列不同的有代表性的资源；并通过自己生产的专业化产品和个性化的技术，从其他区域获得形成全面的文化所需的物品。”[1] 扬州毗邻南京，远眺上海，应发挥其都市群的作用，在区域经济发展中发挥作用。上海交通大学中国都市圈发展与管理研究中心在 2012 国际都市圈发展论坛上发布了“2012 年中国都市圈评价指数”报告，研究把中国分为 18 大都市圈，其中扬州跨属其中两个都市圈：上海都市圈与南京都市圈。上海都市圈包括上海、泰州、镇江、常州、无锡、南通、苏州、南京、扬州、嘉兴、杭州、宁波、绍兴、湖州、台州、舟山等城市。在中国 18 大都市圈竞争力排名中上海都市圈连续 7 年排名第一，已经发展成为我国最具活力与竞争力的经济区域之一。同时，扬州还是南京都市圈的成员城市之一。南京都市圈由南京、扬州、镇江、淮安、马鞍山、芜湖、滁州七市组成，以南京为中心形成一个经济区域。南京都市圈是一个被发达的交通网络紧密联系起来

1 [美] 刘易斯 · 芒福德：《城市文化》，宋俊岭、李翔宁、周鸣浩译，中国建筑工业出版社，2011 年版，第 374—375 页。

的城市群落，在这个都市圈之内，各个成员城市发展各自优势，共同发展。

目前，现代化交通工具的发展，扬州在交通上的传统优势衰落，应发展新的交通优势，通过在高速公路、铁路、航空、水路等方面的改造，重新打造南北往来的枢纽型城市，在区域内参与经济分工。扬州在城市经济发展上应该展现自身特点，并不一定要成为产业全面、综合的城市，而是选城市具有优势的一个方面，深入发展，形成产业特色，并利用现代的交通网络，在城市区域经济中发挥重要作用。从目前扬州城市产业发展的现状来看，可以重点发展旅游业、服务业以及知识技术产业。

2. 精心城市规划，注重历史保护

在城市规划方面，扬州在新中国成立之后，较早的着手于城市规划建设。在1955年，扬州市规划部门在同济大学的协助下，作出较完整的城市现状调查，制定了初步的城市总体规划。从20世纪80年代至今，扬州共编制完成了三轮城市总体规划。第一轮扬州市城市总体规划（1982—2000），于82年向省政府上报论证成果，85年初省政府批准实施。第二轮城市总体规划（1996—2010）于1997年完成第二轮总体规划修编成果，1999年10月省政府批准实施。2002年至今开始编制第三轮扬州市城市总体规划。2011年11月13日，国务院批准扬州行政区划调整，撤江都市为江都区。为适应行政区划调整后城市建设出现的新情况，加快城市空间整合，推进现代化大扬州建设，在《扬州市城市总体规划（2010—2020）》和《江都市城市总体规划（2010—2030）》基础上进行整合对接，编制完成《扬州市城市总体规划（2012—2020）》。[1]

借鉴波士顿城市发展经验，扬州在城市规划方面应着重几个方面。一是城市生态环境的建设。生态城市作为一个正式的科学概念是在1971年联合国教科文组织发起的“人与生物圈计划”中提出来的。苏联生态学家尤尼斯基（O.Yanitsky）认为生态城市是一个社会、经济、自然三者协调发展的，物质、能量和信息高效利用的，生态良性循环的人类聚居地。扬州历史上就是风景宜人的园林城市，清代诗人王士祯的一首调寄《浣溪沙·红桥怀古》词的上阕：

1 扬州市城市总体规划编制工作领导小组办公室:《扬州市城市总体规划（2012—2020）》公众意见征询，http://ghj.yangzhou.gov.cn/gzcy/201212/7fe4f9a4b3b9409199acbdf86d8e976e.shtml?time=0.5968501200159346（2013年6月29日）.

“北部清溪一带流，红桥风物眼中收，绿杨城郭是扬州”，此后，“绿杨城郭”便成了扬州的代名词，其中诗句中所描绘的河畔绿柳的美丽风景，也是扬州城市环境最好的写照。但由于近代工业化与现代城市化的发展，使扬州的城市环境也遭到了不同程度的破坏。现今，扬州应在环境方面的改革，加强规范管理，减少对城市生态环境造成破坏严重的污染源，应从整体的生态系统进行城市环境改造，以人为本，打造环境上可持续发展的城市。二是城市历史区的保护。扬州是我国具有悠久历史的一座城市，城市内的古迹与历史资源丰富。扬州具有独具特色的古城保护总体思路——“护其貌、美其颜、扬其韵、铸其魂”。遵循这一总体思路，扬州老城区成为目前国内历史遗迹保存比较完好的古城之一。现今许多城市在对旧城进行改造时，对历史古迹进行了较严重的破坏，造成了城市历史资源难以挽回的损失。扬州在城市化进程中应对历史资源加以重视和保护，这些历史资源正体现了扬州城市的特色与吸引力，是扬州发展旅游业的基础，也是城市居民的文化享受。除了生态环境的建设与历史区的保护外，扬州在城市规划方面还应注意城市规划的科学性与法律性。随着我国城市规划的发展，大部分城市均有城市发展的总体规划，但有许多城市在开发过程并没有遵循城市的规划设计，导致在住房、交通、环境等方面问题的出现。《扬州城市总体规划（2002—2020）》，根据扬州近几年的城市建设情况和今后城市发展的趋势，对扬州未来几年的城市发展进行规划，将扬州城市性质调整为“历史文化名城，具有传统特色的风景旅游城市，适宜人居的生态园林城市和长江三角洲区域性中心城市之一”，这一规划符合扬州城市发展的实际情况，但规划能否顺利实施进行，还需要在实际实施过程中对城市规划的法律性遵守。

3. 彰显城市文化，提升市民素质

美国城市规划学家沙里宁说过：“城市是一本打开的书，从中可以看到它的抱负。……让我看看你的城市，我就能说出这个城市居民在文化上追求的是什么。”在历史上，扬州是文人墨客聚集之处，有着深厚的文化积淀，无数诗句在这里创作，无数画作在这里描绘……这些文化日积月累，逐渐沉淀，深入到扬州城市深处。刘易斯·芒福德说：“城市是文化的容器。”“城市的主要功能就是化力为形，化权能为文化，化朽物为活灵灵的艺术造型，化生物繁殖为社会创新。”“贮存文化、流传文化和改造文化，这大约就是城市的三个基本的使命。"[1] 从中可以看出,每个城市都是对文化的见证。

城市文化对城市经济的发展起来重要的推动作用,并可以提升城市的整体形象。城市经济发展需要的社会环境离不开城市文化的建设,先进的生产技术、科技知识与高素质的居民,是城市文化与城市经济发展的重要因素。在城市文化建设方面,扬州应突出两个方面:一是扬州的历史文化。1982 年国务院公布扬州为国家首批历史文化名城。扬州是驰名中外的旅游胜地,有着众多的名胜古迹和雅致园林。瘦西湖是其中的代表,十里长岸,杨柳河畔,再加上观音山、二十四桥、大明寺、何园等等,构成了扬州美不胜收的景色。唐代李白、杜甫、白居易、孟浩然、杜牧等曾先后在扬州生活过,康乾时期,"扬州八怪" 在绘画上塑造了独具一帜的风格。清代形成的扬州戏曲、评话、书院等等也成为扬州文化的象征。扬州应继续发挥海纳百川、兼容并包的文化传统。二是扬州的居民文化。在城市建设中,注重公共空间的创造,使扬州居民具有一个展示城市居民文化和文化交流的场所。通过社区、城市文化团体等组织提升扬州居民的文化素养,尤其要加强服务业人员的素质。服务业是一扇窗口,是城市形象与文化的体现。除此之外,扬州还应加强城市的大学教育。目前,扬州市内高校主要有扬州大学、扬州职业大学、扬州工业职业技术学院、南京邮电大学通达学院和江海学院等。从数量和质量上均有继续发展的潜力。大学教育的提升,可以为扬州城市的发展提供稳定的人才资源,并促进扬州向知识密集型产业转移。

---

1 [美] 刘易斯 · 芒福德:《城市发展史——起源、演变和前景》,宋俊岭、倪文彦译,中国建筑工业出版社,2008 年版,第 14 页。

# 英国古城约克的名城建设及其对扬州的启示

陆伟芳　余志乔

**摘　要:** 作为一个既古老又现代的城市,今天约克与扬州都是规模不大的中等城市,除了制造业外,都有着发达的旅游业。因此,无论是两者的城市规模、还是产业结构都有着某种相似之处。约克和扬州在古代世界都曾处于国内交通运输的重要地带,都曾经在古代和中世纪有过相当的繁荣,都曾在各自的历史上扮演过某种重要角色。而约克的世界名城声誉,无疑要远远超过扬州,因此研究约克的名城建设之中路无疑具有重大现实意义。英国古城约克处处展示着浓郁的历史特色,约克又是一座著名的旅游城市,其游客量仅次于伦敦,还是一座充满经济活力的城市,因此又体现着时代的光辉,把古老与现代完美结合起来。约克经济社会持续发展,既得益于其丰富的历史遗产,如历史文化遗产的基础性作用,也得益于其城市的现代发展,如现代产业打造的经济强市和旅游城市。城市名片的打造意境,约克的全方位古城保护的有效举措,约克产业向服务业的成功转型,绿色低碳城市追求的意蕴,这些都是值得扬州学习借鉴的。

**关键词:** 约克; 古城; 旅游; 绿色低碳

英国是一个历史悠久的国家,古城约克就处处展示着浓郁的历史特色。

---

**作者简介**:陆伟芳,上海师范大学都市文化中心教授,中国名城杂志社特约研究员;余志乔,扬州大学外国语学院学生。

英国发生的一切重大事件，几乎也都曾在约克发生过，从罗马人的统治、盎格鲁—萨克森人的到来、维京海盗劫掠，到诺曼征服，特别是红白玫瑰战争中，约克家族与兰开斯特家族间的30年厮杀，几乎就是在约克演绎。17世纪英国内战进程中，王军的司令部就设在约克。可以说，在历史的长河中，约克几乎一直是决定英国命运的大战的场所。今天，约克又是一座著名的旅游城市，其游客量仅次于伦敦，还是一座充满经济活力的城市，因此又体现着时代的光辉。作为一座世界名城，约克的昨天和今天，都是一座历史的丰碑，值得我们认真探究，从而为扬州的世界名城建设，提供某些借鉴与参考。

## 一、"约克的历史就是英格兰的历史"

古城约克是一座以军事要塞为起点，逐步发展成政治、经济、宗教中心的城市。英王乔治六世曾骄傲地说过，"约克的历史，就是英格兰的历史"。漫长的历史，复杂的经历，使多种不同的文化在约克交融，约克的不同建筑风格，就能让我们体会约克的漫漫历史长河。漫步约克的街头，从绵延的约克古城墙，到雄伟的敏斯特教堂，甚至一块中世纪的石阶，一条石子路，都能让我们细细品味约克悠长的历史，听到历史深处的回声。

约克位于英国英格兰东北部的约克谷地内，在一块位于奔宁山旁、北约克漠泽的肥沃土地上，在最后一个冰河时代形成的冰渍土上，在福斯河（Foss）汇入奥斯河（Ouse，古称Eure或Yore，今天约克York名称的由来）的交汇处，在利兹（Leeds）东北偏东，两者相距32公里。约克通过奥斯河控制着入海通道，并通过两条河流有着广泛的内陆航运通道。今天的约克政治上是北约克郡首府，享有自治城市地位。

约克在南北交通中位于伦敦与爱丁堡的中点，东距海滨不远。其独特的地理位置，使约克成为历史上兵家必争之地。因此，约克城的历史反映了英国历史的主要脉络，成为英国史的一面具体而微的镜子。约克在历史上就曾先后为罗马人、盎格鲁人、丹麦人和诺曼人等占领过。在罗马时代，乌斯河和弗斯河还是一片沼泽地带，水网密布的河流，成为一道道富有实效的天然屏挡，使得约克成为一座易守难攻的城市，因而约克从那时起就一直是北英格兰的军事重镇。

自罗马不列颠尼亚(Britannia Inferior)起,约克一直是英格兰北部的重要军事屏障。罗马人在控制英格兰南部之后,逐步向北方推进。当时的约克一带由克尔特人(Celt)控制,罗马人称他们为不列盖茨人(Brigantes),当时的约克称为 Caer-Effroc、Ebrauc 或 Eborac。公元 71 年,罗马第九军团北上征服克尔特人。他们在奥斯河和福斯河交汇处建筑了一个称为埃勃雷肯(Eboracum)的木质堡垒。罗马时期的约克要塞是一所木结构的军事堡垒,建于奥斯河和福斯河的平地上,占地50公顷,驻扎了6000名士兵,后来才改建为石材建筑。这个罗马要塞的旧址就在今天约克大教堂的地基之下。与罗马不列颠时期的大多数要塞一样,约克要塞开始建设起罗马城市文明的一些基础设施。为了供应罗马军团的日常生活必需品,在要塞周围逐渐聚居起大量的商人和手工业者,约克城墙把要塞和居民都包括在内,成为一个罗马化的城镇。此后很长的一段期间里,约克一直是英格兰北部的主要城市,成为罗马不列颠行省的一个主要军事基地。罗马人把伦敦作为英格兰南部的中心,把约克作为罗马人不列颠内陆省份的首都,约克成为罗马不列颠时期仅次于伦敦的重要军事要塞和城市。

罗马不列颠时期,作为防御北方克尔特人的重要军事堡垒,约克有着举足轻重的地位,罗马帝国的不少风云人物与之有着不解之缘。罗马皇帝哈德良(Hadrian)[1]、塞普蒂米乌斯·塞维鲁(Septimius Severus)[2]和君士坦提乌斯一世(Constantius I)[3]在征战中多次把约克作为临时宫廷。明智的阿格里可拉(Agricola)总督把约克作为主要驻防基地,哈德良皇帝在 120—124 年就居住在约克,皇帝塞维鲁在约克期间(207—211 年),宣布约克是不列颠内陆行省的首都,很可能就是他授予约克殖民地或城市的特权,而且他就驾崩于此。212 年,格塔(Geta)就在这里谋杀了其兄罗马皇帝卡拉卡拉(Caracalla)。公

---

1 普布利乌斯·埃利乌斯·哈德良(Publius Aelius Traianus Hadrianus,76—138),117—138 年在位,绰号勇帝,罗马帝国五贤帝之一,博学而多才。在位期间,停止东方战争,与帕提亚国王缔结和约,改革官僚制度和法律。又在不列颠岛北部建造了横贯东西的"哈德良长城",以防御那些居住在现今苏格兰的"蛮族"凯尔特人的入侵。

2 塞普蒂米乌斯·塞维鲁(Septimius Severus,145—211),193—211 年在位,他是第一位来自非洲的罗马皇帝。

3 奥古斯都·君士坦提乌斯·克洛卢斯(Constantius I Chlorus,305—306 年在位)。

元304—307年,君士坦提乌斯一世滞留在约克,并在307年死于此地,其子君士坦丁大帝[1]也是在约克被军队拥立为皇帝。当时另一个会有皇帝被拥立的地方是罗马,罗马不列颠时期约克的重要性可见一斑。罗马军团第六军团(Sextavictrix)有300来年把约克作为总部。今天,主要的罗马遗迹在约克大教堂底下,另一个被重建的罗马石柱现矗立于丁斯盖特(Deangate)。这里还保留了一个罗马浴室,后来又挖掘出一个神庙和欧斯河上罗马古桥遗址。城墙外是牢固的罗马公墓,大量罗马发现品现在收藏在约克郡博物馆。

罗马对约克的控制也并非固若金汤,其间也两度失守。第一次是3世纪末,因为北部凯尔特人大举南下,罗马对约克的统治逐渐衰败,并于356年陷落,直到378年才再次从凯尔特人手中夺回。第二次是5世纪初,随着日耳曼人大举进攻西欧,盎格鲁人(Angles)于415年攻陷约克,不过,罗马人的残兵败将在430年再次攻占约克。

415年盎格鲁人占领约克时,将城市改称为Eoforwic、Enrwic或Yurewick。在盎格鲁—萨克森(Anglo-Saxon)时期的战国时代,约克成为七国[2]之一的诺森伯利亚(Northumbria)[3]的首都,成为军事、政治和宗教重地,是一个重要的城市。诺森伯利亚在7世纪30年代曾经短暂地称霸过英格兰。7世纪初,"约克的保利纳斯"(Paulinus of York)将基督教带到这个地区,国王"诺森比亚的爱德文"(Edwin)皈依。627年,为了爱德文的洗礼,建筑了第一个约克大教堂,爱德文命令把这个木质小教堂重建为石材的。633年爱德文被杀后,完成石材教堂的任务留给他的继任者奥斯瓦德(Osward)国王手

1 君士坦丁大帝(Constantine the Great, Constantinus I Magnus,272—337),奥古斯都·君士坦提乌斯·克洛卢斯之子,罗马皇帝。306—337年在位。他是世界历史上第一位信仰基督教的皇帝,在313年颁布米兰诏书,承认基督教为合法且自由的宗教。并于330年将罗马帝国的首都从罗马迁到拜占庭,将该地改名为君士坦丁堡,被称为西方的"千古一帝"。

2 这七个王国是肯特、埃塞克斯、苏塞克斯、威塞克斯、东盎格利亚、麦西亚和诺森伯利亚。

3 诺森伯利亚是盎格鲁人建立的盎格鲁—萨克森王国,它最初由盎格鲁人在公元500年左右时建立的两个独立小王国伯尔尼西亚(Bernicia)和德拉(Deira)组成。伯尔尼西亚的国王埃特尔弗里特(Athelfrith,593—616在位)将两个小王国合并为诺森伯利亚王国,不过随后被德拉的爱德温(Edwin,616—632)打败,并取而代之。爱德温于627年接受了基督教并在英格兰建立了诺森伯利亚的短暂霸权,632年爱德温被杀。

里。在这个时期,约克成为了主教辖区[1],约克大主教伍尔夫斯坦二世是一位知名学者。当时的约克成为一个学习中心,最著名的学生是阿尔昆(Alcuin)。7世纪末到8世纪,诺森伯利亚王国在政治上长期处于倾轧、争吵、不和,不过该王国的教会、艺术、学术、文学却处于一个黄金时代,所以其首都约克得到了发展。

北欧海盗侵犯,自然不会放过繁华的诺森伯利亚王国的首都约克。公元866年,维京人(Viking)占领该城,约克被称为约维克(Jorvik)。海盗来自北欧,即今天的丹麦、挪威和瑞典一带,原先曾是普通的农夫和渔民,后来逐渐在农闲时节开展贸易活动,在北海沿岸建立了庞大的贸易网络。由于贸易地温暖的气候和丰富的特产,有些商人逐渐转变成殖民者和海盗,在北海水滨到处留下了他们的足迹。大概由于劫掠更加有利可图且更为快捷,所以,做海盗似乎成为北欧的丹麦人、挪威人、瑞典人的职业,这些人被通称为北欧海盗或维京人。在维京人统治下,约克成了重大的内陆港口,成为通向北欧的广阔的北欧贸易商路的有机组成部分。在英格尔(Inguar)或伊瓦尔(Ivar)领导下的丹麦人几乎将约克摧毁,阿瑟尔斯坦(Athelstan)把城堡夷平,并在此建立了一个铸币厂,成为诺森伯利亚伯爵的所在地。876年之后,维京人长期定居于约克郡。维京人国王统治这个地区近一世纪,在历史学界以约维克的维京王国(The Viking Kingdom of Jorvik)著称。直到954年最后一位维京国王埃里克·布劳戴克斯(Eric Bloodaxe,947—948及952—954在位)被驱逐,约维克才被整合进英格兰。

中世纪的约克也遭到了巨大磨难。1066年,英格兰国王“忏悔者”爱德华(Edward the Confessor)去世触发了一系列围绕英国王位的战争。这些觊觎王座的人遍布西北欧,挪威国王哈罗德·哈拉尔三世(1046—1066在位,Harold Harfager, Harald III、Harald III of Denmark、Harald III Hen 软磨石王)首先到来,他率领了一支300艘船只和15000人的军队,沿着奥斯河航行,在9月20日的富尔富特战役(Battle of Fulford)中击败了北部英国军队,约克投降,入侵者在短暂地占领该城并掠走人质和给养后,又回到船上。他们与诺森伯兰媾和以换取其支持哈拉尔登上王位,同时也要求从整个约克郡给予更多

1 约克市政府网站。http://www.york.gov.uk/leisure/Local_history_and_heritage/yorks_history/

的人质。英王哈罗德二世(Harold II)得知了挪威的入侵后,日夜兼程奔驰北上,在斯坦姆福桥击毙哈拉尔三世。接着另一位王位竞争者“征服者”威廉(William the Conqueror)来到英国,在英国南部登陆,并在黑斯廷斯(Hastings)打败连夜奔驰而来的哈罗德国王,成功入主英国。他在1068年占领约克,并建立了一座城堡及其他防御工事,但在丹麦人帮助下的被污蔑为“北部恶魔”的萨克森人于1069年重占约克。入主英国的征服者威廉一世,发动了一系列报复行动,迅速消灭了约克的反叛,大举杀戮,几乎杀光了周围的人口,以儆效尤。威廉一世立即在奥斯河两旁建筑了两座木质堡垒,直到今天其遗址还隐约可见。

中世纪的约克是繁荣与灾难并存的城市。经过征服者威廉一世杀戮的约克,经过近20年的恢复,到80年代的末日审判书时,约克已经逐渐恢复元气,逐渐成为一个重要的城市,约克郡的行政管理中心。不过,1137年遭遇大火,1138年为苏格兰的大卫围困,随后又迅速恢复,与欧洲大陆建立了贸易关系。1160年、1171年亨利二世来访,成为议会开会所在地。也是苏格兰之狮威廉向英王行臣服礼的所在地。1190年经历了对犹太人的大屠杀,1190年3月16日,一场市民暴动迫使约克的犹太人逃往郡守控制的木制城堡中避难,木制城堡最后被点燃,犹太人遭到了屠杀,这极有可能是城里的富豪因为拖欠了犹太人的债务而鼓动市民造成的惨剧,最起码,他们在惨剧到来时袖手旁观。理查德一世在1199年在此会见苏格兰之狮。

中古约克,许多重大事件在此发生、许多重量级人物造访。1220年、1230年、1251年亨利三世访问约克,公主琼(Joan)与亚历山大二世(Alexander II)婚礼、玛格里特(Margaret)公主与亚历山大三世(Alexander III)的婚礼都在此举行。爱德华一世也多次来访,1291年修复城墙,1298年召开议会。爱德华二世也6次前往约克,一次在班诺克本(Bannockburn)战役之后,一次召开议会,1319年遭到苏格兰人袭击。爱德华三世五度出访约克,就在这里与菲立帕(Philippa of Hainault)结婚,一次召开议会,是王后菲立帕在1347年取得内维尔(Neville's Cross)战役胜利的场所。理查二世在1385年和1389年访问约克。1406年、1408年亨利四世两度到访,1421年亨利五世到访。同时,约克的磨难并未结束,在1390年、1537年和1604年间,约克成了黑死病袭击的重灾地。1405年,在大主教斯克罗帕(Scroop)领导下反抗亨利四世统治。

图 1：约克大教堂的彩色玻璃

在 13 世纪末和 14 世纪，这里的主教成为仅次于皇家政府的另一重要的行政机构。在诺曼征服后，并在这里设立了大主教，这里兴建了好几处宗教建筑，包括圣玛丽修道院和圣三一修道院，这座城市也成为皇家所有地，郡守对这里的犹太社区加以切实的保护。它也是英格兰北方重要的贸易中心，1354 年成为羊毛贸易中心。15 世纪的亨利五世统治时期，约克已经拥有 2000 所房屋，41 个教堂，17 个小教堂，9 个修道院，16 家医院。[1]

中世纪的约克是英国的第二大城市，深受王室器重。从爱德华三世开始，英王一般都把第二个儿子封为约克公爵（长子为威尔士亲王，即王位继承人），直到今天仍是如此。中世纪晚期，也就是 14 世纪末和 15 世纪初，约克达到了它的鼎盛时期。经济上，中世纪时发展成港口（汉萨港口）和商业中心，是繁荣的羊毛贸易中心，亨利一世授予约克第一份特许状，肯定其在英欧贸易中的权利。宗教上则是英格兰北部省份的宗教中心，其大主教地位仅次于坎特伯雷大主教。约克与坎特伯雷一起，一直是英格兰天主教会的两大教堂之一。从建筑环境来说，约克大教堂是英格兰最大的中世纪主教座堂和欧洲最大的哥特式教堂之一。还重修了中世纪城墙和城门环绕着整个城市。社会生活上，约克也是一个教育文化中心。与圣体节相关的周期性宗教盛会或者表演充斥街头，越来越多的艺人来此卖艺表演。诸多社会名流流芳后世，诸如老尼古拉斯布莱克伯恩，他是贵族并于 1412 年担任市长，同时他也是商界领袖。他的形象被刻画在北街诸圣堂东面窗户上。

---

1 GB Historical GIS / University of Portsmouth, York UA through time |Descriptive Gazetteer Search /York, A Vision of Britain through Time. http ://www.visionofbritain.org.uk/descriptions/entry_page.jsp?text_id=999110&word=NULL

15世纪时，以白玫瑰为标志的约克家族（House of York）与以红玫瑰为族徽的兰开斯特家族（House of Lancaster）进行王位争夺战，也就是持续30年的（1455—1485年）红白玫瑰战争，约克站在约克家族一边。战争初期，兰开斯特家族取胜。在1460年12月30日的战斗中，约克公爵及其次子爱德蒙被杀死，约克公爵的首级还被悬挂在约克城上示众，并扣上纸糊的王冠，用以讥讽。随后，约克军反败为胜。1461年3月29日，双方在约克城附近展开决战。兰开斯特军队有2.2万余人，远远超过了约克军。但约克军队则借强劲的风力增加了发射弓箭的射程，并蜂拥冲上山坡，使兰开斯特军队损失惨重。随着约克军队的后续部队赶到，兰开斯特军队抵挡不住，被迫退溃。约克军队一直追杀到深夜。

爱德华四世就在约克的大教堂加冕，并多次在此滞留。1483年理查三世访问约克，有人说他也在此加冕。战火的摧残，在一定程度上削弱了约克的力量。也是从这个时候开始，约克开始走向衰落。到15世纪末，约克的经济开始衰退；宗教上，约克的重要性也日趋衰减。在这个世纪内，新市政厅的建设是约克市民信心重建的一种努力。

在都铎王朝（the Tudors，1485—1603）时期，约克经历了一段衰落期。1489年，亨利七世在占领北方后进入约克。亨利八世统治时期，伴随着宗教改革对天主教的打击，特别是解散修道院对约克的冲击很大。由于约克有许多教堂、修道院属下的医院，势力强大，修道院的解散直接威胁到许多虔诚的修士的宗教和生计，所以北方约克郡和林肯郡的天主教徒在1536年揭竿而起，打起了反对宗教改革的旗帜。在亨利八世软硬兼施下，起义很快被镇压下去，首领被处决，约克自然受到了严厉的统治。亨利八世进而把约克作为北方议会（Council of the North）的所在地。设立这个北方议会旨在镇压反对宗教改革的动乱，控制特伦特河以北的地区，直到1640年才为长期议会所废除。诺森伯利亚伯爵因支持苏格兰女王玛丽，于1572年被砍头，对约克又是一次重大打击。经济上，到伊丽莎白女王统治时，约克才逐渐恢复繁荣。

约克在17世纪的内战烽火中同样遭受磨难。斯图亚特王朝的詹姆士一世（James I）于1603年和1617年访问约克，期间的1614年水灾和旱灾严重摧毁了约克。查理一世在1633年、1639年和1640年访问约克。17世纪中叶，约克公爵派遣一支舰队夺取了荷兰在北美的殖民地新阿姆斯特丹。这座

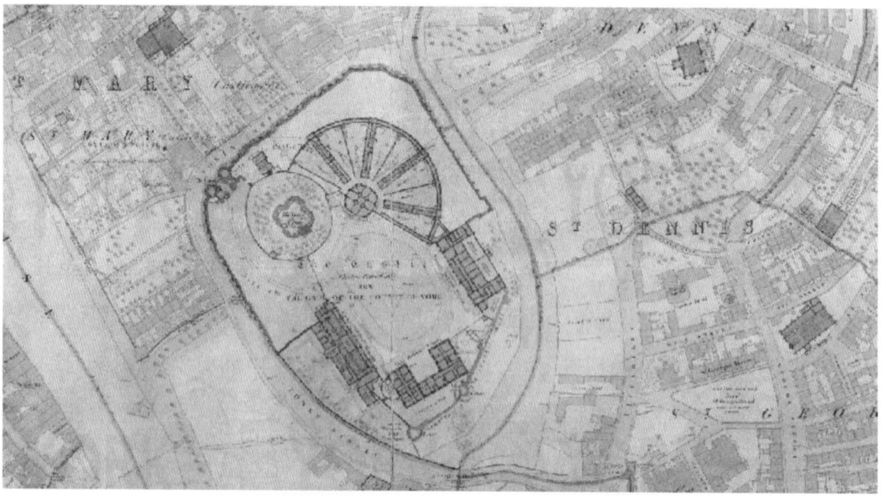

图 2：19 世纪中叶的约克

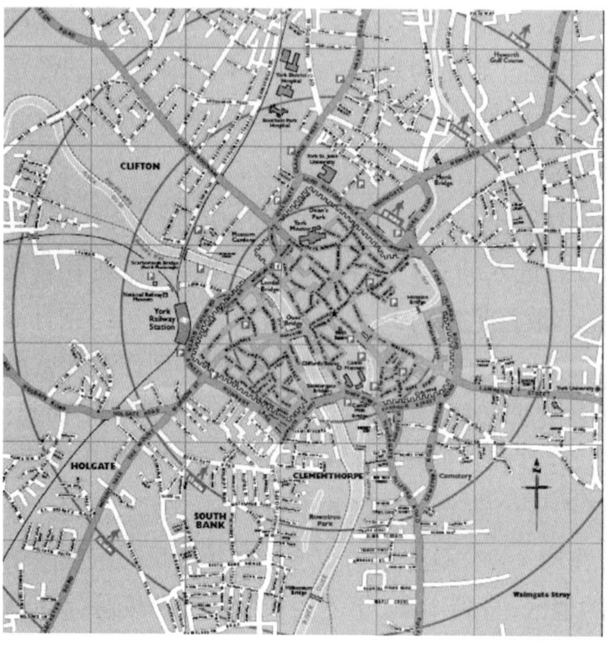


图 3：今天的大约克，展示 10 分钟、15 分钟及 20 分钟步行圈

城镇被改为新约克（New York），它就是后来举世闻名的大都会纽约市。在 17 世纪中叶的英国内战中，以国王为首的王党以北方为基地，约克是一个重要的基地，议会军以南方为基地。查理一世在与议会军对抗中把宫廷迁到了约克，其将军坎伯兰（Cumberland）把约克作为司令部所在地，1643 年其王后汉丽埃塔·玛丽亚（Henrietta Maria）带来了一支外国援军。议会军总司令哈里法克斯（Halifax）在 1644 年围困该城，城墙外的许多中世纪建筑被摧毁，王军被打败，约克被议会军占领。由于哈利法克斯家就在约克，所以占领约克后，他下令禁止摧毁约克城内的建筑，从而保护了约克城内的许多历史建筑。随后的岁月中有许多重要人物来到约克。1644 年与 1650 年克伦威尔（Cromwell）到访，1666 年和 1679 年约克公爵到访，1746

年坎伯兰公爵在到访苏格兰途中访问了约克。1761 年约克公爵、1768 年丹麦国王、1789 年威尔士亲王、1827 年威灵顿公爵、1835 年维多利亚公主、1850 年维多利亚女王配偶、1868 年威尔士亲王先后访问约克。[1]

就在这个时期，附近两个城市利兹和赫尔（Hull）展开商业竞争，再加奥斯河的淤塞，使约克逐渐失去了贸易中心的主导地位，不过提高了约克在北方富豪的社交和文化中心的角色，约克成为当地的乡绅和商人的天下。所以，这个时期约克兴建了许多优雅的建筑，如市长大厦、哈利法克斯大厦、舞会厅、皇家剧院、赛马场等等。

在近代工业革命和城市化进程中，约克并无太大的发展，只是由于铁路大王乔治·哈德森（George Hudson）的宏才大略，把约克建成 19 世纪的铁路中心，才使约克没有被历史遗忘，这种铁路中心地位一直延续到今天。第二次世界大战期间，1942 年 4 月 29 日遭到德军的闪电轰炸。在冷战期间，皇家观测站 20 团迁到了新建的约克冷战基地，从 1961—1991 年该基地一直在运行中，后来成为英国遗产组织拥有的博物馆。在高等教育方面，1963 年约克大学开始招生，进入国家高等教育大发展行列。1975 年国立铁路博物馆的开幕，则使约克增添了现代的元素与色彩。

由此可见，作为北方重要城市约克，在英国历史的长河中一直扮演着重要的角色。这种重要角色为今天的约克增添了丰富的历史场景，为现代的约克刻上了浓郁的历史深度。

## 二、古老与现代的有机结合

约克是一座古城。同时，从近代工业革命以来，约克与英国的大多数老城市一样，也经历了一定的扩展。在 2 个多世纪中，约克从 2 万人的小城发展成 20 万人的城市，经历了脱胎换骨的变化。从 19 世纪初的 2 万多人增长到 20 世纪初的 9 万多人，2010 年达到了 20 万人。[2] 特别是 19 世纪中叶，英

1 GB Historical GIS / University of Portsmouth, York UA through time |Descriptive Gazetteer Search /York, A Vision of Britain through Time. http://www.visionofbritain.org.uk/descriptions/entry_page.jsp?text_id=999110&word=NULL

2 Centre for cities: European Comparator City Report: York, p.3. http://www.centreforcities.org/assets/files/2012/12-03-20_York_European.pdf

国维多利亚的繁荣时期,约克经历了前所未有的增长,10 年人口增长率达到 23.71%(见表 1)。即使今天,在欧美经济衰退的时期,约克人口增长态势仍然良好。约克就是这样一座把古老与现代完美结合起来的城市。约克的持续发展,既得益于其丰富的历史遗产,也得益于其城市的现代发展。

**表 1　1801—2011 年约克人口变化**

| 年份 | 1801 | 1811 | 1821 | 1831 | 1841 | 1851 | 1861 | 1871 | 1881 | 1891 | 1901 |
|---|---|---|---|---|---|---|---|---|---|---|---|
| 人口数 | 24 080 | 27 486 | 30 913 | 36 340 | 40 337 | 49 899 | 58 632 | 67 364 | 76 097 | 81 802 | 90 665 |
| 增长(%) | — | 14.14 | 12.47 | 17.56 | 11.00 | 23.71 | 17.50 | 14.89 | 12.96 | 7.5 | 10.82 |
| 年份 | 1911 | 1921 | 1931 | 1941 | 1951 | 1961 | 1971 | 1981 | 1991 | 2001 | 2011 |
| 人口数 | 100 487 | 106 278 | 112 404 | 123 227 | 135 093 | 144 585 | 154 749 | 158 170 | 172 847 | 181 131 | 198 051 |
| 增长(%) | 10.83 | 5.76 | 5.76 | 9.63 | 9.63 | 7.03 | 7.03 | 2.21 | 9.28 | 4.79 | 9.4 |

数据来源:A Vision of Britain Through Time, http://www.visionofbritain.org.uk/data

1. 历史文化遗产的基础性作用

作为一座有着悠久历史的古城,约克有着极为丰富的历史遗产,完整地保存了罗马、维京时期的丰富历史古迹和文化遗产,展示古代约克的形象;而中世纪留存下来的那些曲折狭窄的街道、光滑的石头路和古老的石头房子等,都保留了比较完整的中世纪英国风貌。

首先是大量的古建筑。约克市中心地区是在古城的基础上发展起来的,其标志性的历史建筑,包括著名的约克古城墙、约克大教堂、克利福德塔楼。

约克城墙(York Bar)是一座由罗马人建造的长达 5 公里的正方形城墙,作为防御外敌的屏障。最早修建于罗马人统治时期,之后被来自丹麦的占领者重新加固,现在保留下来的大部分城墙是 12 世纪到 14 世纪重建的。约克的古城墙是整个英格兰古城墙中保留最完整、最长的,绕城墙一圈大约需要 2 个小时。从图 3 可以看出,约克城墙的位置大致在 10 分钟步行圈范围内。

约克大教堂(York Minster),又称圣彼得大教堂,是欧洲现存最大的中世纪时期的教堂,也是世界上设计和建筑艺术最精湛的教堂之一,英国最大的哥特式教堂。教堂始建于公元 627 年,当时是一座全木结构的建筑,后来在早期内战中被战火摧毁。1060 年,诺曼人攻占了约克,建造了第一座诺曼人教堂，至今仍可以看到这个教堂的基石和地下室。现在的约克大教堂主要是在 1220 年到 1480 年间重新修建的，融合了多种建筑风格。教堂的北翼呈早期英国风格；前厅、唱诗席和小礼堂则是偏重装饰的巴洛克风格；中央大厅呈现中轴对称法。

克利福德塔（Clifford' s Tower）是约克城堡仅存的少数遗迹之一，从塔上可以观赏约克全景，以及旧时约克城堡的缩微模型。克利福德塔曾发生英国历史上激烈的暴动事件，公元 1190 年一些基督徒商人屠杀犹太人事件就在此发生。

约克维京中心（Jorvik Viking Center）。维京人在约克的历史由精彩的图画和遗迹品一一表现，并配有相关的简介和说明。游客可搭乘时光车游览，从公元 948 年开始，以真人大小的模型和实物展现约克当时的生活，包括家居生活、耕种方式等。沿路不仅可以观赏风光，还将气味、空气、声音一并重现。

其次，大量的博物馆展示其辉煌的过去。约克市中心就有 30 家左右博物馆，踏过石板路或卵石巷，走过古色古香的木屋，不时就会见到形形色色的博物馆。这些博物馆从古老的城堡博物馆，到现代的火车、航空博物馆，到展示针头线脑的日常生活博物馆，可谓阳春白雪与下里巴人并肩而立。

约克城堡博物馆（York Castle Museum）位于约克城堡东南，由约克以前的监狱改建而成，内容包罗万象，曾被誉为英国最佳博物馆之一。最大特色就是仿造 19 世纪维多利亚街道实景的 Kirkgate，实景大小的旧时街道上有面包店、银行、酒吧、裁缝店，除了外观之外，店的内部也翔实展现当时情景，仿如时光重置，完整地呈现英国过去 300 年历史的各种生活品。

约克郡博物馆（Yorkshire Museum）占地面积 4 万平方米，展示在英国出土的罗马、撒克森、维京、中古时代的珠宝、雕刻等贵重文物，极具历史意义和考古价值。另外，这里还会不定期展出如侏罗纪恐龙或地球奥妙展览等特殊展览。在博物馆花园内可观赏到罗马城墙的一部分和残破的圣玛丽修道院。

火车站附近西北向的英国国立铁路博物馆（National Railway Museum）是全世界最大的火车博物馆，从约克火车站走到博物馆大约只要五、六分钟。博物馆内展览了从古至今许许多多的火车，从手摇的火车，最初史蒂芬逊制造的蒸汽火车原型，到现代的有连接英法的欧洲之星，以及日本的子弹列车等等。还包含了历代英国皇室列车，专列内浴室、餐室、起居室、卧室一应俱全，其装饰华丽、设备周全不亚于当今酒店，可见当时的火车在舒适和奢华上已达到了极致，大英帝国的强盛可见一斑。博物馆大部分的列车都可以进到车箱内部去参观，还可以下到地道里，参观火车底部结构。博物馆还展览了一些旧时火车站常用的器具，例如磅秤或是讯号灯的设备等。

三是约克无数的古街古宅古路。它们并非以七零八落的历史遗迹骄人，而是以无处不在的古老向你展示完整的古代生活。走在约克，使人宛如穿越了时光隧道，来到了古老的历史深处。

比如走在名叫“Shambles”的肉铺街上，似乎可以看到历史长河中曾经聚集的多达 31 家肉铺的盛况：家家户户房檐下的横梁下，铁钩子上挂满了新鲜的猪肉。这是一条保留得最为完整的典型中世纪道路，以鹅卵石铺成，加上有许多都铎式建筑，更为这条小街道增添了历史气氛。房舍的二楼比一楼突出，三楼又比二楼凸出，屋檐近道几乎在狭窄巷道上空交汇。如今的肉铺街已经变成了漂亮的购物街，很多店铺的外墙上吊挂着色彩艳丽妩媚多姿的花花草草。另一条石头街（Stonegate，这里的街道用 gate 出自维京语用法）同样保留了许多中古时期的房屋，每一家商店都有独特的建筑风格。墙上的建筑，实际上就是今天的店名符号，如象征印刷学徒的红魔鬼（the Stonegate Devil）蹲坐在石头街 33 号的房子外，显示出该建筑当时为一印刷出版店。另外在 High Petergate 及 Minster Gate 的角落有一个气质优雅的泉水女神（Minerva）。她是掌管智能与知识的罗马女神。女神旁伴着猫头鹰与一叠书，表示地下这栋建筑物在古时是书店。石头街上有建于 1644 年的约克最老旅馆（Ye Olde Starre Inne）。

2. 现代产业打造经济强市和旅游城市

约克并没有仅仅停留于古城的定位，而是在 20 世纪，大力发展现代经济，特别是注重科技创新服务、教育产业的发展，推陈出新发展新型服务业和旅游业，使约克走出古代和中世纪，成为一座现代的城市，成为重要的交通枢纽、教育中心和重要的商业中心。

约克坐落在欧斯河畔，并且位于约克谷地的中央，这就意味着它在国家的交通体系中扮演着重要的作用，因此它拥有非常完善与发达的交通运输网络。从古代罗马大道,到今天的铁路、高速路网,约克都是至关重要的交通枢纽。

由于约克坐落在欧斯河与弗斯河的合流处,欧斯河是一条受潮汐影响的河流,在涨潮时候,远航的船只能够抵达约克,所以自古至今,约克都拥有良好的河运。现今,这些河流仍可通航,而奥斯河水闸的建设意味着欧斯河不再受潮汐影响。直到20世纪末,约克与赫尔之间的欧斯河仍可以通航,最后的让人铭记的交通运输是1997年通过弗斯河向河畔的新闻印刷厂运送新闻纸,现在的水上运输仅仅为旅游观光服务,约克游船公司提供游船服务,从图4可以清晰地看到奥斯河水上游的图标所在。

约克是一个主要的铁路中转站,许多年以来,这座城市一直是英格兰东北铁路公司的总部所在地。作为奔宁山脉和英国东海岸的交汇点的约克,是连接南北的重要交通枢纽,也是经伯明翰沟通英格兰东南部和跨境运输连接爱丁堡和纽卡斯尔、格拉斯哥的长途火车所停靠的重要站点。约克的第一条铁路修建于1839年,约克拥有全英最长的铁路线,约克火车站修建于1877年,成为当时世界上最大的火车站。约克离伦敦或爱丁堡2小时火车车程(距离约322公里),每个工作日有超过25趟列车经过约克。

在公路交通方面,正如大多数罗马时期建设的城市一样,约克由长距离干道沟通连接,整座城市坐落在连接邓肯斯特和泰恩河畔的A19公路和利物浦到约克的A59公路的交汇处;此外还有两条公路也在此交汇,他们分别是利兹到斯卡博夫的A64和约克到赫尔的A1079公路。A64也扮演着沟通公路的静脉作用,在约克城外10英里处沟通着A1和M1。可以乘坐国立快客(National Express)公司的巴士,伦敦距约克5小时车程,伯明翰距离约克3小时车程,距离爱丁堡6小时车程。

在空运方面,在约克城东南面7英里处有一个飞机场,这座机场仅向私人飞机开放。该机场曾经是皇家空军基地,目前也是约克郡航空博物馆的所在地。想要通过飞机到达约克的旅客的首选当属曼彻斯特机场,从这里搭乘直达火车仅需2小时就能到达约克,这让约克和北英格兰地区最重要的机场连接在一起,通过这里,你能够很方便地到达北美、欧洲、非洲和亚洲的许多城市。离约克更近的还有利兹机场,约克第一汽车公司开心的通勤车仅需1小时就能将乘客从约克带到机场。

约克是一个重要的教育文化中心。据2013年5月的最新统计资料，约克共有66个学校，其中52个小学、10个中学(包括2所技师学校)，1个托儿所、1所特殊学校等，此外还有2所大学2所成人学院，共计21300名学生。[1]2011年，约克15—64岁人口中受过高等教育(拥有大学及以上学位)的劳动力比例为达40%，其市民文化水平程度在英国仅次于剑桥的51.1%。[2]约克学院是本地区招收16—19岁学生最大的高等中学和职业培训基地，提供40多门高中学科和80多门职业培训基地。该学院还提供面向成人教育的全日制或半日制的高等教育课程。在这个城市中，几乎极少数的居民没有职业资格证书，这样的培训使大多数人就业技能提升，在整个英国失业率最低，因此也是收入差距最小的城市之一。约克超过三分之二的中小学校被评定为优良或优秀。它还拥有两个世界级的一流大学，约克大学是英国的顶级大学之一，被评定为英国大学前十名，2001年每日电讯报排名中名列第2。约克还有一所高等教育学院，即约克圣约翰大学，还有法学院的一个分校。约克有15个图书馆，1个流动家庭图书馆，共计有71万多人次出入约克的图书馆。[3]

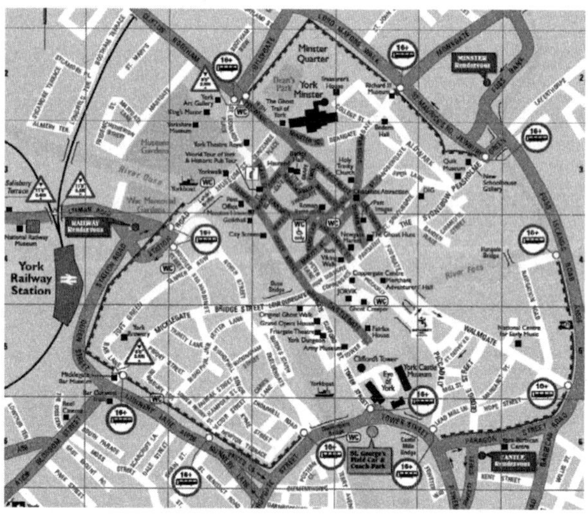

图4：约克城墙范围

约克是一个国际科技枢纽以及国家金融和商贸中心的大都市，2013年在英国的64个经济表现最好的城市中名列第4。[4]在20世纪50年代，约克的经济繁荣在很大程度上是建立在

1 Business Intelligence Team：York at a Glance，City of York Council 2013/5/9 更新，http：//www.york.gov.uk/info/200567/york_data_observatory/247/york_data_observatory/2，2013/7/10 下载

2 Centre for cities：European Comparator City Report：York，p.3. http：//www.centreforcities.org/assets/files/2012/12-03-20_York_European.pdf

3 Business Intelligence Team：York at a Glance，City of York Council

4 Business Intelligence Team：York at a Glance，City of York Council

巧克力生产和铁路等部门。一直到80年代,30%的劳动力集中在5家雇主手中,4家公司提供了75%的制造业的工作岗位。今天约克市提供了8万多个就业机会,为英国经济增添价值30亿英镑。近十年来,约克在科技基础设施上的投资多达8亿英镑,有80家高新技术企业应运而生,吸引了500多个科学和技术相关企业,以科技为本的企业有2800多家,从业人员超过3.5万,占全郡从业人员的10%。约克大学附近的科学园区让这个城市开始向科技和创新产业发展,这个城市也变为重要的国家科学城。

目前约克经济的支柱是服务业,约克的服务业包括公共服务部门、卫生、教育、金融、信息技术等行业。在1990—2010年期间,约克经济经历了相当的重组,从基于制造业转向基于日益增长的金融、商业和保险业,转向旅游业和零售业,转向科学和知识为基础的行业。约克拥有两个生产巧克力的大型工场,罗斯瑞内尔斯特尔和泰瑞,虽然另一家主营炼糖业。约克是奇特凯特、斯玛特里和泰瑞橙味巧克力的故乡,与之齐名的有约克棒。2004年4月,泰瑞宣布它有意停止在约克的巧克力业务。1991年,这里的制造业占24%的工作机会,到2008年下降到9%,同时金融和商业则从11%增长到16%。[1]再以2008年约克的经济结构来分析,约克服务业企业结构为:全国性或国际性1430家,占19%;而区域性占1981家,占26.4%,地方性3718,占49.5%。[2]服务业中的就业结构:全国性28708人,占27.2%,区域性23538人,占22.3%,地方性的47683人,占45.2%。[3]公共部门的就业率占到34.5%。在10年中增长了8.5%。在1998—2008年期间,约克在公共部门增长了10800个新工作,而在私人部门下降了2400个工作机会。[4]在约克经济中,第三部门或称志愿和社区起着重大作用。在2008年约克的7515个企业中,雇用1—10人的有6091个,占81.1%;雇用11—49人的有1076个,占14.3%,雇用50人以上348个,占4.6%。[5]约克的私营部门表

1 York and North Yorkshire Economic Assessment 2010, p.75, http://www.ynyeconomy.org.uk/images/documents/yny%20full%20economic%20assessment%20october%202010%20v1.1.pdf

2 Office for National Statistics, Annual Business Inquiry (workplace analysis), 2009,第24页

3 Office for National Statistics, Annual Business Inquiry (workplace analysis), 2009,第25页。

4 York and North Yorkshire Economic Assessment 2010, p.27.

5 York and North Yorkshire Economic Assessment 2010, p.41.

现良好,是城市力量所在。在1—250个雇员的企业数量中排前十名,在雇用250人以上企业中排前15名。[1]还有1万多人的自我雇用的劳动力,占8%。[2]约克市政厅是约克最大的用工部门,共有6500名雇员。其中旅游业吸纳了10.9%的就业人口。2007年约克的失业率停留在1.9%左右,大大低于英国3%左右的失业率。2011年约克就业结构:矿业、制造业和能源业占7.4%,旅馆饭店占22.5%,交通运输占7.1%,金融、国际贸易占16.8%,公共管理、健康和教育占35%。[3]虽然约克的人均国内生产总值落后于许多欧洲城市,但这可能反映了约克主要是服务业或休闲业的特征。在《2011—2015年约克经济战略》指出,约克市的关键经济远景是成为一个更有进取心和更国际性的城市经济、机会众多的城市,旨在成为英国前十名的城市经济,成为国际承认的"创新之都",即成为科学、研发和知识经济的重要中心。[4]

除了是一座古城和教育商业中心之外,最重要的是,约克还是一座旅游城市。从古城墙、到古街巷,从石头街到海盗博物馆,从废墟的克里夫顿塔,到时光隧道,约克处处展示着历史,历史与现在紧紧地交织在一起。也许,正是过去与现在的交融,使约克成为英国仅次于伦敦的第二大旅游城市。2007年6月14日,历史名城约克在雅典举行的一项颁奖仪式上被评选为该年度的"欧洲旅游之都"。约克击败了130个对手城市获得了这个名衔。瑞典的古腾堡(Gothenburg)和西班牙的瓦伦西亚(Valencia)分别名列第二第三名。评审团说,他们对约克的"世界级名胜、独特的购物点、节日和盛会"印象深刻。设立这个奖项是对欧洲旅游名胜的认可。该奖项的发言人说,约克是个"值得探访的地点,还适合全年旅游。"他说,评审团赞扬该市的公众步行地区、受欢迎的公园、自行车计划,还有火车站的游客咨询中心。他又说:"当地花了很大力气来增加城市的吸引力,在公众地点有独特的建筑和艺术照明,在马路回旋处有美丽的花朵。"过去十年,约克的游客增长达

1 Centre for cities : European Comparator City Report : York, p.1. http : //www.centreforcities.org/assets/files/2012/12-03-20_York_European.pdf

2 York and North Yorkshire Economic Assessment 2010, p.42.

3 Centre for cities : European Comparator City Report : York, p.6.

4 http : //www.york.gov.uk/info/200336/economic_development_service/593/york_economic_strategy_2011—2015

到 52%。据不完全统计,每年约有 710 多万人次光顾,消费额高达 4.43 亿英镑,其中几乎有一半为商务 / 会议游客。约克被评为英国最美丽的城市,英国最有魅力的中小城市,最佳城市。被“孤独星球”旅行手册评为世界上 200 个最适宜居住地之一和世界上 100 个旅游胜地之一。2009 年,在吸引英国游客最多的城市中约克名列第 7。[1] 据英国统计署( Office of National Statistics )公布的资料,该年吸引外国游客方面,约克也是名列第 13 位。[2]

总之,与其他大小类似的欧洲城市而言,约克表现良好,它有着强劲的人口增长,一个强大高水平劳动力,大小企业良好。约克作为一个历史古城及现代城市,既有着历史深处的厚重,也拥有当代世界的高新技术产业。既拥有发达的现代大学教育基地,也有四通八达的交通网络,更是一个欧洲知名的旅游之都,在约克市中既有保存完好的中世纪风格的商铺,又有现代高档的大型商场,各种特色的酒吧、咖啡馆和饭店在市中心百花争妍,成为古老与现代完美地结合的典范。

## 三、约克对扬州世界名城建设的启示

作为一个既古老又现代的城市,今天约克与扬州都是规模不大的中等城市,除了制造业外,都有着发达的旅游业。因此,无论是两者的城市规模、还是产业结构都有着某种相似之处。两者在古代世界都曾处于国内交通运输的重要地带,都曾经在古代和中世纪有过相当的繁荣,都曾在各自的历史上扮演过某种重要角色。而约克的世界名城声誉,无疑要远远超过扬州,因此,两者的这种相似性,促使我们探寻约克对扬州的世界名城建设的重要启示。

---

1 在 2009 年度英国居民访问最多的纯旅游城市前 10 名依次为:伦敦、斯卡伯勒、布莱克波尔、曼彻斯特、斯坎尼斯、怀特岛、约克、大雅马斯、伯明翰和布莱顿。见 Top 20 Most visited English Cities and Towns in 2009 by UK Residents, http : //www.enjoyengland.com/Images/top%20towns%20 2009_tcm21-190501.pdf。

2 这 20 个最受国际游客欢迎的城市依次为:伦敦、爱丁堡、曼彻斯特、伯明翰、格拉斯哥、利物浦、布里斯托尔、牛津、剑桥、卡迪夫、布莱顿、纽卡斯尔、利兹、约克、因弗尼斯、巴斯、诺丁汉、雷丁、阿伯丁和切斯特。Top 20 Most Popular UK Cities for International Visiteors, http : //gouk.about.com/od/getawaysandshorthops/qt/top20.htm

1. 城市名片的打造意境

约克不仅把历史遗产建筑改变成文化艺术或媒体中心，为现代生活所服务，更让其功能继续发挥作用，为城市人所用，这是约克城市的创新之举。约克对古代建筑进行充分的现代利用，切换古街古屋的功能，转型成现代旅游城市所需要的经济活动场所。无论是肉铺街还是石头街，没有进行更新改造，无论是房屋还是街道铺设，还是一仍其旧。路边有不少精品店和小店，密密麻麻地分布在横七竖八的大街小巷里。约克展示给世界的就是中世纪的约克，不同的是肉铺街不再卖肉，房屋二三层都有向外突出的骑楼，二楼比一楼凸出，三楼比二楼凸出，呈阶梯状。越往顶楼，街道两旁边的房间就越接近。之所以建成这样，是因为需要楼上突出的地方悬挂出售的猪肉，利于通风，不易变质。层层向外突出的风格怪异的建筑物，摇身一变成为风情小街，就在原来的肉铺里销售各种旅游商品如美术品和礼品，现在被评为英国最美丽的街道。石头街也保留了许多中古时代的房屋，每一家商店都有独特的建筑风格，贩售地方纪念品，也有高级瓷器和水晶专卖店。

约克还拥有英国最好的赛马场之一，每年在此举行全英最高级别的赛马比赛，成为世界体育日历上的一大亮点。最近装修的富丽堂皇的巴比肯音乐大厦吸引了来自各地的大量观众。还有各种各样的庆祝活动，如秋季约克美食节以及冬季的圣尼古拉斯圣诞集市等，把一个古老的历史古城与现代化的都市完美地融合在一起，更是吸引了世界各地游人，营造出一个独特的约克名片，打造一种既古老又现代的意境。

扬州拥有丰富的古城遗址，唐城遗址、古代城门遗址、宋夹城遗址等。扬州拥有的近6平方公里明清老城区，特别是近年打造的“双东”历史街区。但这一些古城遗址。许多名居名园名宅，则成了封闭的活动场所。这里除了一些明清市井风情，很难真正感受到多少明清生活。与约克相比，扬州也没有叫得响的全国乃至全世界的大型常规活动，除了政府操办的运河名城博览会外，没有真正群众性的大型活动，来吸引人流，吸引世界。因此需要化古老为神奇，创造更有创意的节庆和大型民间活动。

2. 约克的全方位古城保护的有效举措

不仅是保护老古董，而且还运用各种渠道，因地制宜地建设新“地标”。如在教堂的底部，挖掘出罗马时期和诺曼人时期的原址，就被小心的保护起来并作为博物馆。维京人约维克考古发掘后，就建一个与周围环境协调的维京人中心，用时光隧道把人们带到那个时代的氛围中，既不是公园化其遗址，也没有建设豪华博物馆，陈列些呆板的展品了事。约克城堡博物馆，则让人目睹600多年英国监狱变迁。约克的几条石头街，还是中世人们踩踏的鹅卵石，肉铺街还是窄窄的小巷，房子仍然是石头房。

因为特殊的地理位置，在火车时代到来后，约克成为南北交通的枢纽。今天火车虽然只是众多现代交通体系中的一环，但约克人就是在约克火车站旁建起国立火车博物馆，从古老的蒸汽机车到现代的子弹车，应有尽有。

从高科技的航空博物馆，到日常生活博物馆，约克既不泥古，也不排斥现代，而是全方位、全视野地保护其城市特色。现代的火车、航空博物馆的宏观物件，与日常生活博物馆里的针头线脑、茅厕粪坑，一起展示着人类历史的文明进程。约克的古城保护务实，不图虚荣。在当代中国“申遗”已经成为政府重大工程之事时，直到2009年3月17日，约克市政府执行委员会才确认要申报世界遗产。另外，英国虽然是一个历史悠久的文明古国，到处是古老的城市，但却只有巴斯、约克、切斯特等4座古城，其中只有巴斯是世界遗产。

而扬州作为一座历史文化名城，同样有着优秀的历史文化遗产。无论是隋炀帝偏爱江都(今天的扬州)、开挖运河连接南北的举措，以及修筑迷楼，沉醉在温柔之乡，乐不思蜀，最后客死扬州的故事，还是乾隆皇帝沿运河六下江南，塑造了扬州繁华的巅峰，扬州人在城外美化护城河，打造白塔和五亭桥，从文人墨客到商贾巨富，大举修园造屋，构建了“城在园中，园在城中”的“甲天下”的扬州园林。无论是吴王夫差筑的邗城，还是汉广陵，唐朝宏大的子城与罗城，再到明清扬州城，都给我们留下了丰富的历史遗产。但是，与约克不同，我们已经没有古老的城墙，只有零星的几个城门遗址，在古城的完整保护方面还缺乏全面有效的举措。在一方面，我们看到真正的老房子在消失，老庄台在消失，另一方面，新建的各种“遗址”“唐城”在增加。一方面摧毁着历史，一方面“重建”历史。零零星星的古城残片，自然难以塑造成一个具体的古城意象。

### 3. 约克产业向服务业的成功转型

近几十年，约克的经济已经从制造业转移到服务业上，教育和旅游成为

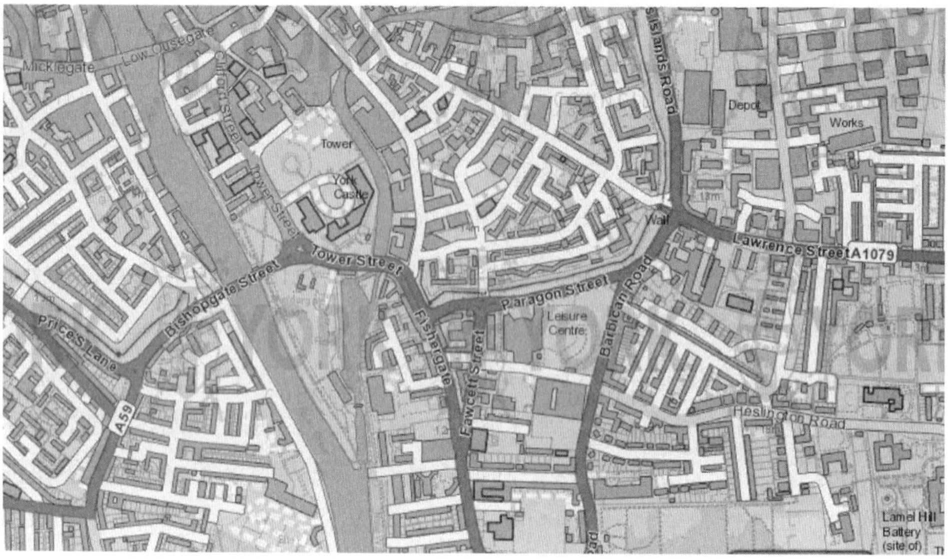


图 5：现代约克的交通状况

重要行业，由此在英国成为发展较快的城市。世界名城离不开发达细致的服务业，1997—2007 年期间，约克人口增长强劲，达年均 1.0%，而全国仅增长 0.4%。[1] 在 2011 年人口普查中，约克共有 198 051 人、83552 个家庭。约克人口增长率 9.4%，高于英国的 7.2%。服务业的转型，也使其人口结构发生变化，约克 20—24 岁年龄组占 10%，高于全国平均的 6.8%。0—4 岁儿童增长很快，尤其是 0—2 岁增长极快。同时 85 岁以上老人增长率为 38%，也高于全国平均水平的 23%。顺便说一句，在非白人人口中华人最多，占 1.2%。[2] 这种人口结构符合旅游城市、宜居城市的特征。同时，从表 2 看出，在 2010—2012 年期间，约克的就业率明显高于英国平均水平。

1 Kieran Larkin, York : Prioritising Prosperity : A report prepared by Center for Cities for City of York Council ( March 2009 ), p.2. http : //www.centreforcities.org/assets/files/York%20Prioritising%20Prosperity.pdf

2 York census 2011 highlights ( 1 ), http : //www.york.gov.uk/downloads/file/6171/census_2011_highlights_pdf_2_pages_55kb

图 6：塔楼

图 7：约克古城墙

**表 2　2010—2012 年约克与英国就业率变化对比 [1]**

| 时　间 | 2010/7—2011/6 | 2011/7—2012/6 | 两者就业率变化 |
|---|---|---|---|
| 约克就业率 | 72.9 | 75.9 | 3.0 |
| 全国平均就业率 | 70.1 | 70.2 | 0.1 |

2007 年约克经济结构（全国）为：公共管理、教育和卫生占 29.1%（26.9%），零售与休闲 27.1%（22.1%），金融及相关服务业 14.9%（15.6%），交通运输 7.5%（5.9%），制造业 5.9%（10.6%），科研、建筑服务和办公服务 5.1%（6.1%），建筑业 4.8%（4.9%）。[2] 约克就业率高，2008 年 6 月 79.3% 的劳动人口在业，超过全国平均水平（74.5%）。在 1996—2006 年期间，就业率年均增长 1.5%，增加了 13800 个工作机会，高于全国的平均水平（1.3%）。2008 年 6 月的失业率为 3.6%，低于全国平均水平（5.3%）。2008 年居民周工资平均为 438 镑，低于全国水平（475 镑）。[3] 可见，约克在公管管理、教育和卫生、零售、交通运输等方面高于全国平均水平，金融及相关服务略低于全国平

1 Centre for cities：cities outlook 2013 data app. http：//citiesoutlook.org/summary/york/employment-rate/table

2 Kieran Larkin，York：Prioritising Prosperity. p.1.

3 Kieran Larkin，York：Prioritising Prosperity. p.3.

均水平，而制造业则大大低于全国水平，有着明显的城市产业转型含义。

据 2013 年 5 月 9 日英国企业智库的统计资料，目前约克拥有的 8010 家企业中，其中专业、科技产业有 1090 家，零售业 1050 家，建筑业 775 家，卫生保健 590 家，餐饮住宿 565 家，其中对国家经济的贡献达 40 亿英镑，每年的游客已经达到 710 万人次，旅游消费总计 4.426 亿英镑。[1]

由于旅游业已成为约克最主要的产业，它依托的历史建筑核心区，是约克这个城市最主要的财富，因此早在 1968 年就被划归为保护区。对古城墙、大教堂、塔楼、街巷都进行保护。同时，开发现代的新型旅游场所，如维京人中心，则在不破坏城市景观的前提下，在有限的空间里用现代技术再现维京人的生活。再如建设的铁路博物馆和航空博物馆，则是化腐朽为神奇，把我们习以为常的东西，变成一座历史的丰碑。而约克城堡博物馆里那条仿造 19 世纪维多利亚街道实景的展馆，则重现了当时街道上的面包店、银行、酒吧、裁缝店等。在遗址上观众还可以模拟考古发掘。约克维京中心展示考古学遗址和出土文物，但形式更加寓教于乐，所以成为约克最受欢迎的旅游景点之一。[2]图 4 是约克市政府提供的顾客服务中心，说明市政府强烈的服务导向。

而当代扬州的经济角色并不十分明显。扬州在提高城市经济中科技含量上也作了重大努力，2012 年，西安交大扬州科技园建成开园，东南大学扬州科技园和研究院启动建设。获批江都建材装备、仪征汽车及零部件、高邮特种电缆 3 个省级科技产业园。新增国家高新技术企业 58 家，获批省级以上两化融合示范试点企业 36 家。省级以上高新技术孵化器孵化面积 64.6 万平方米、在孵企业 627 家。全社会研发投入占地区生产总值比重达到 2.1%，实现高新技术产业产值 3200 亿元，占全市规模以上工业总产值比重 43%。[3]同年，扬州四大支柱产业（机械装备、石油化工、汽车及零部件、船舶及配件套）累计完成工业总产值 4283.4 亿元，增长 12.8%。而旅游总收入

1 Business Intelligence Team：York at a Glance，City of York Council 2013/5/9 更新，http：//www.york.gov.uk/info/200567/york_data_observatory/247/york_data_observatory/2，2013/7/10 下载。

2 冯立新：《英国约克市维京中心参观启示》，《文物春秋》，2007 年第 2 期，第 62—63 页。

3 中国扬州网，http：//www.yangzhou.gov.cn/jrfc/jrfc_detail.shtml

435.23亿元，增长17.4%。[1]据扬州市统计局发布的信息，三个产业的比例从2010年的7.2 ∶ 55.2 ∶ 37.6，调整到2011年的7.0 ∶ 54.3 ∶ 38.7。[2]显然，作为历史文化名城的扬州，在二三产业的收入中，旅游业收入仍然是偏少的。

在服务业上，我们扬州同样拥有古代历史建筑、街区，也有受保护的老城区，但在开发具有深度的新型旅游场所方面，甚少建树。如我们的几个城门遗址，在重建上可谓花费不少心思与财力，但却没有形成如维京人中心那样的声誉与活力。约克每年一度的约维京海盗节，已经成为约克的知名旅游品牌，主要是文化商业经济活动，扬州虽然也有一年一度的烟花三月经贸旅游节，但主要是地方政府举办的带有强烈政府色彩的活动，虽然也带动了扬州的旅游旺季，不过很难说是因还是果。再看旅游人次来看，约克不到20万人的城市年均游客达到710万人，而且打破了季节性的波动。这正是扬州需要学习借鉴的地方。

4. 绿色低碳城市追求的意蕴

继21世纪初，约克建立了永久性绿带，防止城市无序蔓延。2013年初，约克议员朱丽叶·斯塔迪（Julian Sturdy）在市政府网站上发起了网上请愿活动，呼吁修改城市住宅开发计划，确保绿带安全，认为应该首先使用棕地，而非绿地。[3]目前约克正在努力把城市建成最大的步行城市，让汽车停在城外，利用公交，提倡自行车健康环保上下班，这样确保城市的通行畅通顺行。2013年，约克有25%成人经常骑自行车，因而在英国的自行车城市中名列第3大自行车城。在约克市政府的交通规划部中还设立有专门的步行与自行车办公室，市政府网站上有专门的自行车栏目“约克自行车”（Cycling in York），提供自行车地图，标出了专门的自行车线路和自行车公园，这些地图有电子版，任何一个人都可以自由下载。民间还有克里夫顿自行车俱乐部，为各种程度和层次的人提供有关自行车的服务。

---

1 扬州市统计局：《2012年扬州市国民经济和社会发展统计公报》，2013年3月19日，201http://tjj.yangzhou.gov.cn/tjjtjgb/201303/a39b754da50a4c1fabe0ed1de12ea149.shtml，2013年7月9日下载。

2 扬州市档案局、地方志办公室：《扬州年鉴（2012）》，新华出版社，2012年版，第30页。

3 Petition Launched over York Green Belt Homes，2013/4/27刊登，http://www.yorkpress.co.uk/news/10384432.Petition_launched_over_York_Green_Belt_homes/，2013/7/10下载。

图 8：Streets Ahead spring 2013 中发布的约克市政府顾客服务中心信息

城市的四周由一条外环路环绕，外环路距离市中心大约 3 英里左右，这使得想穿城而过的公路得以绕城而行。街道的设计和规划可以追溯到中世纪时代，并不适合现代的交通方式。因此，大部分城内的公路是在工作时间是禁行或者全部限行的。为了应对这一情况，在城市周围建设了 5 个外地车辆停车场，并开通了相应的 5 条连接停车场和城市的公交线路，由专门的公交车 Park Ride 提供服务。我们从图 9 可以清晰地观察到这 5 个停车场及提供服务的 Park Ride 汽车标志。这些交通线路的车站和停靠点坐落在城市的边缘，很容易通过城市环路到达，也让希望进城旅游的游客能很容易通过公交车到达。

在绿色生活方面，在 2008—2013 年期间，约克的碳排放减少了 28%，47.6% 的废弃物得到了回收利用。绿色的生活方式，显然使约克人受益，目前约克的男性预期寿命已经达到了 79.8 岁，而女性则达到了 83 岁，有 84% 的居民认为身体健康或非常健康。[1] 这些不能不说是倡导绿色生活的结果与动力。

1 Business Intelligence Team：York at a Glance，City of York Council 2013/5/9 更新，http：//www.york.gov.uk/info/200567/york_data_observatory/247/york_data_observatory/2，2013/7/10 下载。

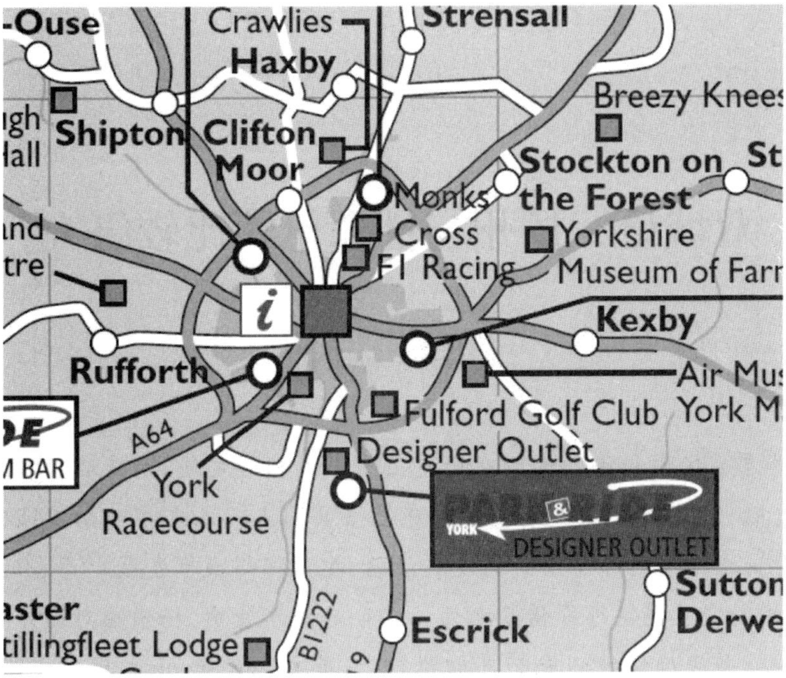


图 9：约克市的城外停车场设置及对外交通示意图

扬州在绿色低碳生活方面也已经有了重大的成就，联合国的人居城市奖，显示扬州在绿色人居方面的进步。但是作为一座历史文化名城，城市内各景区的停车难已经成为重大的瓶颈，制约着城市的发展。而约克在城外设立的专用停车场，用专用公交车辆连接停车场与市区的做法，无疑对扬州有着巨大的借鉴作用。另外，在绿色交通方面，扬州正从一个自行车王国变成机动车王国，显然有违低碳生活的基本要求，因此需要向约克学习，从政府到民间和媒体，大力扶持和推进绿色出行观念，使自行车出行从边缘走向中央，从灰姑娘变成白雪公主，特别是地方媒体用公益广告、报导、跟踪等形式，持续地密集地倡导低碳、健康生活，美化绿色出行，让市民和游客逐渐转变固有观念。还可以鼓励旅行社开通自行车游扬州的旅游项目，使之如扬州的人力三轮车一样，成为名城扬州的一道亮丽的风景。更可以组织类似马拉松的年度扬州自行车马拉松活动，激发公众的参与热情，提高市民的环保健康意识，更是为宜居扬州的活广告，成为扬州的世界名城建设的重要一环。

# 双城记：扬州与佛罗伦萨比较研究

刘　荣

**摘　要**：扬州和佛罗伦萨在历史上有很多相似之处，两座城市在地理区位、历史概况、文化特征等方面都存在很多共同点。本文将对两座城市进行比较研究，通过揭示佛罗伦萨的发展经验，把脉扬州城市发展中存在的问题，而为扬州的发展提供可资借鉴之处。在今后的发展中，扬州应对城市进行科学的规划，并且确保规划能够贯彻执行，发展文化产业，保护历史文化遗产，发展周边的区县。以区县的发展来拱卫主城，以带动整个扬州大市的发展。

**关键词**：城市发展；扬州；佛罗伦萨；比较

日本学者仓田和四生曾经指出，城市比较研究既要比较不同社会之间的城市，也要比较产业革命前后的城市，也就是说，城市比较研究要在“时间”和“空间”两个层面展开。对于城市之间的比较，可以让我们跳出时间的框架，突破空间的束缚，宏观着眼全球范围内城市的概况，并且可以让我们更加清醒的看到中国在城市发展过程中存在的问题与改进的方向。本文将对扬州与意大利的佛罗伦萨进行一个横向与纵向的比较，探寻城市建设与保护的前世今生，借以给扬州的历史文化名城建设提供借鉴。两座城市虽然处于地球的两端，虽然有着不同的发展历程，但在很多地方都有着千丝万缕的联系，并且有着很多的相似之处。比如两座城市都曾靠着借力的发展方式在历史上一度繁荣，

---

**作者简介**：刘荣，中共南京市高淳区委党校教师。

而两座城市在当代都遇到了一定的发展瓶颈。而佛罗伦萨作为一个更好地保存了历史原貌并且日益焕发新的活力的城市，在城市的开发与保护方面，也有着许多的经验值得我们借鉴，本文将逐一梳理双城的情况，并通过撷取他山之玉，以资对扬州的发展提供镜鉴。

## 一、双城概况

扬州是中国历史文化名城。地处江苏省中部，长江下游北岸，江淮平原南端，是南京都市圈和上海经济圈的节点城市，国家重点工程南水北调东线水源地（三江营、江都水利枢纽）。向南接纳苏南、上海等地区经济辐射，向北作为开发苏北的前沿阵地和传导区域。素有“竹西佳处，淮左名都”之称。扬州的建城历史可追溯至公元前486年。扬州是联合国人居奖城市、中国人居环境奖城市、国家环境保护模范城市、中国和谐管理城市、中国文明城市、中国森林城市。

佛罗伦萨（Florence）是意大利中部的一个城市，托斯卡纳区首府。位于亚平宁山脉中段西麓盆地中。15世纪—16世纪时佛罗伦萨是欧洲最著名的艺术中心，以美术工艺品和纺织品驰名全欧。欧洲文艺复兴运动的发祥地，举世闻名的文化旅游胜地。1865—1871年曾为意大利王国统一后的临时首都。工业以玻璃器皿、陶瓷、高级服装、皮革为主。金银加工、艺术复制品等工艺品亦很有名。目前人口46万的佛罗伦萨，不但是托斯卡纳省的省会，更是意大利最重要的文化、艺术、观光之都。每年数百万的观光客，是佛罗伦萨财政收入的最大来源，由此兴起的相关行业更提供了佛罗伦萨大部分就业人口工作机会，并使此地的工商业得以发展。

## 二、城市历史

扬州建城史可上溯至公元前486年，2015年是建城2500年。扬州的名称最早见于《尚书·禹贡》：“淮海维扬州。”，这是古人心目中的一个广泛的地理概念，包括了今淮水以南、黄海、长江广大地域内的江苏、安徽、江西、浙江、福建等省。据唐代杜佑《通典》所载，在古扬州地域内，唐代设有三十九个郡府，一百九十六个县。这个扬州虽然包容了今天的扬州,但和今天的扬州是不能混为一谈的。经过历史上的多次沿革变迁,扬州的行政区划多次变化。2011年11月13日,经国务院批准,江苏省人民政府决定对扬州市部分行政区划实施调整。扬州部分行政区划调整的主要内容是:一是撤销县级江都市,设立扬州市江都区,以原江都市行政区域为江都区行政区域;二是将扬州市邗江区的泰安、头桥、沙头、李典、杭集5个镇并入扬州市广陵区;三是撤销扬州市维扬区,将原维扬区的行政区域与划出5个镇的邗江区合并。至此,扬州市共辖广陵、邗江、江都3个区和宝应1个县,代管仪征、高邮2个县级市。

佛罗伦萨是一座具有悠久历史的文化名城,它既是意大利文艺复兴运动的发源地,也是欧洲文化的发源地。它位于阿尔诺河谷的一块平川上,四周环抱以丘陵。传说,佛罗伦萨最早兴建于罗马共和国凯撒在位时期,公元前59年佛罗伦萨成为罗马的殖民地。后又被伦巴第人统治,13世纪时,因羊毛和纺织业的迅速发展而崛起,成为当时意大利重要的城市。那时佛罗伦萨的政治权力由各行会控制,1282年建立起共和国,国家的权力转移到最有权势的贵族手中。

15世纪时,佛罗伦萨实行僭主政治,美第奇家族牢牢掌握着城市的政治经济,而美第奇家族的族徽也成了今天佛罗伦萨的市徽。15世纪至18世纪中期,长达三个世纪的佛罗伦萨历史可以说是与美第奇家族的兴衰紧紧联系在一起。美第奇家族统治期间,佛罗伦萨几经风雨,但是美第奇家族对于意大利的文艺复兴做出了重要的贡献。意大利文艺复兴的心脏是佛罗伦萨,那些最为人熟知的艺术家,多半与这座城市有着千丝万缕的联系,如马萨乔、多那太罗、波提切利、达·芬奇、拉菲尔、德拉瑞亚、米开朗基罗、提香、曼坦尼亚等等。佛罗伦萨历史上比较黑暗的时期是19世纪。在19世纪的工业化进程中,佛罗伦萨政府将存在数百年之久的佛罗伦萨老城墙视为城市现代化的障碍拆除,并在靠近城市历史核心区的地带修建了一座现代风格的火车站,严重破坏了这座历史文化名城的风貌。随后,火车站周围又陆续建造了其他一些现代建筑,给今天的人们留下一幅不和谐及杂乱的画面,让人扼腕叹息。

## 三、经济基础

扬州在历史上经济发达,在隋唐时期有“扬一益二”之说,所谓“腰缠十万贯，骑鹤上扬州”。传说隋炀帝为了到扬州看琼花，也为了南粮北运，开凿京淮段至长江以南的运河，全长2000多公里。到元朝时，元定都大都（今北京市），必须开凿运河把粮食从南方运到北方。为此先后开凿了三段河道，把原来以洛阳为中心的隋代横向运河，修筑成以大都为中心，南下直达杭州的纵向大运河。自京杭大运河开通之后，扬州就是南北交通的水运枢纽，借着得天独厚的地理位置，扬州发展水运经济，尤其是明清时代，扬州的漕运盐运日益发达。有清一代，两淮盐税占全国盐税的三分之二。扬州此时又成为全国城市的耀眼明珠。毫不夸张地说，在两千多年的时间里，扬州的命运始终与运河息息相关。

19世纪海运兴起，以后随着津浦铁路通车，京杭运河的作用逐渐减小。黄河迁徙后，山东境内河段水源不足，河道淤浅，南北断航，淤成平地。水量较大、通航条件较好的江苏省境内一段，也只能通行小木帆船。京杭运河的荒废、萧条，是中国半殖民地半封建制度的写照。1949年后部分河段已进行拓宽加深，裁弯取直，新建了许多现代化码头和船闸，航运条件有所改善。季节性的通航里程已达1100多千米。江苏邳州以南的660多千米航道，500吨的船队可以畅通无阻。除此以外，大运河江苏段依然是运输的大动脉，如苏州、扬州运河水上运输量占整个城市运输总量的50%，在江苏宿迁大运河每年运载一亿吨货物。

新中国成立之后，扬州抓住发展机遇，尤其是在改革开放之后，扬州逐步形成较为完善的产业基础和一批产业集群。扬州部分低中档、单一化的品种也逐步向中高档、系列化转变，玩具、集装箱、鞋类、罐头、服装、猪鬃及制品、工具、船舶、医药和化工中间体等在全省乃至全国占有一定地位，深受客商青睐。扬州也在着力发展电子信息产业、汽车及零部件产业、光伏工业和港口物流产业，并配合核心产业打造上下游相关产业，完善产业链。当代扬州作为一个历史悠久文化底蕴丰富、生态宜居的城市，旅游业也已经成为其重要的龙头产业。自2007年全市召开旅游产业发展大会，确立“大旅游、大产业、大市场”发展理念以来，一直围绕建设旅游名城和打造旅游产业强市的总体目标，推动旅游业从“一般观光游”向“休闲度假游”转变，并取得很好的效果。

佛罗伦萨经济的繁盛时期是文艺复兴时期。“她的经济资产引人注目：众多而勤劳的居民；大量的工场作坊；善于经验的专门人才；广大的商业和金融网。按当时标准而言，佛罗伦萨是一个富裕之邦……佛罗伦萨最有价值的财产是她的工艺传统。从她的金银匠、刺绣工、雕刻师和画家的作坊中产生了一些欧洲工艺技术最精美的作品。这些工艺匠人的技巧和声誉为他们自身谋得了可观的收入，也增加了城市的财源。”也是这些匠人成就了文艺复兴时期佛罗伦萨的大发展，这种发展，不但是经济方面的，更是给佛罗伦萨留下了长久的精神文化财富。

佛罗伦萨在历史上也是几经磨难，尤其是16世纪的衰落，使得佛罗伦萨元气大伤。但是这并不影响佛罗伦萨今日的风采依旧。这个城市是意大利的手工艺品和工艺美术品生产中心，它生产的皮草制品、金银首饰、草编等在欧洲乃至世界市场上久负盛名。这个城市不大，城市古迹保存完好，是欧洲最著名的旅游城市之一，旅游业非常发达。全市人口只有45.3万人，但其近年来每年接待游客近600万人，其旅游收入占城市收人的40%以上，是世界上少有的几大旅游城市之一，佛罗伦萨有40多个博物馆和画廊，60多座内部装饰华丽的宫殿以及各种风格的教堂，整个城市好似一座充满艺术珍品的博物馆，西尼约里亚宫、翡翠画廊、大教堂、洗礼堂、“旧桥”、乌菲尔博物馆、比蒂宫更是游人必到之处。毫不夸张地说，旅游业是佛罗伦萨的支柱产业。

## 四、文化特征

扬州地处南北之交，为传统的重要水运漕运枢纽。扬州文化的特征从来就不是一种封闭的文化，而是一种开放的、包容的文化。这从曹宪、李善的“《文选》学”、扬州学派的经学和小学、“扬州八怪”特别是郑燮的书画诗文、王士祯为首的冶春诗词唱和等等，得到更为确切的证明，体现出扬州文化的内涵和特征。赵昌智曾专门撰文探讨扬州的文化特征，他概括为四点：博大精深的文化内涵、兼容南北的地域特色、雅俗共赏的文化环境、刚柔相济的人文精神。“在长期的历史积淀中，扬州以其特定的地理、人文环境，含英咀华，钟灵毓秀，孕育了在中华文化中呈现异彩的奇葩。它固然不同于北方地域的文化，也大有别于江南的吴文化或徽文化。”值得一提的是，扬州人以兼容并蓄的姿态吸收了外来的文化，但是在面对外来侵略的时候，扬州人表现出的是不屈不挠誓死斗争的勇气。历史上的“扬州十日”，史可法抗击清军，又或是近代扬州人民在抵御日寇侵略中所涌现出的可歌可泣的英雄事迹，都昭示着这一点。

国内学者对于佛罗伦萨的文化特征研究甚少，西方学者詹金斯所说：“意大利文艺复兴时期，人们根据西塞罗、塞涅卡和李维的思想，创造出‘公民人文主义’理论。”王乃耀曾经指出，文艺复兴对于佛罗伦萨市民心理和文化的形成具有重要的塑造作用，“生活在城市中的市民积极投身到商品经济中，在市场上，所有人都以私人交易者的身份出现，买主卖主都是独立的个人，他们的人身都是自由的。商品交换通行的原则是自由买卖、等价交换。交换的目的是获取利润。因而，市民在从事商品经济的活动中，强烈地感到独立个人的价值，感到自由、平等可贵，感到占有财富的愉快。他们对天主教会的种种思想禁锢再也不能容忍了。他们反对以神为中心，提倡以人为中心；对天主教会宣传的封建依附关系、禁欲主义、蒙昧主义、安贫苦修等等学说嗤之以鼻。宣扬个人的自由、平等与追求财富的思想已经成为一种深入人心的社会思潮，这种思潮最终酝酿起文艺复兴运动，诞生了人文主义思想。”詹金斯的“公民人文主义理论”和王乃耀的“人文主义思想”，表述不同，但内在涵义不谋而合，概括起来就是对经济生活中自由的追求，并且扩大外延到对自由的无尽推崇。“随着美第奇家族势力的扩大，城市生活变得黯淡无光，人们越来越怀念昔日共和国的辉煌的社会与文化事业。对于共和传统的热爱使得他们拿起武器反抗专制。”虽然人们反抗专制的斗争失败，自由的传统暂时被压制，但是只要大地冰河解冻，这种传统就继续焕发其风采。

## 五、城市规划

历史上扬州的规划多次变化，进入新世纪之后，扬州的城市规划在对国外经验借鉴的基础之上，结合城市自身的地理区位特色，制定了如下的规划思想：公共空间串成有机整体、通过慢行道享受公共服务、挖掘园林生态及环境效益。城市总体结构形态：城市结构形态为有机疏散的团块结构，根据扬州水系丰富的特点，结合锲状风景区、沿河绿化带、道路防护林带等，将建设用地分隔为规模不等的团块，各个团块有机联系又承担相应的功能；维持良好的城市尺度，形成清晰、易于识别的城市结构，将历史文化名城保护、生态环境保护与城市建设在空间上有机协调起来；分区控制要求：主城区用地范围分为 12 个城市分区。尤其值得指出的是，扬州城市规划由单一的编制城市规划转为城乡一体化规划。从《规划》中我们看出，扬州市规划局在规划的时候把附近周边乡镇及其所辖的县级市、区等都纳入了统筹的内容。

城市公共空间是指城市或城市群中，在建筑实体之间存在着的开放空间体，是城市居民进行公共交往，举行各种活动的开放性场所，其目的是为广大公众服务。城市公共空间主要包括山林、水系等自然环境。从根本上说，城市公共空间是市民社会生活的场所，是城市实质环境的精华、多元文化的载体和独特魅力的源泉。公共空间建设的整体质量直接影响到城市的综合竞争力和大众的满意度。一般来说，城市的公共空间的体现形式为市民广场、公园等。“广场是现代城市空间环境中一颗璀璨夺目的明珠。它是城市的‘起居室’，是城市空间里最具公共性，最富艺术魅力，也是最能反映现代都市文明和气氛的开放空间。”扬州公共空间数目较多，几乎每走5—10分钟，就可以到达公共空间。将这些公共空间串联起来，体现扬州闲适的生活状态，能更好的凸显宜居城市的名片。

佛罗伦萨的市区是由一条宽阔的环形大道围合起来的相对闭合的空间。在城市的东北部、西北部和南部的山丘台地上，绵延着大片美丽非凡的各式花园、别墅和广场，如位于市区东北部的多那泰罗广场、荷拉德斯卡花园、塞姆普利斯花园；市区北部的拉斐尔广场；西北部的维多利亚．温内托广场以及南部的特里加农花园和皮蒂宫的波波里花园等。阿诺河从西北向东南流贯市区。阿诺河以北集中着城市大部分的古建筑。佛罗伦萨城市规划基本上保持自文艺复兴时期以来的原貌，但其突出的特征是重视精神中心和标志建筑的规划设计、注重城市公共设施和康体设施的规划建设、注重因地制宜和天人合一。

综上，我们可以看出扬州和佛罗伦萨两座城市在城市的规划方面，无论是指导理念还是实践方式都达到了高度的一致，重视城市大区的规划、重视公共空间、注重因地制宜，或依水建城，或傍山规划，都达到了人与自然的高度和谐统一。

## 六、存在问题

扬州从建城至今，几经风雨，行政区划不断变更，从隋唐时的极盛到明清的落日辉煌，再到新中国成立之后的新的起航。尤其在改革开放之后，扬州城的发展，我们是有目共睹的，但是，毫无疑问，总体发展的趋势之中还是存在着各种各样的问题，这些问题也是我们必须正视的。

1. 城市化推进度与城市可承受之间的矛盾问题

城市化，就是指一定区域内人口由封闭的乡村向开放的城市集中的社会进步过程，是由传统的农业社会向现代城市社会发展的自然历史过程，是人口城市化和城市现代化的统一。它表现为在经济发展过程中，人口由农村向城镇和城市地带的集中，城市人口在总人口中所占比重的上升，城市数量的增加、规模的扩大以及城市现代化水平的提高，是社会经济结构发生根本性变革并获得巨大发展的空间表现。“近几年来，扬州城市化进程快速推进，发展很快，2009 年底扬州城市化率已达 52.9%。城市化进程已成为扬州经济发展的主要动力之一。”伴随着快速城市化，扬州的各项产业都得到了发展，市民的生活质量也在不断提高。但是扬州的城市化进程，尤其是在进入新世纪之后，推进速度有过快之嫌。

扬州区域规划改变了之前单纯的以城市作为中心的方式，将周边的县级市都纳入规划的体系内，但是整体来看，扬州还是一个农业大市，在全市 456.31 万人口中，乡村人口为 315.17 万，占 69.1%。城市化推进的过程中，制度化的障碍很多，比如城乡户籍制度的限制，又比如社会保障体系的覆盖。城市化应该是整体的城市化，而不是仅仅高楼的建设，城市的公共空间的建设，市民幸福感的提升，城市下水道工程的建设等等，都应包括在内。过速的城市化的推进，也带来了严重的后果，近几年的城市内涝现象，就是城市的基础设施建设没有跟得上城市化推进的速度所造成的。除此之外，大量的外来人口涌向城市，主城区的道路交通、住房存在着很大的压力，对外来人口的管理也有很多的难题。

2. 城市就业扩张力不足

就业乃民生之本。扩大就业是建设小康社会的基础目标，是提高人民生活水平的根本保证，是实现“富民强市”战略的重要基础，也是以人为本的科学发展观中一个十分重要的现实课题。它直接系及改革、发展和稳定的大局。最近几年，扬州经济快速发展，但就业增长慢于经济增长，就业压力不断加大，巨大的就业压力已成为影响社会安定的重要隐患，是扬州市实施可持续发展战略的主要障碍之一。就业难的原因主要的当然是扬州城产业结构有待完善,扬州的第一产业从业人口超过第二三产业,不能起到很好的转移劳动力的作用。并且扬州的工业几乎都是一些劳动密集型,科技含量比较低的产业,整体的竞争力也很低。除此之外,目前劳动者技术素质不能适应经济发展需要。技术工人和专业技术人员严重短缺,高层次技术人才短缺尤为严重,成为经济发展的稀缺“资源”。与发达国家相比,扬州的劳动者受教育程度普遍较低,急需提高全民受教育水平。弱势群体再就业难度大。失业人口中多数受教育程度低、年龄大、技术技能低、就业观念陈旧,缺乏竞争意识。因此,再就业难度相当大。求职者的期望与现实有较大的差距。劳动力市场供求的结构矛盾突出。“招工难与找工作难”两难现象并存,“有事没人干,有人没事干”的现象比较普遍,结构性失业问题突出。市场导向的就业机制尚未完善。改革开放以来,尽管已经针对计划经济时期实行的统包统配的就业制度进行了一系列改革,并取得了积极进展,但与市场经济体制的要求相比,这一改革还没有到位,市场就业机制还不完善,劳动力社会化管理和就业服务的水平还不高,劳动力市场也不够规范。加上扬州市经济总量小、就业岗位少,劳动力供大于求的矛盾依然突出,就业形势比较严峻。因此,建立和完善与社会主义市场经济体制相适应的市场导向的就业新制度,仍是一个相当紧迫的任务,需要做大量艰苦的工作。

3. 新城与老城的规划问题

老城区是一座城市的历史,镌刻着城市的记忆。新城区则代表着城市的发展与繁荣。扬州的发展理念是要建设“古代文化与现代文明交相辉映的城市”,要实现的目标是“古城古的古典,新区新的现代”。扬州城的特点是新城和老城之间基本没有大的分区界限,比如扬州的文昌阁周边,历史文化街区东关街与现代化的建筑交相辉映。老城改造与新区开发是城市发展的两个经常性内在动因,城市正是在老城不断改造与新区不断开发的交替过程中实现规模的逐步扩大和质量的逐步提高。

处理好新区开发和老城改造的关系,既能够合理调整城市结构及布局,又能够促进新旧区协调发展,加速老城改造进程。现有老城区始建之时的规划布局,已经明显滞后于时代发展的迫切需要。人居交通环境拥挤,污染严重,可开发利用的土地面积狭小,且牵涉的产权争议多,拆迁开发成本高,使城市发展受到很大束缚，城市新区建设已经成为时代发展的必然要求。但在建设新区的同时，必须对老城区进行改造，否则，老城区长期积累的交通拥挤、环境污染、人居环境差的状况与新城区的焕然一新形成鲜明对比，势必会导致老城区的人居物流交通向新城区转移集中，出现新城膨胀老城衰落。这显然不是建设城市新区的目的。建设新区的目的在于疏导缓解老城区发展中存在的矛盾，疏散和降低旧区人口密度、调整和缓解旧区压力、完善和改善旧区环境等，对老城区的发展起示范带动作用。新城区的开发和老城区的改造在资金和精力有限的情况下，哪个更重要和应该先行，往往困扰着决策者。建设新城区投资相对巨大，历时相对漫长，相比之下，改造老城区费用较小，见效也快。但是如果投入较大精力和财力用于老城区改造和建设，则会延缓新城区的建设步伐。扬州很早就开始治理老城区，但是因为量大，目前得到整治的街坊仍是少数。琼花观社区辖区内有著名的“双东”游览线，尽管如此，除了东关街、马家巷等几条主要旅游通道以外，背街的小巷仍大面积存在着脏乱差的问题。老城区禁止大拆大建，目的是为了保护老城区的传统和民俗民居，但是这么一来，又更加加大了保护的难度。这些，都是摆在政府部门面前的现实难题。

4. *旅游资源后劲不足*

扬州是一座蜚声海外的旅游城市，但总体来说缺乏对旅游资源系统的规划梳理，未能形成几个主题鲜明，特色显著的主题旅游项目，以满足不同人群的旅游需要。在这些方面，比较有代表性的是常州的恐龙园、苏州的水上乐园等，而扬州的旅游以园林资源为主，缺乏现代化主题公园的建设。笔者就曾在扬州的街头听过几个年轻的游客抱怨，来扬州就是看园林，其他什么玩的都没有。

作为一座旅游城市，扬州以其景色之秀美而闻名，不少游客都是慕名前来。但是旅游配套的设施服务还严重不到位。每年到了清明、五一小长假的时候，扬州城每家旅馆都是客满为患，很多外地游客找不到地方住，只能去住洗浴中心。城市的公共交通系统也缺乏接待能力，与之配套的餐饮服务更是无法很好的供应游客的需求。甚至最简单的，外地游客自驾游来了扬州，在景点甚至找不到停车的地方，并且管理部门缺乏对自驾游车辆的引导与疏散。旅游纪念品开发不足。旅游纪念品未形成品牌效应，缺乏高端产品。旅游纪念品承载着旅游的内涵、旅游的价值,旅游的吸引力和旅游的回头率。当我们走进扬州的旅游品市场,无论是景点内的小购物点而是东关关街等历史文化街区的各种大小商店,琳琅满目的旅游纪念品与全国其他地方的没有太大的差别,这些旅游纪念品不能体现扬州特色,无显著的地方性。

5. 文化产业有待开发

"城市景点的重要性与景点所在城市的命运息息相关。在晚期帝国,景点和景点中活动的人物都是一座城市在地域文化等级中地位及声誉的资源和标志。城市的声誉并非一成不变的,在文学及对地方景点的描述中,城市的声誉不断被建构。在特定的时代和场景,相对于与城市有关的名人而言,在城市声誉建构过程中,财富处于次要的位置。对城市连续性的错觉源于深层的历史和文学暗示。过去的月光、垂柳、衰落、毁灭等景象得到重现,但被赋予了新的意义"。对于一座城市来说,要想形成核心竞争力,必须形成自己的文化品牌。"历史久远不仅仅是书本的记载久远,更需要有实物的存在。让城市成为一种文化的记忆,当我们置身其中时,能够无所不在地体会到城市就是历史,历史就是一种艺术。"现在提到扬州,人们心里想到的是瘦西湖、个园、何园、大明寺等等旅游景点,是李白那句脍炙人口的"烟花三月下扬州",是谢馥春,是扬州美女,这些都是扬州的文化名片。对于一所城市来说,一个旅游景点可能只是一个墓地,一个园林,但是深入去发掘墓地背后名人鲜活的故事,寻找园林中所蕴含的古典美,所浓缩的时代的记忆,才能使得景点活起来,才能真正的为人所接受,所推崇。扬州有着丰富的文化资源,"然而,要使扬州丰富的文化资源转变为文化产品,就必须找准文化与经济的对接点,发展具有鲜明地方特色的文化产业。"

扬州文化创意产业集约化程度比较低,主要集中于制造业,缺乏创意与版权,仅仅是对他地文化的抄袭与模仿,扬州在文化领域中从事文化艺术工作的人往往缺乏企业战略眼光和规划能力,缺乏营销和管理技巧,缺乏投资和风险管理能力,文化产业经营者素质低,既不能把本地文化产品推出去,又不能把外面的引进来。缺乏具有创新能力的市场策划人、文化经纪人是发展扬州文化产业面临的突出问题。

综上,扬州城的发展虽然取得了很多的成就,但是我们也必须正视城市发展过程中存在的问题,对这些问题的深入反思与探讨,才能使得城市在困境中突围，并且获得新的发展。

## 七、他山之玉

前文对扬州与佛罗伦萨两座城市进行了各方面的比较，两座城市虽然分属不同的国度，虽然地处地球的不同端，但是在很多方面都有着惊人的相似之处。在历史上都曾有着极盛的辉煌，都抓住某个历史机遇，让这种辉煌得以光大，但是也在之后不可避免的走向了衰落。佛罗伦萨作为世界级的历史文化名城，久负盛名的旅游城市，对其在城市规划与保护开发过程中所体现出来的智慧闪光点进行借鉴，必将对于扬州的城市发展有着很好的指导与推动作用。他山之石，可以攻玉，何况现在佛罗伦萨所展现出来的是“他山之玉”。

1. 科学的规划方案

佛罗伦萨能够在几个世纪的时间内，几乎保存着历史的原貌，是因为其城市的规划首先有着立法基础的限定。意大利的规划立法仍然是以1942年的城镇规划法为基础。这部立法创建了一个典型的自上而下体系，即使1971年以来许多规划权力已被下放到地区政府。根据城镇规划法，指导和控制开发的一系列规划从总体的到详细的，逐渐地增加设计内容。地方当局被授权依据规划审议设计项目。总体规划和详细规划是规划控制的主要依据，如果两者都未编制，则以地方建筑法规为依据。有了立法的保障，就使得市政部门或是设计师在进行城市规划的时候必须对方案进行详细的调研和周密的规划。这就不由得让我们想到，在中国普遍存在的“拉链路”的状况，今天园林部门要种植绿化带，将道路挖开，明天防洪部门进行下水道改造，将道路挖开。之所以会出现这样的情况，究其缘由，是缺乏一个科学的全面的规划方案。

因此，佛罗伦萨城市发展的一个重要的经验，“是在保护过程中集合众多不同的政策。历史城市环境的保护不仅仅是复原以及保存建筑，或者仅仅是测绘历史肌理。不同政策的混合使用可以解决保护中的许多关键问题（交通机动性、生产活动、房屋、环境政策等等），而纯粹的保护措施会孤立文化遗产”。从1970年代起，欧洲各国逐步开展了有关历史文化遗产保护的各种活动。其中，形成今天我们面对城市历史文化遗产的一个基本态度，即从城乡规划入手，进行“整体保护”（Integrated Conservation）。对纪念物及其场地的文化遗产保护与社会生活整合在一切,作为区域和城乡规划的一个组成部分。这就给我们这样一个启示,扬州在城市建设或是古城保护的过程中,必须集合各部门的力量,联合整治,不能仅仅靠某一部门单方面的力量。不能仅仅把一些历史文化遗存圈起来作为一个景点,而应该把遗存与周边的环境有机融合,靠市民的力量来保护。

2. 一以贯之的执行

佛罗伦萨的发展中很重要的一条经验"还要算'不发展'的政策。'不发展'的含义是:第一,城市外延不扩大;第二,城市内涵不做大的变更。"这样的一种不发展,说白了就是一以贯之的保护政策。城市的发展除了需要一个科学的规划方案之外,还需要对方案政策的贯彻执行。佛罗伦萨经历了政权的更迭,经历了主权的变化,但是城市的内涵和外延始终没有大的变化。毫无疑问,这种做法,可能会限制城市的发展,但是却可以使得城市更多保存历史激荡中形成的文化特色。在中国的官员中,普遍存在着一种错误的政绩观。一个官员履职之后,总想有所作为,这种想法本无可厚非,但是很多时候,在大拆大建的过程中,官员调离,结果后来者改变了之前的规划,就会出现很多问题。扬州城在发展过程中,总体上来说,指导思想是建设文化名城、历史名城、旅游名城,但是在具体的细节方面,还是有许多的项目没能得到持续的贯彻。在今后的发展中,扬州城应引以为戒。

3. 对遗产的极度珍视

佛罗伦萨城市建设的一个显著特点是对遗产的极度珍视。最初,历史遗产因为社会文化精英的兴趣而得到保护,后来,技术工人、管理者和政府官员接受了这种保护的观念,慢慢的,它开始成为了一种公众意志。在佛罗伦萨的市民心中,他们城市最珍贵的就是那些"旧的"和"传统的"东西。虽然"意大利的城市始终处于不断的改建和变迁中,老城的结构被吸收和重组到新的文化、社会和城市构架里。在改建中尽量完整地保留原物是意大利城市建筑文化的重要特征之一,这和如今流行的粗制滥造、转瞬即逝式的摩登文化完全相反。意大利的建筑追求的不仅仅是表象之美,浮夸浅薄的建筑风潮永远都只是人类建筑史上短暂的过渡、偶然的误解和纷杂的败笔"。

关于历史遗产的保护,佛罗伦萨有着较为成熟的保护理论和丰富的实践经验。在技术方面,意大利有着一整套的历史文化遗产保护技术,并且作为一项新兴产业，已经开始向其他国家输出。一个民族的文化遗产是民族活的灵魂，是历史长河中积淀下来的最珍贵的东西。我国正处在快速的城市发展进程中，各地对待历史建筑保护，在不断提高思想认识的前提下，一般有“保护不动—维护健全—拆毁重建”等三种方法。而目前在城市历史文化遗产保护中亟待解决的，一方面需要建设整体的文物地图和数据库，清楚了解自己城市的文物现状；另一方面，要千方百计维护好正在使用中的历史文物建筑，使其“益寿延年”。扬州城在历史文化遗产的保护方面，这些年一直在探索新的方法和途径。但是保护永远不能够成为破坏。当然，将历史文化遗产单纯的保护起来，会使其逐渐成为空中楼阁，以其作为依托来发展文化产业，才能使其永葆生命力。在这方面，扬州打扬州美女牌，开发谢馥春鸭蛋粉，将传统工艺漆器发扬光大，都起到了很好的示范作用。其他的文化遗产可以参照这个思路，继续发展。

4. 农业旅游的转移带动作用

佛罗伦萨的很多乡村地区的工业水平很低，失业率、外迁人口和社会结构的衰败相对较高。由于这些地区存在的问题，向内投资既不可行也得不到扶持。因此，区域发展必须寻找新的方式，以保护区域文化，阻止区域的衰退。有赖于特殊的地域、文化和环境资本，乡村地区成为区域发展的一个全新和成功的战略。小型农业开和个人旅游的结合，是稳定乡村地区经济的成功手段。在佛罗伦萨郊外的农村，结合每个地区的特色，开发了许多的旅游项目。

扬州周边有的区县，也有自己的历史文化特色，比如高邮的神居山，比如邵伯湖，但是总体上农业旅游还是没有发展起来。扬州城区的旅游接待能力还有待提升，因此发展周边的农村旅游就有着特别的意义，可以有效的转移一部分游客，并且可以有力的拉动周边的经济发展。根据扬州市政府的规划，已经把这些区县纳入规划范畴，但是具体在实施一些产品的时候，所面临的直接的问题是空间距离。如何能够把游客吸引到远离扬州城的地方，笔者认为，可以采用多种方法。比如在一些景点，如瘦西湖，开设旅游专线，用免费大巴把游客带至周边景点；或者卖套票，借一些知名景点的声誉来推销新兴景点；还可以举办一些类似嘉年华的节庆活动，吸引游客。

## 八、结 语

通过对扬州与佛罗伦萨的比较研究，我们可以发现，两座城市有着很多的相似之处，曾经极度繁盛的经济，曾经起到高度引领辐射作用的文化，还有在当代一度的沉寂。两座城市都是历史文化名城，旅游业都是至关重要的经济基础，都有着对自由的无尽热爱与推崇。佛罗伦萨毫无疑问在历史文化名城的保护与发展方面做得更好。在今后的发展过程中，撷取他城之长，对城市进行科学的规划，并且确保规划能够贯彻执行，发展文化产业，保护历史文化遗产，发展周边的区县。仅仅是将这些区县纳入规划还不够，还要缩短与它们的物理距离，带动整个扬州大市的全面发展。

**参考文献：**

[1] 戴淑英. 论美第奇家族与佛罗伦萨文艺复兴 [J]. 辽宁教育学院学报，1993，(3).

[2] 阮仪三，王建波. 京杭大运河的申遗现状、价值和保护 [J]. 中国名城，2009，(9).

[3] [美] 坚克·布鲁克尔. 文艺复兴时期的佛罗伦萨 [M]. 朱龙华，译. 上海：三联书店，1985.

[4] 赵昌智. 扬州文化内涵及其特征散论 [J]. 扬州大学学报(人文社会科学版)，1997，(1).

[5] [美] 理查德·詹金斯. 罗马的遗产 [M]. 晏绍祥，等，译. 上海：上海人民出版社，2002.

[6] 王乃耀. 文艺复兴早期的佛罗伦萨经济之考察 [J]. 世界历史，2006，(1).

[7] 杨柳芳. 对现代城市广场规划设计的思考 [J]. 美与时代，2009，(7).

[8] 唐亦功. 佛罗伦萨古建筑分布规律及特点研究 [J]. 西北大学学报(自然科学版)，2010，(1).

[9] 张峰. 城市化进程是房地产发展的根本动力 [N]. 扬州日报，2011-8—18 (C4).

[10] [美] 梅尔清. 清初扬州文化 [M]. 朱修春，译. 上海：复旦大学出版社，2004.

[11] 王春辰. 城市的历史与艺术 [J]. 美术观察，2010，(10).

[12] 朱敏，李芸. 对接文化与经济，发展扬州文化产业 [J]. 江苏科技信息，2011，(12).

[13] 齐珂理,艾美荔,方馥兰.昨天/明天：意大利城市保护与发展50年[J].徐好好,译.南方建筑,2009,(1).

[14] 王文元.略论城市人文环境[J].城市发展研究,2004,(3).

[15] 职莉莉.从罗马广场看意大利城市文化的传承与发展[J].世界文化,2011,(9).

# “阿姆斯特丹模式”与扬州

薄 曦

**摘 要：**扬州与阿姆斯特丹是两个拥有许多共性的城市。虽然都经历过辉煌与破坏，但是今天的扬州和国际港口城市阿姆斯特丹存在着不小的差距。通过对阿姆斯特丹交通、文化、产业三个层面的借鉴，寻求适合扬州的发展模式。

**关建词：**运河；交通组织；产业重组；文化再生；城市发展

扬州是我国唯一与运河一起诞生的城市，阿姆斯特丹最初则是建在水坝上的小渔村。自12世纪末、13世纪初建城以来，阿姆斯特丹经历了从一个渔村到国际化大都市的发展过程。而扬州也曾是政治、经济、文化的重要都会，对外贸易和国际交往的重要港埠，富甲天下的商业中心。本文通过分析阿姆斯特丹和扬州共性特征，结合扬州现存的城市发展问题，探索阿姆斯特丹的发展模式对扬州城市建设的启示。

## 一、城市共性

### 1. 运河—城市经济命脉

阿姆斯特丹史上有两个“黄金时代”，第一个出现在17世纪，荷兰商船

---

**作者简介：**薄曦，东南大学建筑学硕士，联创国际设计集团董事长。

从阿姆斯特丹开往波罗的海、北美洲和非洲，以及今天的印尼、印度、斯里兰卡和巴西，由此构建了世界贸易网络的基础。到了19世纪末期，阿姆斯特丹—莱茵运河的成功开掘也使这座城市直接连接到了莱茵河；同时北海运河也缩短了城市与北海的距离。两项工程极大地促进了与欧洲及世界其他地方的商业交流。这也带来了阿姆斯特丹的第二个黄金时代。

自公元前486年吴王夫差凿邗沟筑邗城，到隋炀帝开运河下扬州，扬州成为南北交通要冲，从而发展为重要的商业中心，扬州也迎来了第一次繁华。由于地处京杭运河与长江的交汇处，作为海上丝绸之路与陆上丝绸之路的节点，国家依赖河运尤其是漕运，使扬州在隋唐达到了经济的巅峰，曾一度有“天下之盛，扬为首”的态势。而到了明清时代，扬州经济再次凭借京杭大运河这一中国经济的主动脉发展成为中国经济的核心城市之一。

阿姆斯特丹与扬州皆是近水而生，因水而兴的城市。而独特的交通优势——运河，则是城市经济的命脉所在。

2. 历史—城市文化积淀

文化被视为城市发展的“软黄金”，坐拥2500年通史文化的扬州，城区保有大量的历史文化遗产，其中最具代表性的有古运河、瘦西湖，以及古城区。而作为“北方威尼斯”的阿姆斯特丹，从17世纪便已建成的四条古运河，以及沿古运河两边的大量历史建筑和河上各式各样的桥梁成就了城市独特的魅力。

除了这些有形的物质文化遗产，在城市漫长的发展过程中，伴随经济的几度繁荣，城市积淀了厚重璀璨的文化和艺术底蕴，成就了丰富的非物质文化遗产。扬州的扬剧、扬州评话、扬州清曲、扬州盆景已经被列入国家级非物质文化遗产名录。而今天的阿姆斯特丹也留存有很多艺术博物馆。

3. 产业—城市繁荣支柱

作为贸易集散地，扬州与阿姆斯特丹都属于消费型城市。旅游业、休闲服务业、文化创意产业和商业配套都为城市的繁荣发展提供有力支撑。

4. 多元—城市活力源泉

长期的“浮地生活”塑造了荷兰文化传统和荷兰人宽容、开放、自由的性格，阿姆斯特丹是第一个给予性工作者以合法地位的城市。不仅如此，这座城市的包容性体现在各个方面，包括宗教、政治、人口成分、文化、饮食等。

扬州作为一个世界贸易城市，不仅容纳过南北文人、商旅，更成为了世界窗口，融合了东西方的文化。这些多元化的元素体现在文学、艺术、工艺、园林、饮食各个方面。

## 二、城市问题

1. 区域交通条件欠佳

随着交通运输方式的多样化以及速度的不断提高，河运已逐渐被取代；古运河淤塞严重，环境恶化。其他交通方式也未得到完善：扬州并非铁路节点，机场于2012年通航，航线极少。扬州的区域交通优势荡然无存。

2. 产业结构欠优化

扬州市第三产业内部结构优化升级缓慢，三产内部结构有待进一步优化。传统商贸业所占比重较大，交通运输、批发零售、住宿餐饮等传统行业占服务业总量35%以上。信息传输、计算机服务和软件业等现代服务业占总量的比重不足5%。

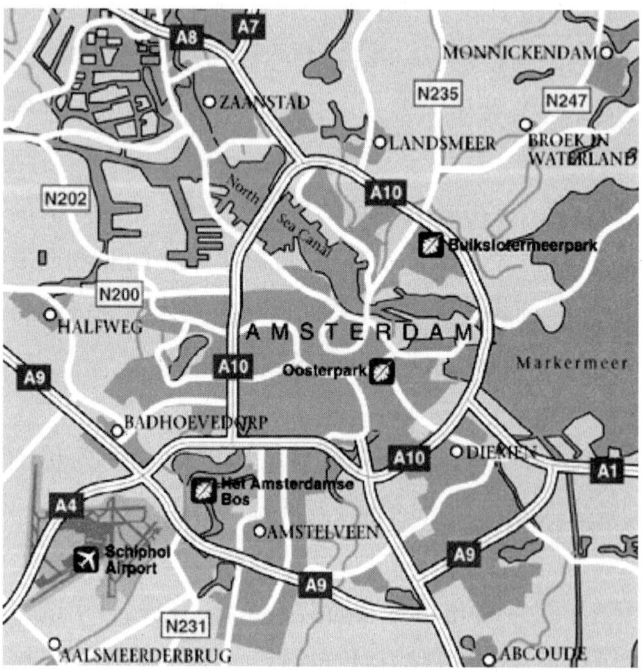


图1：阿姆斯特丹对外公路示意图

## 三、城市借鉴

1. 交通组织

1.1 对外交通

除了是世界著名港口之外，阿姆斯特丹也是荷兰公路网的枢纽。有六条城市快速路（A1、A2、A4、A6、A7、A8）可从各处通往阿姆斯特丹。同时，在城市外环路A10将城市与荷兰国家高速公路网连接起来。

阿姆斯特丹拥有9

座火车站。5 座用于长途客运,4 座用作本地客运。“欧洲线”(Euro-lines)长途汽车也从阿姆斯特丹发往欧洲各地。阿姆斯特丹中央车站也是一座国际中转站。这里有通往奥地利、白俄罗斯、比利时、捷克、丹麦、法国、德国、匈牙利、波兰、俄罗斯和瑞士的常规线路。

阿姆斯特丹的史基浦机场是欧洲第三、世界排名第十五位的大型货运机场,也是欧洲排第四、世界第九位的客运机场。机场每年可运送 6500 万旅客,到 2020 年货物运输量将超过 300 万吨。

便捷的外部交通环境始终都是城市发展的必备条件之一,曾经的阿姆斯特丹因为运河而兴,现今发达的公路、铁路及航空网络,进一步促进贸易和工业的繁荣发展。

1.2 内部交通

阿姆斯特丹的公交系统已自成体系。已建有 16 条电车线路, 5 条地铁线路。轮渡、水上巴士、游轮也是当地居民主要的出行方式,从 IJ 湾到阿姆斯特丹有 5 条渡轮线。

同时,阿姆斯特丹政府鼓励市民利用自行车出行,大部分道路都设有自行车道及存车处。另一方面,高昂的存车费与道路限行很好的控制城市中心区私人车的数量。此外,市政府利用网络赞助市民自发的汽车共享及汽车共乘。

鼓励公共交通,完善公交体系,提高公共交通到城市各个区域的可达性无疑会助力于一个城市经济的发展以及自然环境的保护。

2. 经济全球化

阿姆斯特丹是荷兰金融商贸之都。她也是欧洲乃至世界上最好的国际贸易都市之一。经济的全球化和国际贸易的快速增长促进了全球经济市场的成熟,新的国际劳动分工调整了荷兰的经济结构,使其与全球金融和商业服务相关的产业比重上升。自 1951 年,荷兰成为欧盟成员国以来,阿姆斯特丹有更多的机会接受国际资金来发展自身经济。

3. 文化再生

1987 年,阿姆斯特丹被欧盟选定为“欧洲文化之都”,在接下来两年,组织了一系列的文化活动,在短期内迅速的取得文化、社会和经济收益,促进了城市更新,刷新城市形象,并在国际范围内提高了城市知名度。

如今,作为欧洲最重要的文化中心之一,阿姆斯特丹将其作为节庆之城的地位在文化展示方面发挥了非常重要的作用。每年,阿姆斯特丹都会举行大量文化和旅游活动,以全面展示当地居民的生活方式。许多节庆活动都遵从"不让语言成为障碍的原则"。从而吸引了大量来自世界各地的游客。区别于最初的运输与防御功能,作为世界遗产的古运河成为独特的旅游资源,被很好的开发利用。2012 年,阿姆斯特丹内河游船达 1382 艘,接待游客 32.2 万 。旅游业已然成为阿姆斯特丹的支撑产业之一。

## 四、结 语

1. 交通先行

不难发现,交通环境是城市发展的先决条件。无论是产业重组还是文化再生,都与一个城市的交通组织有着千丝万缕的关系。曾经因得天独厚的交通优势而几度繁华的扬州,更应在保证河运的基础上,积极配套现代快速交通模式,如开通到上海的动车、航线等。另一方面,扬州城市建设提出"步行扬州"的口号。在扬州现有的绿地和休闲空间的基础上,完善城市内部公交体系,促进"步行扬州"口号的贯彻落实。

2. 产业重组

在经济全球化的今天,城市的发展不应仅仅依托与自身资源。扬州应积极接纳苏南、上海地区的经济辐射,主动融入长三角洲和南京都市圈,在区域经济作用下,重组产业结构。在发展基本产业的基础上,寻求现代服务业与文化创意产业的共生发展。发挥文化优势,将扬州的旅游开发与文化创新深度整合,推动旅游产业升级,提升扬州旅游的竞争力。

**参考文献:**

[1] 焦然,姚玉洁. 扬州古城的保护与复兴[J]. 瞭望新闻周刊,2007,(44).

[2] 周新国,朱季康. 文化扬州建设与扬州历史文化名城保护[J]. 扬州大学学报,2007,(3).

[3] 杨波. 扬州历史城区的特色与保护[J]. 江苏城市规划,2011,(9).

(202).

[4] 陈敏,陈军.历史古都扬州的发展思考[J]. 山西建筑,2009,(2).

[5] 刘军.荷兰模式简评[J]. 国外社会科学,2006,(1).

[6] 王玉新.论战略转型期的文化旅游产业化发展——以名城扬州为例[J]. 中国名城,2010,(7)

[7] John Puncher, Ralph Buehler. Making Cycling Irresistible : Lessons from Netherlands, Denmark and Germany [J]. Transport Reviews, 2008,(28).

[8] Aviel Yelinerk. Culture as a tool for Urban Regeneration[R]. Israel : The Jerusalem Institute, 2009.

# 墨西哥阿卡普尔科市发展旅游业的经验

牛　淋　韩　琦

**摘　要**：阿卡普尔科市是世界闻名的旅游城市，该城市由历史上的一个"小渔村"变为"国际港口"，由一个海港城市逐渐变为世界知名旅游胜地。扬州与阿卡普尔科在历史上有很多相似之处，由一个运河港口城市逐步成为园林旅游城市。阿卡普尔科市在发展旅游业中的一些经验，值得扬州借鉴。

**关键词**：阿卡普尔科；港口；旅游业；经验

阿卡普尔科（Acapulco），这个世界闻名的旅游城市，是墨西哥南部太平洋沿岸的港口，格雷罗州最大的城市，离墨西哥首都墨西哥城有 304 公里。这里素有"旅游天堂""太平洋明珠""如梦的海滨城市"之称。阿卡普尔科湾呈半圆形，长 6 公里，宽 3 公里，三面群山环抱，城市沿湾而筑。该城市由一个海港城市逐渐变为世界知名旅游胜地。扬州与阿卡普尔科在历史上有很多相似之处，由一个运河港口城市逐步成为园林旅游城市。阿卡普尔科市在发展旅游业中的一些经验，值得扬州借鉴。

## 一、由"小渔村"变为"国际港口"

阿卡普尔科最早是印第安人的居住地。在印第安那瓦语中，阿卡普尔科

**作者简介**：牛淋，南开大学拉丁美洲研究中心硕士研究生；韩琦，南开大学世界近现代史研究中心和拉丁美洲研究中心教授。

的意思是“芦苇丛生之地”。西班牙殖民者到来之前,阿卡普尔科还只是一个小渔村。16 世纪初,西班牙殖民者在此登陆并建立了据点,后来又从这里北上至阿拉斯加,南下抵达智利,甚至横穿太平洋去征服新的土地。据记载,公元 1564 年 11 月 20 日,一艘名叫“弗里亚尔·安德列斯·德乌尔达内塔”的大船从阿卡普尔科港起锚驶往亚洲,并于 1565 年 4 月 27 日抵达菲律宾。同年 6 月 1 日由乌达内塔领航,费利佩·德萨尔塞多为船长的“圣巴勃罗”号大帆船从菲律宾出发,经过 129 天艰苦的旅行,于 10 月 8 日抵达阿卡普尔科港,并运来了来自中国的瓷器、丝绸、象牙雕刻、香料、茶叶等,从此开辟了菲律宾至墨西哥的海上贸易航线。在这之后,西班牙的船只穿梭不停地往返于墨、菲、中之间,终于形成了中国(澄海、泉州、广州等粤闽海港)—菲律宾(马尼拉)—墨西哥(阿卡普尔科)之间的太平洋贸易航路。这就是著名的“海上丝绸之路”。阿卡普尔科由此成为继维拉克鲁斯之后第二大重要港口。许多中国货物,包括瓷器、丝绸、茶叶、香料、纸张等,经马尼拉运往阿卡普尔科。因此,来自远东的商船也被称做“中国之船(Nao de China)”。马尼拉大帆船把中国货物运往墨西哥和拉美地区,又把墨西哥和拉美其他地区的白银、玉米、番薯、马铃薯、花生等运回菲律宾和中国。

随着“海上丝绸之路”的开辟,阿卡普尔科逐渐繁荣起来。美国学者威廉·舒尔茨在《马尼拉大帆船》一书中说:“(阿卡普尔科)从一个不起眼的小渔村变成了一个真正的国际市场,变成了一个载歌载舞和到处举行宗教仪式的生气勃勃的港口”,成为当时“世界上最著名的集市”。每逢马尼拉大帆船在阿卡普尔科靠岸,全城便立即沸腾起来,到处是一片节日气氛。满载中国及其他东方国家商品的大帆船在阿卡普尔科卸货后,这里举行盛大的集市贸易。来自墨西哥、秘鲁、巴拿马等国家的商人纷至沓来,竞相购买东方商品。

这条古代的海上“丝绸之路”持续了 250 多年。由于 1815 年西班牙殖民当局的禁令,最后一艘“中国之船”“麦哲伦”号从阿卡普尔科驶离后,这条航路结束。富裕的阿卡普尔科引起了英国和荷兰等国海盗,如弗朗西斯·德雷克、亨利·摩尔根和托马斯·卡文迪什的觊觎,为了防卫海盗的袭击,在阿尔普尔科建起了圣迭戈城堡。尽管有堡垒存在,仍有一只荷兰舰队于 1615 年入侵了阿卡普尔科,破坏了这个城镇和堡垒的大部分。1776 年的地震毁坏了这座堡垒,在 1783 年进行了重建,周围用石砌的护城河围了起来。

## 二、从“萧条”走向复兴

1821年墨西哥独立和大帆船贸易的结束，阿卡普尔科陷入长期的商业衰落之中。在接下来的100多年里，它与墨西哥城之间的联系仅仅是通过骡车队（运货骡车）。19世纪中叶沿岸蒸汽船的出现，使得阿卡普尔科与外面的世界发生联系。船只在海岸停靠，寻求煤炭和淡水资源。轮船上的乘客会从当地居民那里或者自己上岸买一些水果和纪念品。这是最早的游客。

在迪亚斯统治时期，墨西哥经济得到迅速发展，铁路将太平洋的另一个港口科利马州的曼萨尼约港口（Manzanillo）与墨西哥城连接在了一起，因此，作为太平洋港口的阿卡普尔科失去了昔日的辉煌。直到19世纪末，阿卡普尔科与墨西哥城之间的铁路未能修成。事实上，阿卡普尔科的精英们抵制更好的交通运输系统的建设。他们害怕一旦建设了新的铁路，他们对一些经济活动如骡子运输、进出口贸易、大批量购买阿卡普尔科市之外的农产品和生产等的垄断将会终结。有影响力的商业公司阿祖耶达公司和费尔南德斯公司拥有骡子运输服务和港口游艇的大部分，他们积极地阻止墨西哥城—阿卡普尔科道路的建设。他们通过贿赂政府派来的工程师和技术专家，让他们撰写建设公路的消极影响的报告。

墨西哥革命之后，阿卡普尔科的孤立地位终结。社会主义者在20世纪20年代早期取得该市政权。在总统奥夫雷贡的支持下，他们优先考虑建设墨西哥城至阿卡普尔科的公路。1927年这条公路建成。墨西哥的早期旅游营销者并没有将阿卡普尔科定位为一个旅游目的地。铁路公司开辟了墨西哥的大部分旅游市场。但没有考虑到阿卡普尔科优美的自然风光，由于这个城市并不位于铁路公司的铁路交通网上，所以开发阿卡普尔科对铁路公司来说也就没什么意义。然而，墨西哥城至阿卡普尔科公路建成后，政府和一些私人作家开始从不同的角度思考阿卡普尔科。

公路开通后，这个城市的吸引力并没有立刻发生改变，但是作家再也不将阿卡普尔科描述成为一个衰败的港口了。1927年之后，旅行作家将阿卡普尔科描绘为“一条新的旅游路线（经过墨西哥城，通过库埃纳瓦卡和塔斯科，然后穿过山脉到达阿卡普尔科）的至高无上的体验”。这条新公路，国家公路委员会起绰号为“大帆船路线”，是接近得克萨斯州边界的一条扩展公路网络的一部分。政府希望这些联系可以发展国际旅游业,希望邻国能更好地理解墨西哥,并与墨西哥建立密切关系,进一步促进社会交流。旅行作家和政府文学家开始将阿卡普尔科描述为墨西哥旅游度假地的一部分。

到20世纪30年代初期,对美国人和墨西哥人来说,阿卡普尔科已经是一个很受欢迎的旅游胜地。在圣诞节和复活节周,有10000多名游客来到这个城市,远超过这个城市的人口。几乎所有人在海滩上或在他们的汽车里宿营,没有能力支付得起买车的人会乘坐来自墨西哥城的公交。阿卡普尔科的主要吸引力是它的自然风景。服务业很有限,这个城市的基础设施欠发达。1933年只有4家小的旅馆,尽管投资者建立了一个大的、现代的旅馆。但直到20世纪40年代阿卡普尔科才建立了第一个现代商业码头和仓库。

## 三、港口的现代化和旅游城市的打造

阿卡普尔科的真正发展是从第二次世界大战后开始的。20世纪50年代早期,墨西哥总统米格尔·阿莱曼·巴尔德斯改善了这个港口的基础设施,安装了电线、安装排水系统、修建道路。随着该市基础设施的改善,经济增长,外国投资增加。20世纪50年代,该市成为奢靡的好莱坞影星,如伊丽莎白·泰勒、弗兰克·西纳特拉、埃迪·费舍尔和碧姬·芭铎等青睐的地方。以前的摇滚乐音乐家泰迪·斯托弗,被称作阿卡普尔科先生,是一位旅馆(卡萨布兰卡别墅)的经理,吸引了很多名人来阿卡普尔科市。20世纪60和70年代,新的旅馆建立起来了,住宿和交通费用更便宜了。再也不需要成为一名百万富翁才能来阿卡普尔科市度过一天假期了;外国和墨西哥的中产阶级现在可以支付得起来这里旅游了。然而,由于更多的旅馆建在海湾南部,50年代的老的阿卡普尔科市失去了它的魅力。

20世纪70年代,这个港口城市有了显著扩张。1978年世界小姐选美大赛在这个城市举行。1983年,歌手、作词家胡安·加布里埃尔写了一首歌《永恒的爱》,表达了对阿卡普尔科市的敬意。除此之外,该市还是演员、歌手和喜剧家阿依·皮尔斯的家乡,她在20世纪八九十年代和21世纪头十年享誉盛名。

在20世纪90年代,鲁塔太阳道路建立,穿越了墨西哥城和阿卡普尔市之间的山脉。旅程只有3个半小时,这使得阿卡普尔科市成为墨西哥居民最喜爱的周末度假地。这个港口继续扩大,现在有三个码头:商业码头、运动娱乐码头和军用码头。阿卡普尔科海湾是一个良好的天然深水港,其最大的商业码头可供大型商船、泛美邮轮和外国军舰停泊。这里还有许多大型船坞。在1996年,一家经营工商业的新的私营公司API创立。这促进了工商业的发展,现在该市是向太平洋沿岸国家出口汽车的主要港口。

在20世纪30年代初,这里的居民不过6000人。但80多年来,在这里定居的人数激增。市区基本可分为老城区、旅游区和开发区。一条长7公里、东西走向的海滨大道沿阿卡普尔科湾伸展,大道一侧是一条白色的沙滩沿蘑菇形海湾展开。从这条大道,可以看出城市发展的速度,西部古老的殖民地时期建筑和狭窄的街道与东部林立的高楼大厦形成鲜明的对照。阿卡普尔科市的国际会议中心不仅内部设施非常现代化,而且其建筑风格别具特色。这里的旅游业尤为发达,是北美人常年青睐的旅游胜地,尤其在宗教节日"圣周"期间,大量的美国、加拿大和墨西哥国内的游客在此流连忘返。此外还有"狂欢节""瓜达卢佩圣母节""中国方舟节"等,这里的夜生活非常丰富多彩,沙滩上、餐厅里经常是载歌载舞,热闹非凡。阿卡普尔市每年接待游客600余万,其中三分之一为外国人,并以美国人和加拿大人居多。1985年,阿卡普尔市与中国的青岛市结为姊妹城市。现在,在阿卡普尔科市国际会议中心一侧的主要干道上耸立着青岛市1996年赠送的"中国琵琶女"雕像。2010年阿卡普尔科市市区人口已达67万人。全市产业主要以服务业为主,占三大产业比重的73%,其次为工业和农业。2010年国内生产总值达到了385922亿比索。其中与旅游业有关的服务业创造的产值占二分之一以上,旅游业是这个城市的生命之源,它在创造就业机会方面也发挥着重要作用。2012年该市接待游客9126511人,其中9049409人是墨西哥人,77102是外国人。客房利用率比2011年增长了8.7%。

## 四、阿卡普尔科发展旅游业的经验

阿卡普尔科是一个天然良港,具有发展旅游业得天独厚的自然条件。它有美丽的海滩、充足的阳光、清新的空气。这里气候宜人,冬暖夏凉。为了充分发挥这一优势，利用好数千米的海滩，达到地尽其利的目的，阿卡普尔科市政当局和旅游部门想方设法，采取各种措施，建设海滨旅游业，以吸引更多的游客。

首先，抓好海滩建设。为确保游客安全，在距海滩不远的深水区，修建了一道防止鲨鱼的铁丝网；在临海滨处，建起数以百计的有印第安民族特色的小凉棚，棚下放置塑料躺椅和铁椅子供游客休息；海滩边廉价出租滑水板、帆船、跳伞、小舢板、汽艇等，给水上运动的游客提供方便。还设有冷饮、小吃铺等；岸边设游泳池、淋浴间等。

其次，服务行业的经营很有特色。他们的口号是“为各种口袋服务”，适应各种游客的消费水平，让顾客各得其所。为了招徕大批游客，在吃、住、行等方面极力为游客提供方便。游客的饮食有价廉物美的当地风味，也有各种海鲜和墨西哥“塔哥”（传统的玉米饼）和中国的鱼翅汤，从汉堡包到日本的“寿司”的各种饭菜，使游客可以大饱口福。这里既有豪华的宾馆，也有普通客栈。服务人员待人殷勤，既有礼貌，又不卑不亢，随时把食品送到你面前，十分方便。

三是建立各种档次都有的富有墨西哥民族特色的旅馆。阿卡普尔科在建设旅馆时既注意了设备现代化，又力求保持民族特征。这里有几百家旅馆，分成特级和一至五级。特级和一级旅馆大部分在海边。四、五级旅馆一般离海滩稍远。但是无论是哪一级旅馆，房间都收拾得十分整洁，房间有反映玛雅文化或阿兹特克文化的壁画、民间工艺装饰等，使人耳濡目染，感受到墨西哥的悠久文化气息。同时，为便利游客浏览风景，旅馆所有房间都有阳台，全部可以看到阳光。有些海滨的高层旅馆还把电梯设计在楼外，让它悬吊，依托在墙壁上。电梯间为玻璃窗壁。旅客可以一面乘梯，一面从不同的高度连续观光。

四是旅游纪念品琳琅满目。无论在海滩、马路、公园、旅馆、商店、车站，随时随地都可买到具有浓郁墨西哥民族特色的旅游纪念品，如五颜六色的宽边骑士大帽子、雕刻着墨西哥风光的铜盘子、做工精美的银首饰、印着墨西哥民族特色图案的文化衫，等等。

五是旅游项目丰富多彩。到阿卡普尔科有几个必玩项目：投入大海的怀抱、看悬崖跳水、参观阿卡普尔科历史博物馆、品尝风味美食、到海边尝海鲜等。在大海里畅游，驾摩托艇在海面上疾驰，乘游艇从海上观赏阿卡普尔科海滨风光，乘快艇牵引的降落伞空中潇洒飞一回,乘游艇到深海垂钓等等。在阿卡普尔科海湾的西边有一个叫拉凯布拉达的地方,海边矗立一U字形悬崖绝壁,绝壁之间形成宽4米、深7米的狭窄水道,风大浪急,地势险峻,巨大的海浪冲击着绝壁发出隆隆的轰鸣。当地小伙子们就从高达约40米的悬崖绝壁上展开双臂跳入浪高水急的水道。小伙子们在空中的瞬间真如那空中展翅翱翔的雄鹰一般。阿卡普尔科的悬崖跳水是世界一绝。另外,城市还设有座位很高的游览马车,游客高高在上,可饱览市容市貌,尽情欣赏沿途风光,享受到置身异国情调之中的莫大乐趣。

阿卡普尔科历史博物馆曾是西班牙殖民时期修建的防海盗的要塞(即圣迭戈城堡),整个建筑用石块建成,呈五角形,要塞的顶上四周安放着一门门大炮,要塞的外围是一道几米深的沟。要塞坐落在阿卡普尔科湾的西侧,扼守海湾的入口。博物馆有13个展厅,通过实物介绍了阿卡普尔科的发展史。阿卡普尔科最有特色的是一种叫塞维切(Ceviche)的食品,是用切成小块的鱼、虾或章鱼和切碎的葱头、蕃茄、香菜、绿辣椒加蕃茄酱和柠檬汁做成,味道甜、酸、辣、鲜俱全。还有一种汤叫鲍索莱斯(Pozole),用玉米粒加碎猪腿肉煮成,吃的时候再加点儿鲜小水萝卜丝、葱末儿、干辣椒末儿、柠檬汁等调料,味道鲜美。

总之,伴随着国家现代化和国际全球化进程,阿卡普尔科由一个小渔村发展为国际港口,进而成为国际著名的世界旅游胜地。扬州与阿卡普尔科有很多相似之处,由一个运河港口城市逐步成为园林旅游城市。阿卡普尔科市在发展旅游业中的一些经验,值得扬州借鉴。

**参考文献:**

[1] 冯秀文. 中墨关系——历史与现实[M]. 北京:社会科学文献出版社,2007.

[2] 徐世澄. 一往无前墨西哥[M]. 北京:科学普及出版社,1998.

[3] 晓琦.难忘的阿卡普尔科[J]. 世界知识,1984,(24).

[4] 归通昌. 墨西哥[M]. 沈阳:辽宁教育出版社,2000.

[5] 李颖息. 鹰与仙人掌之国——墨西哥[M]. 北京:科学普及出版社,1998.

[6] 青岛市外办. 墨西哥阿卡普尔科市[J]. 走向世界,2010,(26).

[7] Dina Berger and Andrew G. Wood, eds. Holiday in Mexico : Critical Reflections on Tourism and Tourist Encounters.Duke University Press, 2010.

[8] Propuesta de Diversificacion de la Oferta Turistica en Acapulco : Paseos Dr. Darbelio Agaton-Lorenzo y C.Dr. Miguel Angel Cruz-Vicente, Ecoturisticos en la Laguna de Tres Palos, Revista de Investigacion en Turismo y Desarrollo Local, Vol 6, Nº 14 ( Junio/junho 2013 ).

[9] Stephen R. Niblo and Diane M. Niblo, Acapulco in Dreams and Reality, Mexican Studies/Estudios Mexicanos, Vol. 24, No. 1 ( Winter 2008 ).

[10] Engel Sluiter, The Fortification of Acapulco, 1615—1616, The Hispanic American Historical Review, Vol. 29, No. 1 ( Feb., 1949 ).

[11] William Lytle Schurz, Acapulco and the Manila Galleon, The Southwestern Historical Quarterly, Vol. 22, No. 1 ( Jul., 1918 ).

[12] Acapulco de Ju á rez -es.wikipedia.org/wiki/Acapulco_de_Ju á rez, 2013.7.17.

# 历史文化名城保护的比较研究

## ——扬州　奈良　绍兴

王芙蓉

**摘　要**：利用横向比较的视野，将扬州的古城保护与古城保护走在国际前列的其友好城市日本奈良进行国际比较，与江南著名历史文化名城、且与扬州属同类型古城的浙江绍兴进行国内比较。意图通过比较研究，借鉴国际历史文化遗产保护的最新理念和方法，并总结国内名城保护不同模式的经验和教训，以指导扬州未来城市建设与古城保护的实践，进而全面完善和提升历史文化名城保护的“扬州模式”。

**关键词**：历史文化名城；保护；比较研究；扬州；奈良；绍兴

由于中国的国情现实和地方差异，古城保护的基本概念、全社会保护意识等都有别于西方国家和东方的日本。因此，中国历史文化名城保护不能简单地套用其他先进国家的模式，但是这并不妨碍我们从国际，特别是欧洲和日本等已经经历的遗产保护和城市更新的实践中了解历史古城保护与发展的方向、趋势与规律，从而为中国历史文化名城保护理论的发展和完善开拓思路。同时利用横向视野，通过与国内同类型历史文化名城——绍兴古城保护的比较，可以总结经验，扬长避短，为扬州未来历史文化名城保护的思想和实践指引方向。

---

**作者简介**：王芙蓉，扬州大学旅游烹饪学院副教授。

## 一、历史文化名城保护的国际比较——中国扬州与日本奈良

1200多年前，日本遣唐使来扬州邀请鉴真大师去弘法，大师克服万难，六次东渡终获成功，他和他的弟子在日本奈良营建了历代日本人民引为国宝的唐招提寺，传播佛法，开启了扬州与日本友好交往的历史，扬州成为中日友好交往的原点。1944年，盟军对日本本土实施了大规模地毯式轰炸，时任"战区文物保护委员会"副主任的梁思成呼吁盟军不要轰炸京都和奈良，千年古都得以保全。2010年，扬州与奈良正式缔结为友好城市，坐落在奈良唐招提寺内的鉴真坐像30年后再次回扬探亲。同时，日中友好协会和中华文化发展基金会决定在扬州为鉴真纪念堂的设计者梁思成先生立纪念铜像。可见，扬州与奈良是一脉相通的友好城市，两城市友好交往的历史绵延千年。

奈良是日本奈良县县府所在地，面积3691平方公里，人口144万左右，1950年被定为"国际文化城"。城内有三项世界文化遗产，堪称"遗产之都"。1994年奈良国际研讨会上编制《奈良真实性宣言》，成为新时期世界文化遗产保护的重要文件，1999年联合国亚太文化中心文化遗产保护协力事务所在奈良成立，更使这里成为亚太地区文化遗产保护研究、信息交流和人才培训的中心。扬州奈良两地，从民间层次来讲，两地最早沟通了中日友好交往的局面；从经济文化传播层面来讲，扬州是海上丝绸之路起点，奈良是丝绸之路东方终点；从文化遗产保护方面来讲，两地都一脉相承了梁思成先生古城保护的理念。尽管由于两个城市在不同的国度，古城保护的道路、理念、方法都各有不同，奈良的古都保护模式比扬州更先进科学，并在世界范围内得到认可。但是，正如中华文化发展基金会副秘书长王维明先生认为的那样："在城市风格和发展模式上，奈良与扬州都有相互镜鉴之处。"

### （一）古城保护的一致性

1. 保护使命的一致性——历史文化的守护之城

作为日本的古都，奈良有着悠久的历史和古老的文化。奈良的历史可以上推到公元3世纪日本的"大和国"时期，到4世纪时，这里已经发展成为日本列岛西部地区的强大势力。公元646年"大化革新"运动之后，重新确立了以孝道天皇为首的中央集权制，从而宣告"大和时代"的结束，在奠都平安之前，大和民族世代皆都于此。"壬申之乱"（672）后，日本大量学习和借鉴中国

唐朝政治制度,加强皇权以巩固自己统治,天武天皇末年,决定在飞鸟地区(今奈良县南面的橿原市)模仿唐长安建造藤原京。708年,元明天皇又重新在奈良以长安为蓝本营造平城京,710年建成并迁都。平城京是一座完全模仿唐都长安而建的都城,只是规模小了很多,并且没有设立城墙。此后近一个世纪里,日本有7代天皇以此为京,从而开启了日本历史上前所未有的太平盛世——"奈良时代"。794年,桓武天皇将都城迁往京都盆地的平安京(今日本京都)后,平成京街市大部分逐渐变成田园,但寺院却被原样地被保留下来。后来,奈良以此为中心,重新组织街市,构成今日奈良市旧街的基础。

作为日本最初的国家大和朝廷的诞生地,奈良是日本古老文化的发祥地,日本又称大和民族,穿的服装又称和服、传统饮食又叫和食,均与此有关。奈良是日本古代"大和时代""飞鸟时代"和"奈良时代"的活动中心。这里集中了日本众多的古城址、古寺庙、古神社、古坟群和各种文物古迹。"奈良时代"也是日本古老文化发展的高峰,对日本后世影响较大。这一时期,已用表示音符的汉字(称"万叶假名")来记录歌谣和历史传说。如记叙日本远古的神话、传说和帝王谱系的《古事记》、描绘男女之间纯朴爱情的诗集《万叶集》、模仿中国史书编写的国家正史《日本书记》、记载日本各地的气候、物产、山川地名由来的《风土记》等,都显示了日本古代的灿烂文化和日本人民的智慧。由此可知,奈良不仅是日本的古都所在,也是日本文化的摇篮。

扬州汉、唐、清三代鼎盛,是中国文化史上的灿烂篇章。著名学者宋振庭先生在1980年代就说过:"扬州是唤起中华民族自豪感的好地方……游一次扬州,不但鱼和熊掌可得而兼,还可以五官并用,全面地了解中华民族的历史和现状"。因此,扬州文化是综合的中华民族文化,扬州也是窥视中华文化的窗口。

比较两个城市的历史和文化,显示了高度的同质性。奈良城多年来以"日本文化守护之城"为神圣使命,以建设新文化首都为目标,成为日本乃至亚洲文化艺术和学术研究的一个据点。1949年奈良法隆寺的一把大火,直接导致1950年日本国会通过《文化财保护法》,从大火到《文化财保护法》的通过只用了一年零四个月的时间,可见奈良包括全日本朝野上下对历史文化遗产的高度重视和敬畏。奈良目前拥有3处世界文化遗产点,其中"古都奈良的历史遗迹"直接以城市冠名,是名符其实的遗产之都。1994年11月,日本政府和奈良主动担纲,召开"关于探讨文化遗址的真实性问题"的会议,会议形成的

《关于遗址真实性的奈良宣言》旨在引导国际社会更多关注世界文化多样性以及多样文化的多种表现形式，特别要考虑的是文化遗址真实性的概念和应用应根植于各自文化的文脉关系之中，因此应给予充分的尊重。1999 年联合国在奈良设立亚太文化中心文化遗产保护协力事务所。所有这些表明，奈良正以“日本文化守护之城”的使命与职责，在世界范围内倡导对历史文化遗产的尊重和保护。

扬州在古城保护过程中，竭力全方位地展示以园林、街巷、古建筑等为表现的古城物质形态的文化和包括人文精神、风俗民情等观念形态的文化，以及以工艺、曲艺、书画、戏剧的文艺形态的文化。做“中国历史文化的守护之城”也是扬州古城保护神圣使命和职责。

2. 保护内容的一致性——古城内丰富的物质和非物质文化遗产

奈良作为日本古代文明的摇篮，它见证并承载了日本古代文化发展的高峰。在这里集中了众多的历史文化遗存，它集佛寺、佛像、神社、雕刻、绘画等重要文化财于一城，有“社寺之都”的美誉。奈良素以历史遗迹保存丰富著称，其中有 3 处被列入世界文化遗产名录。1993 年，“法隆寺佛教建筑群”被列入世界文化遗产。拥有 1400 多年历史的法隆寺作为世界最古老的木结构建筑闻名于世，因为拥有日本最大、最古老的三重塔而为人们所熟知，它是佛教传到日本之后不久修建的佛教建筑，对日本的宗教建筑产生了极大影响，在引入中国文化元素的同时，确立了日本独特的建筑形式和风格。法隆寺有 18 座建筑物被指定为日本国宝，其中 11 座拥有 1100 年以上的历史。被指定为国家重要文化财产的更是多达 35 座。在寺中珍藏的宝物中，有 170 件国宝、2300 件国家重要文化财产，堪称佛教艺术的宝库。1998 年，“古都奈良的历史遗迹”被列为世界文化遗产，包括东大寺、兴福寺、春日大社、元兴寺、药师寺、唐招提寺 6 座寺庙和春日原始森林、平城宫址 8 处遗迹。始建于 743 年的皇家佛寺东大寺，是全国分寺的蓝本，其中的金堂至今为止依然是世界上最大的木构建筑，金堂内供奉的本尊卢舍那大佛为世界第二大佛，现存佛像为 17 世纪重铸，但其铜莲座上的莲花瓣仍是 8 世纪的原物，因此，东大寺如今已成为奈良的象征。由唐朝扬州大和尚鉴真和他的弟子们营建的唐招提寺完全是盛唐时的建筑风格，该寺内广 7 间、深 4 间的金堂，气势宏伟，结构精巧，所采用的鸱尾、三层斗拱等都是唐代建筑的最新成就，是日本现存最大最完美的古代建筑，也是日本的国宝之一。寺内塑造的卢舍那大佛坐像、药师如来立像、千手观音菩萨像，技法精湛圆熟，线条柔和洗练，造型庄重浑厚，充分体现了盛唐时期的雕塑特色，为日本古代雕塑的珍品。鉴真生前弟子为他塑造的一尊干漆坐像尤其珍贵，被奉为国宝，特别加以保护。唐招提寺是日本古建筑遗产中的重要文物，是研究盛唐时代建筑的重要参考范例，也是一千多年前中日文化交流的结晶。8世纪由统治者藤原氏兴建的兴福寺，鼎盛时期单体建筑多达175座，因为火灾，明治时期几乎成了一座空寺，19世纪由于得到重建，大量历史遗迹保存至今。奈良城内的"小长安平城京"，其宫城布局、街道格局，均酷似唐都长安。平城京内的宫城既是天皇的寝宫，也是议政之地，还有太极殿、朝堂、朝集殿等宏伟宫殿。宫城四周有12道门，出朱雀门(南门)便是南北走向的朱雀大道，大道两分市街，东侧为左京，西侧为右京，左右两京街道如棋盘，道路纵横相交，有规则地划出方形的坊里，坊内又划分成坪或町。整个城市结构划一，布局严整，充分显示了唐代的建筑艺术风格。2004年，横跨奈良县、和歌山县、三重县等三个县的宗教圣地——"吉野·大峰"、"熊野三山"、"高野山"以及连接这些圣地的朝圣路线，纪伊山脉胜地和朝圣路线作为文化景观被列入世界文化遗产名录。丰富的历史遗存，不仅折射出奈良的历史变迁，也体现了中日两国一衣带水、友好往来和文化渊源。

此外，奈良还非常重视古都内无形财，即非物质文化遗产的保护。1975年版的《文化财保护法》中，将所有类型文化遗产作为一个整体写入法律，并固定下来。明确将国家指定的文化财划分为有形文化财、无形文化财、民俗文化财、纪念物及传统建筑群落等五大类。其中将那些具有较高历史价值与艺术价值的传统戏剧、音乐、工艺技术及其他无形文化载体指认为无形文化财；并将民俗文化财分有形文化财与无形文化财两种。在日本这种当时已领先世界的大文化财理念的支撑下，奈良古都内的各种民间艺术、岁时习俗、民间技艺等地域性非物质文化遗产得以很好地保留和传承。奈良的"大和岁时记"作为当地旅游观光手册的重要内容，列出了春日大社万灯笼、若草山烧山、鹿苑的锯鹿角、兴福寺的薪能、春日舞乐会等极有特色的风俗。

同样，扬州历史遗存如群星散布，众多的古城遗址、历史街区、私家园林、名刹古寺和宗教遗产等构成扬州灿烂辉煌的物质文化遗存，扬州还有诸如扬剧、清曲、弹词、古琴、漆器、玉器、剪纸、刺绣、雕版印刷、淮扬美食、盆景和各种岁时风俗等非物质文化遗产。扬州和奈良两城都是历史文化遗产丰厚之城，两座城市都高度重视古城内历史文化遗产的保护，因为守护好祖先遗留下来的历史文化遗产，才是留住了古城的根和魂。

3. 保护原则的一致性——包括文物古迹、历史街区、古城分层次的整体保护

奈良历史古城更加注重城市的整体保护，形成了一整套的从历史文物古迹、古迹周围的环境、历史风貌和历史街区，直至整个历史古城的整体保护体系。

从奈良拥有 3 处世界文化遗产地可以清晰地看出，日本对历史遗迹的保护历来相当重视。作为日本古都，奈良城保存了日本最古老、最重要的文物古迹有上百处，这些名胜古迹占据着奈良城最好的位置。从近代直至第二次世界大战之前，日本就相当重视对历史单体历史遗迹的保护。早在明治四年（1871），日本政府就制定了《古器旧物保存法》；明治三十年（1897）又颁布了《古社寺保存法》；大正八年（1919）颁布了《史迹名胜天然纪念物保存法》；昭和四年（1929）制定了《国宝保存法》；昭和八年（1933）颁布《重要美术品保存相关法律》。1950 年，日本颁布了《文化财保护法》，这是日本关于文化遗产保护的非常重要的一部法典。这一系列法律法规的颁布使得奈良城内大批佛教寺庙得到完好的保护，较早地对有形文化遗产的保护奠定了奈良古都风貌物质存在基础。第二次世界大战之后的战后重建过程中，随着城市化进程加快，奈良、京都等著名古都面临着开发建设而遭受破坏的威胁，这种威胁的主要方面还不在文物建筑本身，而是这些文物建筑得以展现其全部历史信息的环境。而此时，日本国内对历史环境却没有相应的保护立法，于是京都、奈良两个古都率先发起，动员各界，使国会于 1966 年 6 月颁布《关于在古都保存历史风貌特别措施法》，简称《古都保存法》。由此，日本对文物古迹的保护由单体拓展到文物建筑周围的环境。《古都保存法》中由政府指定了奈良的天理市、樱井市、橿原市、斑鸠町和明日香村组成奈良古都的最重要地区，保护的重点并不是这些市、镇的全部，而是在行政区域范围内，划定若干“历史风貌保存区域”，对区域内新的开发建设采取限制措施。在被指定为“保存区域”后，首相还要公布这些区域的“历史风貌保存计划”，并明确规定国家要对历史风貌保护给予财政资助。由于《古都保存法》中未含历史街区的保护工作，从 1968 年开始，日本城镇通过制定地方性保护条例的方式先后开展起来，这一运动直接推动了昭和五十年（1975 年）版的《文化财保护法》中，增设“传统建

造物群”为新的一类文化财产，设立了“传统建造物群保存地区”制度。对传统建造物群的保护已经不再局限于对一间一座传统住房的保护，而是对它们和周边环境实施一体性整体保护，保护的范围已拓展到历史地段和历史街区整体风貌。而相关法律也规定，对于像奈良和京都这样的古城，建立任何一座新建筑，都必须经过严格的审查批准，历史地段和历史街区内更不允许新建筑的出现。可见，整个古都分不同的保护层次构成一体性的保护格局。

同样，历史文化名城扬州在多年古城保护实践过程中，也逐步形成历史文物古迹、历史文化保护区、历史街区试点保护和整个历史城区保护的不同层次包括非物质文化遗产在内的整体保护理念和原则。尽管由于多种原因，起步比奈良要迟得多，成果也不如奈良那么明显，但原则、方向和目标总体一致，这也是扬州通过自身实践和不断借鉴日本和西方古城保护经验的结果。

**（二）古城保护的差异性**

由于中国和日本两国制度和体制的差异，历史文化遗产保护存在着差异性。日本作为亚洲在古城、古都保护方面意识觉醒和探索实践较早的国家，其在历史文化遗产保护的国家法律法规和制度建设方面形成了诸多的宝贵经验。作为日本历史上政治古都和文化中心的奈良和作为中国历史上商业、经济和文化中心的都市扬州，两个城市在不同的国度，具有不同的地位，在名城保护方面也存在着差异性。总体来说，奈良的保护理念和方法更加先进成熟，了解这些差异，无疑对未来历史文化名城保护“扬州模式”的完善多有裨益。

1. 法律制度方面的差异

两个城市有关历史文化名城保护法律制度方面的差异归根到底是由两个国家不同的国体、制度、国力水平决定的。日本从1897年的《古社寺保存法》、《古神社寺庙保护法施行细法》开始，1950年颁布《文化财保护法》，1966年制定的《古都历史风土保存特别措施法》，1975年修改了《文物保护法》，公布了国家级保护区25处，1980年制定了《城市规划法》及《建筑基准法》提出“地区规划”的整顿政策，把区域性历史环境保护作为城市规划的一部分，表明日本历史文化遗产保护的国家层面的法律法规在上个世纪后期已经形成了较完善的体系。除国家立法外，地方自治体的议会可以在法律允许的范围内独自规定地方性法规，使其保护制度构成一个多层次、多结构的法律体系。如奈良、京都等地区的《历史环境保护条例》《传统美观保护条例》等地方立法保护条例中列出的保护地区的名称、范围、保护方法、资金来源等都由地方政府自行制定的法规予以规定。

相比较而言,我国的保护立法体系也采用国家立法与地方立法相结合的方式,并把历史文化遗产的保护范围分为三个层次,即文物保护单位、历史文化街区、历史文化名城。国家制定全国性保护法律及法规性文件,地方在立法权限范围内制定地方性法规、法规性文件。但缺点是:相应的全国性法律、法规不完善;相关部门颁布的文件缺乏正式的立法程序,严格意义上都不能算作国家或地方的行政法规;法规文件涉及内容的广度与深度不足,可操作性不强等,特别是全国性法律法规中对历史文化街区和历史文化名城目前只有很少的法规性文件。这些表明我国历史文化遗产保护的法律制度仍显得很不健全。而扬州直至2010年底才由市政府出台了《扬州市古城保护管理办法》,专门的历史文化名城名镇名村以及历史街区保护的管理条例至今仍未出台。这些说明,至今扬州古城保护仍然是相当程度地停留在责任性保护,而不是法制性保护的水平,与国内其他历史文化名城相比尚有差距,与日本古都奈良相比差距就更明显了。

2. *多元投入方面的差异*

日本无论是在国家性还是地方性的法律文件中,都明确规定了各个层次保护主体的资金的来源,而且对国家、地方政府资助比例也有明确的规定,保护资金的立法保证是日本历史文化名城保护的重要保障。以国家投资带动地方政府资金配合并辅以社会团体、慈善机构及个人的多方合作。国家和地方资金分担的份额,由保护对象及重要程度决定。如规定对传统建筑群保存地区的补助费用,国家及地方政府各承担50%,对古都保存法所确定奈良、京都等地区,国家出资80%,地方政府负担20%,而由城市景观条例所确定的奈良其他保存地区一般由地方政府自行解决。相关政策的制定也为保护提供了多渠道、多层次的资金筹措方式,如明确规定了政府保护、民间保护和私人保护的相关内容。政府保护,一般是针对重要的文物建筑(日本称“文化财”),如奈良地区“法隆寺佛教建筑群”等,完全由政府出钱,政府管理,使重要文化遗产的保护能作为国家事业更有利于在全国范围内推广;民间社团保护,即一些相对次要或社团所有的文化遗产由社团出钱来管理,例如奈良城的普通“传统建筑群保存地区”等,但是国家也有相应的管理制约;私人保护,即在政府的帮助和支持下，由私人在国家允许的范围内对文化遗产进行保护管理，同时政府也提供修复和保护技术上的支援，如奈良町城市格局与历史文化街区的保护，大多是以私人保护为主；其他还有减免税收、贷款、公用事业拨款、发行奖券、自筹资金等形式。多种形式的管理方法使政府有更多的人力、物力、财力去关注重要的城市文化遗产，又能最大限度地调动一切保护文化遗产的力量，动员全民参与保护城市文化遗产。

相比较而言，我国历史文化遗产保护的投入方面无论从资金投入的绝对数量，还是资金筹集的渠道与方式以及政策的配合与引导上都有相当大的差距。目前，扬州主要通过政府或国有企业资本市场融资模式积极探索尝试，申请到的国家专项保护资金极其有限，多元投入机制仍有较大的研究空间，古城保护资金来源仍是困扰扬州古城保护的瓶颈。

3. 技术、手段和细节方面的差异

日本奈良还非常重视对保护和修缮技术标准的制订和实施，其平城宫遗址内设有一座国家级的考古研究所——奈良国立文化财研究所，是日本考古发掘、文物保护的研究中心，也是亚太地区文化遗产保护研究的重要基地。奈良境内的飞鸟历史公园的建立和对平城宫遗址的保护凸显日本利用先进技术和手段保护历史文化名城，对亚洲其他国家都有很好的借鉴作用。1952 年，平城宫遗址被指定为国家特别史迹。自 1959 年开始，奈良国立文化财研究所开始进行持续性的发掘调查和研究工作，并于 1977 年做出“平城宫遗迹博物馆设立初步构想计划”，展开平城宫重整和复原工作。奈良国立文化财研究所为了使平城宫的发掘更易为人理解，不断地研究和运用各种手法进行遗迹的复原和展示工作，建成为一座遗址博物馆，从形式上来看又称为历史公园。奈良利用现代科技和材料进行多种形式的展示，具体来说主要包括：原貌复原展示、遗址揭露展示、台基复原展示、植物标示展示、柱墙模拟展示、堆土标示展示、模型复原展示等多种方法。如此，既尊重历史，又传承文化，其中许多方法被其他国家广泛借鉴。此外，奈良对于历史文化遗产保护的细节相当重视，比如，修缮的木结构建筑物中，内设细密的网罩防止飞鸟和虫类的侵扰；夜晚引用外部电源照射古建筑防止火灾等，表现出日本对历史文化遗产保护研究非常深入，注重引用现代技术并专注于细节方面的保护。

相比而言，扬州市专门成立了历史文化名城研究院，也设立了古建筑修复技术研究室，并组织专家学者编写了《扬州市传统民居修复技术与规范规范》，启动了“扬州城市建设细节与控制”“古城保护行动纲领”“扬州老城区民房整修与保护技术导则”等一系列研究课题，指导扬州古城保护的具体技术、方法和手段问题，但显然两个城市之间历史文化名城保护研究机构的级别和研究能力有明显差别，在具体实施古城保护项目过程中，其发挥的作用和效果也就不言而喻了。

此外，古都奈良在历史文化名城保护中还有诸多的方面值得扬州学习和借鉴。比如奈良町城市格局与历史文化街区的保护，里面保存着一些从江户时代末期到明治时代的民居商铺，比较规整的小街巷格局仍然延续至今，虽然作为行政建制的奈良町已不复存在，但这个街区不仅旧时古都的风貌能得到较好的展示，可贵的是，还保留着古老浓郁的市井风俗、历史传统和街区活力。扬州在历史街区的保护和整治方面可以汲取奈良町历史街区保护与整治中有益的做法。还有奈良在古城保护中注重历史人文环境和自然生态环境的融合方面，也做出了杰出的示范。奈良对文物古迹的保护，设定了历史风土特别保存地区进行管理；对于一些文物古迹所在地区，划归风景地区、都市景观形成地区等不同的限制区域中，使丰富的历史文人环境与优美的自然生态环境趋向和谐统一。奈良公园即是其中一道亮丽的风景，公园位于一处著名的风景区内，园内既分布着兴福寺、东大寺、春日大社等多处世界文化遗产，又有若草山等自然景观，古代被当作神祇供养的梅花鹿悠闲地徜徉其间，构成了一幅美丽的人间栖居的图画。“人生只合扬州居”，期望不久的将来，这幅美丽的图画也能出现在美丽的扬州。

## 二、历史文化名城保护的国内比较——“扬州模式”与“绍兴模式”

古城绍兴也是1982年国务院首批公布的24座历史文化名城之一，是一座具有5000年文化积淀和2500多年建城历史的文化古城。2006年5月，国内外城市规划、设计、古城保护的专家会聚绍兴，充分肯定了绍兴在古城保护中的做法和经验，绍兴的古城保护被业界誉为中国历史文化名城保护的“绍兴模式”。同年，来自中国的188位专家和来自世界各地的63位专家参加了在中国绍兴举办的第二届文化遗产保护与可持续发展国际会议，与会代表就“遗产保护”、“负责任旅游”、“遗产融资”三个专题进行了广泛深入的交流研讨并形成共识，通过了关于新的历史时期文化遗产保护的《绍兴宣言》。

扬州和绍兴作为江浙地区两座有着相似遗产资源和文化底蕴的具有悠久历史的地级城市，同属于中国历史文化名城中的“风景名胜类”的典型代表城市，且具有“传统建筑风貌类”的重要特征。建国以来，特别是改革开放以来都在保护历史古城、复兴城市文化、挖掘城市内涵、彰显城市特色、树立城市个性，建立经济强市、文化大市、旅游名市等方面坚持了长期不懈的探索，在业界都取得了令人瞩目的成绩，两座城市在名城保护方面的做法和经验被誉为古城保护的两种“模式”。历史文化名城保护的“绍兴模式”，按照时任绍兴市建设局局长吉振海先生的阐述是：“遵循重点保护、合理保留、局部改造、普遍改善的方针，按照修旧如旧，原汁原味的要求，体现历史的真实性、风貌的完整性和生活的延续性。实现由点线面保护，到历史街区保护，再上升到全城保护这样一个局部推进的过程。通过名城保护，特别是历史街区保护，延续历史文脉，提升城市品位，提高生活质量，改善投资环境，促进旅游发展。营造政府为主、产权人配合、居民参与的名城保护氛围和引进利用外资注入名城保护的多种融资方式。”笔者比较中国历史文化名城保护的“扬州模式”和“绍兴模式”，发现两种模式既有共通之处，也各有自身的侧重和特点。

**（一）两种模式的共通性**

1. 古城保护理念的共通性

1.1 对古城价值认识的一致性

两座城市在城市发展和城市建设过程中，都深深认识到古城不是现代化的包袱，是城市发展的助推器，保护和建设好古城，既是传承历史文化遗产的内在要求，也是推进城市未来发展的时代选择。两座古城都有着清晰的历史文脉、深厚的文化积淀、鲜明的城市个性、极具特色的民间文化、众多的文化名人和城市特有的文化精神。城市管理者都把传承城市文明作为一种历史责任，积极保护好前人留下的历史文化遗产，努力传承并发扬光大。同时，两座城市都把城市独具魅力的文化遗产作为新时期城市赖以发展的特色、优势和财富，作为提高城市的核心竞争力的推动力，促进城市的可持续发展。为此，2002年开始，绍兴市提出了“江南风情看绍兴、江南古城看绍兴、江南文化看绍兴”的目标，着力打响绍兴古城的“三看”品牌。从2005年起，提出了建设“文化强市”的目标,以历史文化名城较好的保护、开发和利用来提升绍兴的“软实力”。扬州从2004年开始,着力打造“文化扬州”,建设“文化大市”,对历史文化资源按照“护其貌、美其颜、扬其韵、铸其魂”的思路,高起点规划和实施古城保护利用、文化建设发展、旅游开发三者互利互动。正是基于城市管理者对古城价值认识的一致性,两座城市才能在城市化和现代化进程中,保护城市历史文化,留住城市的历史文脉,将作为城市历史结晶的历史文化名城作为城市未来发展的闪亮的金名片,在提高认识中坚定信心,在探索中走出古城保护的新路。

1.2 古城保护方针的一致性

绍兴市在古城保护过程中坚持“重点保护、合理保留、局部改造、普遍改善”的十六字方针。对列入文保单位的珍贵历史文化遗产进行重点保护,如绍兴市投入10亿余元,重点保护全国重点文物保护单位鲁迅故居及其周边环境,保护范围从“故居”扩大到“故里”,保护面积从14公顷扩大到52公顷;对富有绍兴特色的建筑物和较为典型的台门街坊、石桥古庙、河埠头、青石板等进行合理保留,如在仓桥直街、西小河等历史街区分别划出一类和二类保护台门加以修复留存。对历史街区、城区主要通路和水乡风貌两侧的楼房实施立面改造;对影响街区风貌的不协调建筑进行改造和整治,对影响观瞻的各类管线实施地埋式改造;着力改善居民生活条件,通过增设基础设施实现街区居民生活的普遍改善,整修改善了市区二环以内的67条道路。

同样,扬州市在古城保护的实践中,坚持“保护与利用、改造与复兴”的总体理念。对于古城,保护是前提,利用是关键,改造是手段,复兴是目的。在全面保护古城风貌的前提下,实行“整体控制、积极保护、合理保留、全面改善”的十六字方针原则。整体控制就是对5.09平方公里的老城区进行整体控制,全面保护老城区的整体传统格局与风貌;积极保护就是按照点(文物古迹、有较高历史价值的传统建筑)、线(水系、传统街巷)、片(传统建筑群)、面(历史文化保护区)结合的方式,重点保护有价值的历史遗存及其环境,对不具备历史价值和地方特色的简易房、危旧房以及严重影响老城区传统风貌的现代建筑,按扬州传统风貌和格局的要求进行整治和改造;合理保留就是保留并整治虽然建筑质量较差,但具有一定地方特色的建筑,以及建筑质量较好,但与传统风貌不够协调(尚未产生强烈冲突)的建筑;全面改善就是对老城区逐步进行整治,使老城区的基础设施及生活居住环境质量逐步得到合理改善。

从两个城市制定的古城保护方针中我们可以看出,古城更新改造的重点、思路和方向是一致的,古城保护终极追寻目标也是一致的,为了古城“古而不破,古而不死”,既保护古城的意蕴,又适应现代生活的需要,从而推动古城的全面复兴。

1.3 对科学规划重视的一致性

两座城市都认识到,科学规划是前提,也是名城保护的保障。绍兴在最新一轮的城市总体规划中,将城市性质定位为“长江三角洲南翼融历史文化和山水风光交相辉映的著名旅游城市”,扬州的城市性质定位是“历史文化名城,具有传统特色的风景旅游城市,适宜人居的生态园林城市和长江三角洲北翼中心城市”,可见二者城市性质定位的异曲同工。两个城市的历史文化名城规划都自上个世纪80年代开始,历经三轮编修,从而使各自的古城保护走上健康、规范、有序的轨道。在名城规划中,二者都确立了“点、线、面”保护的古城格局、风貌保护相结合的总体框架,都在老城区范围内划定了不同数量的历史文化保护区,确定了“修旧如旧、风貌协调”的保护原则。为强化规划的指导性、权威性、严肃性,在古城范围内,两个城市都严格控制建筑高度,并强调建筑风貌的协调。此外,两个城市都分别制定了老城区分街坊详细性规划,老城区内每一块的更新和改造都严格按照科学规划执行。正是因为两个城市对规划的高度重视,制定了相对完善的规划网络,历史文化名城的资源才能得到合理的保护与利用,许多珍贵的历史遗存才能得以保留,古城的整体格局和风貌才得以维护和延续。

1.4 以人为本思想的高度一致性

坚持让古城保护的成果惠及于民,是古城保护的文化追求,也是古城保护的终极目标。古城是生活其中的居民的物质栖所和精神家园,要实现古城保护的可持续发展,必须得到广大人民群众的拥护和支持,必须切实改善和提高老城区居民的生活条件,让百姓亲身感受到古城保护带来的好处和实惠。两座城市在践行“以人为本”方面表现了高度的一致性。

为此,绍兴市花大力气整治水环境,重现“东方的威尼斯”的水城特色,建设城市污水收集系统,解决河水污染问题。先后完成了古城所有河道的“清淤、弹底、砌砍、拆违、植绿”等工作,并引曹娥江之水对古城水系定期换水。在历史街区的保护与整治过程中，为居民增设卫生设施，管线直埋，改善居民卫生条件和空间环境质量。拆除街区内的违章建筑，增大居民的生活空间。允许居民在保持建筑传统风貌的前提下，在室内进行现代化装修，享受现代文明。特别是对历史街区内私房修缮政策上，采取政府负担55%，产权人承担45%，对人均使用面积10平方米以下的特困户给予照顾等。将百姓的满意程度作为绍兴名城保护的目标。

扬州市通过推进“退城进园”政策，鼓励引导老城区工业企业搬迁至工业园区，关闭了一批污染严重的小企业，实施瘦西湖和邗沟河、漕河、二道河等12条河道的整治工程，对13.5公里古运河城区核心段进行整治，沿河新建绿化景观、市民休闲广场、文化公园和滨水步道，显著提升了老城区环境质量，赢得“和谐人居看扬州”的赞誉。同时，着力改善居民的居住条件，制定专门政策，分类整治古城危旧房屋，通过从宽安置住房面积、给予购房资金补贴、提供限价商品房、安排廉租房或租金补贴等多种措施改善老城区几千户家庭的住房条件。对老城区内的路桥管网进行改造，整修小街巷，并配套公共设施，不断完善老城区的基础设施。

2. 古城保护进程的相似性

从古城保护的进程来看，两个城市走过了相似的历程。从上世纪50年代初到70年代末，两座名城在古城保护中走了不少弯路，填河、拆桥、造路，使名城独特的水网格局遭到部分破坏。从1978年至1990年代初，两座城市都开始重视古城保护工作，陆续开展了修复文物古迹，迁出占用单位等工作，古城保护的重点是对古城现有历史遗存的保护和修复。但是，由于当时的城市规划是依托旧城，城市发展空间着眼于旧城以及向四周外延，面对改革开放初期经济发展的大潮，以及旅游业发展的需要，两座古城为解决交通问题，均不同程度地出现了拓宽马路，破坏古城风貌的相似行为。如这一阶段绍兴修复了兰亭、禹陵、青藤书屋、沈园、越王台、大通学堂、周恩来故居等重要文物古迹。但同时拓宽了解放路、人民路、延安路和胜利路等，几条大马路的修造，从某种程度上影响了传承几千年的古城风貌。扬州亦是如此，此阶段也对重要的风景名胜、文物古迹都陆续采取了许多保护措施。文物、城建、宗教等部门先后修复了天宁寺、观音山、旌忠寺、文峰塔、仙鹤寺、普哈丁墓等。但是，在旧城中心，对石塔路、三元路、琼花路等的拓宽改造，虽然注意了唐代银杏等文物古树的保留和保护，将许多著名历史遗迹保留在马路中间，成为醒目的街景，但马路的拓宽和周围单位宿舍的兴建，从一定程度上影响了古城风貌的完整性，局部地破坏了古城原有的街巷肌理。用历史的眼光来看，当时在全国名城保护的意识还不是很高，加之城市本身条件的限制，城市为发展优先解决交通、住房等问题，也是不得已而为之的办法，幸好此阶段城市建设的力度和手笔都不是太大，对古城风貌和格局的破坏也是有限的。

到上世纪90年代之后，随着市场经济的发展，城市化的快速推动，旧城的城市容量已经难以承载城市现代化发展的要求，两座城市为了保护古城，都比较及时地提出了跳出老城建新城，建设开发区的新的战略思路。此阶段，继续对古城内的历史文化遗产资源进行保护和修复，但是，由于土地级差、地理位置、发展旅游业等诸多因素的影响，此阶段两个城市建设新城的力度都明显有限，整个1990年代一方面强调对古城要保护，继续修复了王羲之故宅、蔡元培故居、周家老台门等历史遗迹，另一方面出现了大开发、建设性破坏等现象。绍兴出现了在老城区中心“开膛破肚”的修建中心路、拓宽鲁迅路，在文物古迹咸亨酒店周围开发高层小区，鲁迅故居虽然得到保护，但走出故居就是一片繁华闹市，故居外的历史环境氛围被完全破坏，出现了全国名人故居保护中的“文物孤岛”现象。扬州也不例外，一方面强调陆续修缮并开放了朱自清故居、扬州八怪纪念馆、二分明月楼，汉广陵墓馆一期工程、隋炀帝陵一期工程等文物古迹保护项目，另一方面，在提出“十年再建一个扬州城”的口号下，城市建设和城市开发出现了回潮现象，特别是对明清古城的旧城部分（汶河以西）的过度开发和建设性破坏，导致旧城传统风貌大面积的减少，对皇宫地区的开发，导致了曹雪芹祖父曹寅主政过的两淮巡盐御史衙门的拆毁，其损失是令人痛心的。

新世纪之后，随着全国名城保护意识的提高，城市管理者和有识之士充分认识到古城的价值，加之城市现代化进程中，城市间相互竞争的加剧，越来越多的名城从唯经济、唯GDP转而走上了挖掘城市文脉、彰显城市特色、显示城市个性和魅力，进行差异化竞争的道路上来。正是在这个大背景下，绍兴和扬州两座名城开始真正走上了符合城市自身特点的古城保护模式的探索、研究和实践之路。绍兴2001年出台了经浙江省政府批准通过的《绍兴历史文化名城保护规划》，作为名城保护的专项规划，切实开始古城保护工作。特别是将保护的着眼点由过去的文物古迹点转向对历史街区的保护，并制定了历史街区的保护目标，近期、中期和远期规划时限和保护内容。确定了点、线、面保护与古城格局、传统风貌保护相结合的总体框架。通过历史街区的保护实现从文物大树到文物森林的文物原生态保护。同样，扬州在世纪之交编制的《扬州市老城区控制性详细规划大纲》，在把古城打造成“古代文化与现代文明交相辉映的名城”题词的鼓舞下，一方面花大力气，全面整治和提升城市综合环境，试点整治历史街区，另一方面，作为全国大运河申报世界文化遗产的牵头城市，积极将“瘦西湖和扬州历史城区”作为整体申报世界文化遗产。扬州在全国较早提出了“大遗址保护”的概念，对上一轮历史文化名城规划中提出的两大片（瘦西湖风景名胜区和扬州明清古城）、三道古城轮廓线（唐代扬州城垣轮廓线、宋三城轮廓线、明清城垣轮廓线）进行了整合和扩展，将明清古城、宋城、唐城以及外围的风貌协调区共约 18.25 平方公里的范围纳入扬州历史城区（大遗址）范围，对大遗址进行整体研究和整体保护。

由此可见，两座城市走过了相似的古城保护历程，对古城本身价值的认识以及对古城保护意义的认识都经历了一个相似的过程。这个历程一方面是由我国国情和一些中小历史文化名城的市情所决定的，一方面它也从侧面反映了我国众多历史文化名城保护的探索和实践过程中所走过的艰难曲折的不寻常之路。

3. 古城保护方式的相似性

从两座城市制定的城市总体规划、历史文化名城保护规划、历史街区保护规划及相关的实施条例等规范性的文件中，我们可以看出，两座城市古城保护具体的方式和措施有着一定的相似性。都是由点、线、面逐步渐进推广，进而由物质遗存拓展到非物质文化遗产，再到全城的保护。

第一，文物古迹“点”的保护。绍兴市改革开放初期，非常重视对古城内重要历史文化遗迹的保护与修复工作，如 1979 年开始修复兰亭、禹陵、青藤书屋等，到 1980 年代，又陆续修复了沈园、越王台、大通学堂、周恩来故居等重要文物古迹，在此基础上，文物部门会同规划部门划定了各级文物保护单位的保护范围和建设性控制地带，走上了依法保护文物古迹之路。1990 年代初继续修复了王羲之故宅、蔡元培故居、周家老台门等，并开展古建筑普查工作，确定具有一定历史文化价值的 83 处市级文物保护单位。扬州市在此阶段也对重要的风景名胜、文物古迹都陆续采取了许多保护措施。文物、城建、宗教等部门先后修复了天宁寺、观音山、旌忠寺、文峰塔、仙鹤寺、普哈丁墓等。对一些占住文物的单位,凡有条件的都逐步进行了搬迁,对当前无法搬迁的单位制定了保护使用措施,并定期组织检查。制定了“蜀冈—瘦西湖名胜风景区规划大纲”,修复了白塔晴云、卷石洞天(盆景园)、二十四桥等景区景点。90年代初期陆续修缮并开放了朱自清故居、扬州八怪纪念馆、二分明月楼,汉广陵墓馆一期工程、隋炀帝陵一期工程等。1981年下半年至1982年上半年,扬州市文化局、文管会派员组成普查小组,对扬州市区进行文物普查。1987年,扬州城市规划部门会同文管部门对市区77个文物景点进行了拍照制图及编写工作,提出了文保单位的保护范围和建设控制地带的初步意见,这就为历史文化名城的保护工作提供了更为详细的依据。

第二,“线”的串联。绍兴对古城河路相依的水城街巷和“三山一塔”的空间视廊进行了有效的串联。首先对古城内“三纵、二环、六线、八池、一百六十八桥”水城街巷进行规划保护,保护18条河道构成的河湖水系;保护一河一路、一河二路、有河无路的河道两侧各50米范围的水乡风貌带;保护6条视线走廊。同样,扬州在古城保护中提出了四条重点保护线和三道古城轮廓线的串联思路。四条重点保护线包括原琼花路、三元路、石塔路(今文昌中路一段)古城新貌主干道;东关街、彩衣街、大东门街风貌老街道;盐阜西路旅游商业服务一条街;小秦淮河城区水上风景线四条线路。三道古城轮廓线主要是指唐代扬州城垣、宋三城城垣和明清城垣轮廓线。两座古城通过“线”的串联,将古城散落的文物“串珠成链”,使街河景点呼应贯通,并使城市发展变迁的历史轮廓清晰可见。

第三,“面”的拓展。到90年代末期,随着古城保护历史街区理念的引入,两座城市对古城内传统风貌保存较好的地段,分别划分出若干历史文化保护区(历史街区),并积极向国家申请保护资金,进行历史街区整治和保护的试点工程。绍兴在经省政府批准通过的《绍兴历史文化名城保护规划》中,在8.32平方公里的老城区范围内划定了鲁迅故里、越子城、书圣故里、八字桥、西小河等五大片和石门槛、新河弄二小片历史街区进行保护,并对仓桥直街和书圣故里1号街坊历史街区进行试点保护,以后又将历史街区的保护拓展到其他古城风貌区,投入10多亿元相继完成了府横街、司狱使前、鲁迅故里一期二期、八字桥核心区块、西小河历史街区、上大路沿河等地段。2003年8月,绍兴仓直桥街历史街区荣获联合国教科文组织亚太地区文化遗产保护优秀奖。对历史街区的保护提出了"修旧如旧、风貌协调"的保护方法和保护、修缮、恢复、保留、整饬、更新等6种保护方式。扬州在世纪之交编制的《扬州市老城区控制性详细规划大纲》中,在5.09平方公里的老城区范围内划定了东关街、仁丰里、湾子街、南河下四个历史文化保护区和北矢巷、牛背井、正谊巷、弥陀巷、小草巷、居仁里六组传统建筑群,并从2000年开始试点整治东关历史街区。在历史街区的保护与整治过程中,扬州借助外智,与德国技术合作公司和城市联盟等合作,借用国际先进理念,探索老城区逐步渐进更新方式和妥善处理街区内民居和公共、配套设施的改善的具体理念、方法和措施。名城扬州正是在古城保护和改善人居环境方面所做出的杰出贡献,2006年荣获世界最高人居奖"联合国人居奖"这一含金量极高的城市殊荣。2010年,整治后的扬州东关街,因其较好地保持了明清风貌特色而荣获"中国十大名街"的称号。此后扬州又继续对古城核心区教场地段的保护与整治,目前,正积极探索针对不同特点其他历史文化街区保护的新思路和新途径。这种以"面"的拓展为动态性的古城保护,为实现全城保护的理想带来希望和生机。

第四,包括非物质文化遗产保护在内的全城保护理念。新世纪以来,随着古城内文物古迹、历史街区保护与整治的稳步推进,两个城市将上述二者的保护与古城格局、传统风貌的保护结合起来,保护的目标拓展到"全城",从物质文化遗存拓展到非物质文化遗产,力争体现古城保护的完整性。绍兴市在实行古城的"全城"保护中,重点保护和延续唐以前形成的水城格局和宋代以后确立的街巷格局,保持传统水系特征,延续小巷小弄的传统韵味,保持古城空间轮廓和视廊的通透性。通过加强对"全城"的保护,既为分散的文物撑起了"保护伞",也将孤立的"文物大树"连缀成片,打造了原生态的"文物森林"。在全面保护古城物质文化遗产的同时,绍兴还大力保护古城的非物质文化遗产,挖掘和弘扬古城的酒文化、水文化、茶文化、戏曲文化等民间民俗文化;传统的"三缸""五酱""锡半城"等手工业文化;钱庄、当铺、老字号商铺等商业文化。扬州在新世纪以后,为把古城打造成"古代文化与现代文明交相辉映的名城",一方面花大力气,每三年一轮,连续整治和提升城市综合环境;另一方面,作为全国大运河申报世界文化遗产的牵头城市,积极将古城作为整体申报世界文化遗产,2005年"瘦西湖和扬州历史城区"进入《中国世界文化遗产预备名单》。扬州在全国较早提出了“大遗址保护”的概念，对上一轮历史文化名城规划中提出的两大片(瘦西湖风景名胜区和扬州明清古城)、三道古城轮廓线(唐代扬州城垣轮廓线、宋三城轮廓线、明清城垣轮廓线)进行了整合和扩展，将明清古城、宋城、唐城以及外围的风貌协调区共约18.25平方公里的范围纳入扬州历史城区(大遗址)范围，对大遗址进行整体研究和整体保护。同时，全面挖掘并整理古城内的非物质文化遗产资源，对充分展示扬州地方文化的扬州清曲、扬州评话、扬州漆器工艺等民俗技艺项目进行重点保护。目前已有通草花、扬派盆景等23个项目被列入省首批非物质文化遗产名录；扬州漆器、雕版印刷、剪纸、清曲、评话、玉雕及扬剧被列入中国首批非物质文化遗产名录；扬州弹词、木偶戏、金银细工制艺、盆景、茶点和古琴被列入第二批国家非物质文化遗产名录。在老城整治的过程中，合理保留并发展一些久负盛名的商业老字号，为扬州传统工艺的延续和繁荣提供发展空间。此外，还通过评比工艺大师、建立补贴制度等措施，重视古城保护过程中非物质文化遗产的保护、传承与创新。

由此可见，两座城市古城保护的方式是从改革开放初期重视文物古迹点的保护，到以点串线的方法，通过道路建设和古街道、古水系的整治，形成古城保护与游览的线路，再将线扩大到面，对能够反映古城风貌的历史文化保护区的划定和分阶段有重点的保护整治历史街区，最后到将包括城市非物质文化遗产保护纳入范围的整个古城全城保护。这种逐步扩大推进的过程和方式是中国当今多数历史文化名城保护探索的通常路径，反映了我国对城市历史文化遗产保护理念和具体保护方式认识的逐步深化的过程，这个过程和路径也契合了当今中国历史文化遗产保护的三个层次的层层推进的要求。

### (二)“绍兴模式”的个性特点

虽然同是国家首批历史文化名城，两城市历史文化底蕴和传统风貌特征也有些近似，处于江南江北的两座名城在古城保护的模式方面有共性，也有个性。绍兴的名城保护突出地表现在其对历史文化名城保护专项规划的高规格、高标准的制定；名人故居保护向名人故里保护转变，并在全国形成突出效应；名城保护的投资和管理机制创新等方面。

#### 1. 历史文化名城保护专项规划的制订

1982年国务院公布首批国家级历史文化名城之后，要求被公布的名城尽快制订出针对各城市历史文化遗产实际情况的可操作的历史文化名城保护规划。当时各城市正积极制订改革开放后第一轮城市总体规划，被公布的名城及时地制订了历史文化名城保护规划，但是多数是作为城市总体规划的组成部分，还没有将其突出到独立于总体规划的专项规划高度。绍兴市 1990 年代制订第二轮城市总体规划的同时，有鉴于之前名城保护经验和教训，在城市总体规划中将城市性质定位为“长江三角洲南翼融历史文化和山水风光交相辉映的著名旅游城市”的科学定位，并从 1998 年起，邀请上海同济大学着手编制《绍兴历史文化名城保护专项规划》，1999 年 3 月形成初稿，后经多次修改完善，2001 年 12 月经省政府常务委员会正式审议通过。这是国内为数不多的独立于城市总体规划，并经省政府正式批准的名城保护专项规划。

该专项规划的创新之处表现于其保护理论体系的完善性和规划的可操作性方面。理论体系上包括从保护有形的实体性历史文化遗产到保护无形的优秀传统文化；从保护文化遗产到保护自然遗产；从回顾历史总结经验教训，到指导今后的理论与工作；从保护与可持续发展各个方面都进行了深入的论证与分析。规划的可操作性表现为切合名城保护的实际情况，明确了古城保护的期限、原则、目标、范围、内容，对不同的保护对象，划定不同的保护范围，实行分级保护，并将保护区内的建筑分为保护、改善、重建、保留、整饬、拆除 6 类模式，对古城内的建筑、体量、形式、高度、色彩做了详细规定，并对每个文保单位和文保点用周围建设性控制地带都做了具体规定。

相比而言，扬州市在每一轮制订城市总体规划的过程中，分别制订了历史文化名城保护规划，但一直以来只是作为总体规划的组成和补充部分。独立于总体规划的名城保护专项规划一直没有出台，专门的经过省政府批准的名城保护规划的制订需要集中各方面的智力、财力、精力，但它将会有助于对整个城市历史文化遗产家底的彻底摸清，对古城整体空间格局宏观把控，对有针对性保护措施和方法的有效探讨以及对更加务实的可操作的管理办法、技术标准、细节要素等方面的全面完善。

2. *名人故里保护的全国效应*

绍兴拥有众多的文化名人，毛泽东同志曾赞誉绍兴为“鉴湖越台名士乡”。古代就有文武状元 27 名，现代有绍兴籍的“两院”院士 60 多名，还有王羲之、蔡元培、鲁迅、马寅初等 4 位列为“中华世纪坛”雕塑的中华名人。改革开放以来，绍兴一直就非常重视对周恩来故居、王羲之故宅、秋瑾故居、蔡元培故居、鲁迅故居等名人故居的保护和修复工作。但是，有鉴于上世纪七八十年代中，只重视对故居单体建筑的保护，而忽视甚至毁坏了周围相关建筑，如鲁迅故居周边的周家台门被拆除，新建了一座与故居极不协调的鲁迅纪念馆等，以及将原本宽仅 6 米，两边屋檐隔窗相望的故居前的旧石板路——鲁迅路改建成宽 25 米的大马路。从 2000 年开始，绍兴市在充分研究地方历史文化名人的基础上，认为仅仅保护故居是不够的，应当扩大保护范围，引入了"故里保护"的理念，并以鲁迅故居为试点，进而将故里的保护扩大到整个历史街区。

从 2000 年开始，绍兴开始向全国征集鲁迅故里工程规划方案，2002 年，国家名城委秘书长王景慧同志亲自主持了规划评审会，最终通过了由清华大学和绍兴市设计院共同完成的规划方案。从故居到故里，保护的面积从原先的 14 公顷保护范围扩增到 51.57 公顷，2002 年开始正式启动故里的保护工程。鲁迅故里总投资 10 亿多元，工程包括鲁迅故里、鲁迅祖居、百草园、三味书屋及鲁迅青少年时代生活环境展示区、旅游管理服务区等内容，由周家台门、寿家台门、朱家台门及步行街等 15 个项目组成。鲁迅笔下的所有遗迹以及当年生活环境都得到了几乎"原汁原味"的展现，2003 年 9 月鲁迅诞辰 122 周年之际对外开放。事实证明，鲁迅故里成为中国保护最完整、风貌最传统、规模最大、文化内涵最丰富的人文旅游区，鲁迅故里被称为中国第一名人故里。之后，绍兴又陆续进行了书圣故里后期工程的保护。从故居到故里，从文物大树到文物森林，绍兴对名人故里的有效保护和推进，为绍兴的人文旅游聚焦了人气，名人故里旅游收入成为绍兴旅游收入的最重要的部分，取得了良好的文化效应、经济效应和社会效应，有力地推进了绍兴"文化强市"和"经济强市"建设，实现了古城保护与经济、社会、城市发展的多赢。

相比而言，扬州也拥有众多的历史文化名人，历史上"扬州八怪"、"扬州学派"众多的代表人物，清代著名的盐商和文人官员，以及近现代著名文人朱自清等。但目前扬州只是将其视为文物保护单位，着重于对文物古迹点进行保护和修复。目前，扬州重点保护和修复盐商园林有个园、二分明月楼及城河和瘦西湖沿岸的众多盐商私家园林；文人官员园林和故居有何园、小盘谷、阮元故居、史可法纪念馆、吴道台宅第等；近现代名人故居有朱自清故居等。目前扬州文化博览城建设规划中也正在建设扬州籍院士博物馆。但相对于属于扬州籍或寄居于扬州的众多历史文化名人的典故、遗迹、史料等来说，扬州名人故里的效应显然是不够的，在历史街区的保护过程中，尽管注意到了名人园林、故居、宅第的保护，但远没有放大到名人故里的视野。绍兴的由名人故里保护拓展到历史街区整体保护的做法值得扬州深思和借鉴。

3. 创立了全国历史街区保护的新样板

历史街区保护是绍兴市历史文化名城保护专项规划的最重要内容，规划中对 8.32 平方公里范围内五大片和二小片总面积 200 万平方公里的历史街区的保护范围、目标、期限、原则等都作了明确规定。2001—2010 年，绍兴以仓直桥街和书圣故里 1 号为历史街区保护、修缮和整治试点，此后推广到 5 大片街区。

在历史街区保护过程中，绍兴按照“重点保护、合理保留、局部改造、普遍改善”的方针和“修旧如旧、风貌协调”的保护原则，具体保护方式上强调“历史的真实性、风貌的完整性、生活的延续性和人文自然融合性相统一”，进行了中国历史街区保护的积极而谨慎的探索创新。具体来说，一是原汁原味地对街区内种类文物保护单位实行原址、原物、原状的保护；二是原模原样地恢复街区内的河道水系和水乡风貌；三是有根有据地重建街区内的重要台门、院落；四是有脉有络地对街区内主要道路两侧的部分新建建筑按传统风格实施立面改造。坚持以人为本，完善基础。初步建立起了政府主导、社会参与、产权人出资、银行贷款等多方投资机制。

绍兴的历史街区保护的这些创新做法，提升了绍兴城市的知名度，得到了国内外专家的充分肯定，在国家名城保护研讨会上，绍兴多次被邀请在大会上作经验介绍。2003 年 8 月，绍兴仓直桥街历史街区荣获联合国教科文组织亚太地区文化遗产保护优秀奖。全国政协委员、国家历史文化名城保护专家委员会副主任罗哲文先生称绍兴由名人故里保护而推广整个历史街区保护为“全国规模最大、修得最为地道的历史街区”。绍兴历史街区的保护模式不仅成为历史文化名城保护的“绍兴模式”的最重要内容，而且为全国的名城保护特别是历史街区的保护提供了有益的借鉴，成为中国历史街区保护的新样板。国家历史文化名城研究中心主任、同济大学阮仪三教授认为“绍兴的历史街区整治做到了修旧如故、以存其量，创造了修缮的方法，培养了一批技术骨干，保护实施中做到了公众参与，留存了活的地方文脉，营造了良好的社会氛围，保护和利用不以发展赢利性的旅游为目的，为创建和谐社会作出了自己的贡献。”应当是对其实事求是的评价。

相比而言，扬州在确立了四大历史文化保护区后，对历史街区也进行了谨慎的试点保护，双东（东关街、东圈门）的整治也取得了有目共睹的成绩。但是体现古城风貌的其他历史街区的保护和整治还没有启动，古城内大多数居民的居住条件、基础设施和生活配套设施仍然是个亟待解决的问题。

4. 保护恢复城市文化生态引热古城人文旅游

随着国内历史文化名城保护理论研究的深入，城市生态学被广泛应用于古城保护的理论和实践之中。城市作为人类文明的产物和标志，城市文明是城市内在文化物质的综合反映。每个城市都是一个地域性社会有机体，同时也是一个特定的文化丛（Cultural Cluster）。对城市文化生态学的关注可以恰当地调适文化生存与文化环境之间的关系。古城保护过程中对历史文化遗存的保护，不仅在于对历史遗存本身进行的保护和修缮，更在于将遗产点置于整个古城物质空间方式保护基础之上的对与遗产点休戚相关的文化生态环境的保护。绍兴模式的另一显著特征在于古城保护中关注城市文化生态的修复。为恢复绍兴水乡古城的风貌特征，绍兴在建筑式样上坚持水乡固有的粉墙、黛瓦、坡屋顶以及临水街面的民居台门为主要风格，尽量使用青砖、青瓦、青石板和灰浆为主要材质，以黑、白、灰为主要色调，从视觉效果上恢复古城风貌。绍兴对城市文化生态的恢复与修复还表现在古城保护过程中，有意识、有计划地保留、恢复和增建一批能体现浓郁地方特色的非物质文化遗产借以作为表达和表现的物化“平台”，如河埠、踏步、茶楼、酒馆、临河戏台、会馆、庙宇、老字号商铺、传统手工艺作坊以及民俗博物馆等，以此留住城市的魂和脉，从整体上营造文化环境的氛围。绍兴还通过“线”的串联方式，构建水巷为主的街河走廊，将原来被大马路和高楼割裂、分散的历史街区和文化域连为一体，以此营造不同的文化生态群落。

这种有意识的城市文化生态环境的整体营造，客观上对城市历史文化遗产既达到了保护的效果，又发挥了很好的利用价值。其中，引人注目的是绍兴的人文旅游近几年以每年 20% 的速度增长，形成了浙江旅游业中的“绍兴现象”。特别是保护成果之一“鲁迅故里”成为古城最完整、风貌最传统、规模最大、文化内涵最丰富的人文旅游区，被称为中国第一名人故里，引发了绍兴人文旅游的热流。

相比而言,扬州在古城保护过程中,也重视城市的文态和生态环境的保护,特别是文化博览城建设的稳步实施,和双东历史街区的试点整治,有力地提高了城市整体的文化氛围。但是,在有意识地恢复、营造城市整体文化生态环境方面还显得标准不太高、效果不太明显。相比于多彩灿烂的扬州文化,成为中国文化的守护之城以及城市文化的全面复兴,扬州还有很漫长的路要走。

**参考文献:**

[1] 丁辑．日本京都、奈良为何免遭轰炸 [J]. 党史纵横,1991,(1).

[2] 周保秋,陈跃．扬州:大师眷念的名城 [EB/OL]. http://news.xinhuanet.com/zgjx/2011-04/28/c_13846888.htm.

[3] 王勇．中日关系史考 [M]. 北京:中央编译出版社,1995.

[4] 万振．日本仿唐古都——奈良 [J]. 当代世界,2005,(10).

[5] 宋振庭．扬州是唤起中华民族自豪感的好地方(代前言)[N]. 新华日报,1983-10-12(4).

[6] 张松．城市文化遗产保护国际宪章与国内法规选编 [M]. 上海:同济大学出版社,2007.

[7] 赵昌智,等．文化扬州 [M]. 扬州:广陵书社,2006.

[8] 刘玉芝．从奈良、京都的历史遗迹看日本的文化遗产保护 [J]. 中华文化遗产,2010,(6).

[9] 张全民．古都奈良文化遗产保护对西安的借鉴作用 [J]. 中国名城,2007,(2).

[10] 康保成．日本的文化遗产保护体制、保护意识及文化遗产学学科化问题 [J]. 文化遗产,2011,(2).

[11] 王景慧．日本的古都保存法 [J]. 城市规划,1987,(5).

[12] 张松．日本历史环境保护的理论与实践 [J]. 清华大学学报(自然科学版),2000,(S1).

[13] 苑利．日本文化遗产保护运动的历史和今天 [J]. 西北民族研究,2004,(2).

[14] 柳肃．日本历史文化遗产保护的经验 [J]. 湖南文理学院学报(社会

科学版),2009,(1).

[15] 肖永亮,李飒.中外历史文化名城古迹保护比较[J].中国名城,2011,(7).

[16] 王林.中外历史文化遗产保护制度比较[J].城市规划,2000,(8).

[17] 杜久明.殷墟遗址与奈良平城宫遗址保护展示的比较研究[J].殷都学刊,2006,(3).

[18] 吉振海.名城保护的"绍兴模式"[J].中国名城,2007,(2).

[19] 王永昌.保护历史之根 传承文化之魂——绍兴市历史文化名城保护的探索与实践[J].中国名城,2007,(2).

[20] 林抒.让嵇山镜水永存魅力[J].建筑与文化,2007,(9).

[21] 陆苏华.扬州首批非物质文化遗产概览[M].扬州:广陵书社,2008.

[22] 王景慧.论历史文化遗产保护的层次[J].规划师,2002,(6).

[23] 绍兴市城市规划设计研究院.绍兴市历史文化名城保护规划[S].1999.

[24] 李波.绍兴历史街区的保护[J].中国名城,2007,(2).

[25] 叶辉.古城保护的"绍兴模式"[J].中国名城,2007,(2).

[26] 张松.历史城市保护学导论——文化遗产和历史环境保护的一种整体方法[M].上海:同济大学出版社,2008.

# 日本的“精神故乡”

## ——从奈良借鉴扬州世界名城建设

邱正锋

**摘　要**：奈良作为世界名城，有“东方的罗马”之誉，而日本人更自豪地称奈良为“精神故乡”和“丝绸之路的东方终点”。奈良在文化遗产的保护方面，取得了举世瞩目的成绩，堪称世界遗产之都。扬州和奈良不但有友好的历史渊源，并且同为东方城市，都具有唐代文化风格。扬州在城市风貌、历史街区格局、大遗址保护与展示、传统产业复兴等方面都可以借鉴奈良的经验，并且在世界名城建设中要理直气壮提出“中国历史文化守望者”的口号，从世界文化遗产保护与展示的角度推进扬州世界名城建设。

**关键词**：奈良；扬州；世界文化遗产；世界名城

日本历史文化名城、国际游览城市、日本古代文化发祥地之一、奈良县首府——奈良，位于本州岛中西部，坐落在奈良县北端，同京都、大阪略成等腰三角形方位，四面环山，城市面积212平方公里，人口30余万。奈良古称大和，约公元3世纪以此为中心建立起来的大和国对于日本早期统一国家和民族的形成起了重要作用。此后，由于热心学习和大量吸收以中国为主的大陆文化，奈良作为日本当时的政治中心获得了很大发展。日本历史上最早的正式国都藤原京位于大和南部的飞鸟地区，于公元694年建成启用。自公元710年起，

---

**作者简介**：邱正锋，扬州市历史文化名城研究院副研究员。

国都迁至大和北部的平城京，由此开始了奈良时代。公元8世纪迁都京都以后，奈良不再作为日本的政治中心，但作为寺庙之都，仍然继续焕发出生机。奈良有"东方的罗马"之誉，而日本人更自豪地称奈良为"精神故乡"和"丝绸之路的东方终点"。特别是20世纪五六十年代以来，奈良以荣获"国际文化城市"为契机，确定面向未来、建设新文化首都的目标，成为文化艺术和学术研究的据点，在文化遗产的保护方面，取得了举世瞩目的成绩：先后拥有"法隆寺佛教建筑""古都奈良的文化遗产"两项世界遗产，尤其是第二项以城市冠名，由东大寺、兴福寺、春日大社、元兴寺、药师寺、唐招提寺、平城宫遗址和春日山原始森林等8处组成，堪称世界遗产之都；1994年奈良国际研讨会上编制的关于遗产真实性的文件，成为新时期世界遗产保护的重要指导原则；1999年联合国亚太文化中心文化遗产保护协力事务所在奈良设立，更使这里成为亚太地区文化遗产保护研究、信息交流和人才培训的一个中心。作为中日双方历史文化名城的代表，因鉴真大师的缘故，扬州和奈良不但有友好的历史渊源，并且同为东方城市，都具有唐代文化风格。扬州在城市风貌、历史街区格局、大遗址保护与展示、传统产业复兴等方面都可以借鉴奈良的经验，并且在世界名城建设中要理直气壮提出"中国历史文化守望者"的口号，从世界文化遗产保护与展示的角度推进扬州世界名城建设。

## 一、从奈良町借鉴城市格局与历史文化街区的保护

奈良町是以元兴寺旧境内为中心的地区，突出于奈良时代平城京东部称作外京的地方。从街区的规模和建筑体量来看，当时只能算作一座普通城镇。但这里保存着许多神社和佛寺，一些从江户时代（公元1603年至公元1867年）末期到明治时代（公元1867年至1911年）的民居商铺及当时比较规整的小街巷格局延续至今。尽管作为行政建制的奈良町已不复存在，但是作为反映奈良城市发展史的重要见证受到保护。这里不仅旧时的风貌得到较好展示，还保留着古老浓郁的市井风俗和历史传统。通过参观传统民居、工艺美术馆等地方，使人对街区历史和风俗有更深的了解和感受。

扬州早在上世纪80年代制定的城市总体规划中，就提出"保护明清古城

完整格局和历史风貌"的基本原则,显示出对于保护历史上扬州的城市格局和古城风貌的高度重视。但是后来由于在现代化的发展过程中,对旧城区采取了不适当改造的政策,致使部分传统民宅、商铺、会馆遭到拆毁,街巷肌理人为割断,这无疑是古城文化遗产的一大损失。

对于扬州历史文化街区的保护,在1996年公布的城市总体规划中曾明确扬州六片历史街区,其中有四片位于明清老城区,以"双东"历史街区最为知名,但在实际管理和具体保护中,还存在不少问题,特别是重拆再建过多,把仿古一条街的建设当作历史文化街区的一种速成做法,与奈良的保护实践大相径庭。他们对于历史街区的一般民居要求按照传统式样进行修缮翻建,定期实施动态修复,在外观上与整个街区的风貌保持一致,能清晰地看到自大和以来建筑积累的信息;并且十分注意向业主宣传这些做法的意义,以取得民众的支持。为了防止老龄化、城市化导致传统建筑技术后继乏人,开发等造成原生态自然的消失,使地方的文化濒临危机,奈良还大力推行"未来遗产运动",把悠久历史与传统基础上培育起来的丰富的地方文化、自然遗产遗传给百年后的孩子们。活动内容包括修复古建筑、疏浚河道、保护历史街区原貌、保存铁道等产业化遗迹等,并从中选择性培养传统工艺传承人。在彩衣街等地区,扬州市已采用不搬迁原住民为原则,实施"改善居住条件,优化基础设施,保持传统风貌,促进功能更新"的历史街区整治行动,较好地恢复了沿街建筑的传统风貌,修缮保护了历史建筑,同时改善和提升了周边环境。但这种"运动式"的保护方法也留下风貌单一、资金困难、难以持续等问题,与奈良的历史街区保护理念尚不可同日而语,扬州应该更多地与包括奈良在内的国际相关保护机构合作,巧妙利用国际基金,用更新的保护理念整治历史街区,改善历史文化街区的生活环境,为民居保护做出示范。

## 二、从奈良公园借鉴历史人文环境与自然生态环境的融合

"奈良是美丽的地方。自然是美丽的,保存下来的建筑物也是美丽的。而二者合一的地方是在其他地方看不到的。"20世纪初年曾经在此生活过的日本著名作家志贺直哉对奈良情有独钟,他的话揭示了这座城市赢得人们喜爱的原因。

奈良在城市规划中十分注重历史人文环境与自然环境的融合。对于文物古迹的保护，设定了历史风土特别保存地区进行管理；对于一些文物古迹的所在地区，划归风景地区、都市景观形成地区等不同的限制区域中，使丰富的历史人文环境与优美的自然环境趋向和谐统一。奈良有众多的风景地区，都是以历史文化资源为依托。奈良公园及其周围是体现二者和谐统一的一个突出实例。奈良公园位于风景区内，园内既分布着兴福寺、东大寺、春日大社等几处世界遗产，又有若草山等自然景观。东西长 4 公里，南北宽 2 公里，林木茂盛，草地辽阔。古代这里当作神祇供养的梅花鹿，今日三五成群栖息徜徉其间，成为一道独特的风景。甚至在古都奈良的世界遗产中，春日山原始森林本身由于古代已作为春日大社的神圣区域受到保护，体现了日本人通过自然感受神之存在的传统，被认为是一处“自然与人类的共同作品”的文化景观（cultural landscapes）。

新中国成立以后，扬州在城市规划中把石塔、文昌阁、五亭桥等一批文物古迹或规划为绿地，或辟为公园，体现了把文物古迹保护与自然生态环境相结合的意识，取得了一些成功的经验。但是在具体设计和实施中，有的未能从历史文化名城保护的角度多加考虑，缺乏对文物遗存的展示和彰显，未能挖掘出丰富的历史文化内涵，与一般的园林游乐场所差别不大，特别是对原自然生态保护重视不够，城市绿化率还不能和奈良相提并论。以瘦西湖为例，这些年虽然逐步拓展了空间，恢复了历史风貌，但新区域历史遗存较少，与传统游览区域条块分割，游客稀少，仍以线状、徒步旅游为重点，未能形成景观合力。急需从世界名城的角度，对扬州人文景区进行评估确认，划定范围，以线带面，发展景区立体交通，鼓励游客参与互动，改变走马观花式游览效果，真正留住游客脚步，并在此基础上纳入名城的保护和建设范畴进行规划、立法和管理。

## 三、从平城宫遗址借鉴历史公园与大遗址的保护

建立历史公园是日本对古遗址进行保护的一种重要方式。日本有 500 多处古遗址——包括陵墓、城堡、村落、庙宇、官衙、园林、道路等，通过这种方式得到保护。历史公园由环境建设省进行管理，国家级的历史公园超过十多

处。奈良境内的飞鸟历史公园保存着飞鸟时代的许多遗迹，是一处国家级的历史公园，文物古迹得到很好的保护展示。平城宫遗址因为有一座日本国家级的考古研究所——奈良国立文化财研究所，是日本考古发掘、文物保护的研究中心，因而隶属文部省管理。关于平城宫遗址整备的实践，集中体现了日本文物保护的思想和方法，对于我们有很好的借鉴作用。

平城京于公元 710 年至 784 年作为都城使用，是日本模仿隋唐都城长安和洛阳建造起来的。平城宫遗址位于都城北部正中，东西 1.3 公里，南北 1 公里，占地 120 公顷。在都城外迁以后，遗址大部分沦为稻田。日本政府从 20 世纪初开始，通过一系列赎买，目前已取得了该遗址绝大部分土地的产权。在大规模考古发掘的基础上，这里进行了保护复原，并加以陈列展示，成为一座遗址博物馆，从形式上来看，也可称为历史公园。

平城宫遗址上建有介绍平城宫历史和文物遗迹的博物馆，还有对考古发掘的遗址按照原样进行陈列的遗构展示馆。此外，由于日本古代主要是土木结构建筑，不像欧洲的砖石结构容易在地面上保存，因而重视对于考古遗址的保护复原，主要采取了以下几种方法：

第一，按照考古发掘的原样进行复制或仿制。例如，平城宫大内里的一口水井遗址，在原位置之上复制出井口，四周地面的铺石使用化学材料仿制。

第二，表现建筑遗址的地面遗存和范围。例如，对第二次大极殿复原出踏步、基坛和柱础石；对天皇居住的内里的一组建筑，采用草坪显示遗址范围，用修剪成柱状的灌木表示立柱。

第三，重建或部分重建原来的建筑。比如宫城的正门朱雀门，根据专家的复原方案进行了重建。

第四，使用风景规划的方法表现遗址。主要通过种植一些对遗址不构成伤害的植物，使遗址既能在接近自然的状态下得到保护，又利于风景观赏。

扬州市的古遗址分布比较密集，整座城市都被国家文物局公布为全国重点文物保护单位，尤其是唐子城护城墙基本完整，遗址面积大，是扬州这座历史文化名城的重要遗存，在中国古代都城发展史上占有重要地位，也是属于全世界的文化遗产。

近二十年来，在城市化和农村经济的大规模发展的形势下，大遗址的保护受到巨大冲击和挑战。扬州市文物部门按照建立历史文化公园、对大遗址进行复原展示的思路，正精心组织编制保护规划。唐子城大遗址的保护、发掘和展示将是扬州作为世界名城的重要环节，奈良的成功经验值得我们借鉴，目前西安在联合国教科文组织日本信托基金的资助下，大明宫含元殿遗址保护复原工程经过中日专家的多方协商论证，得以顺利实施，成为保护典范。扬州要加快步伐，积极引进外智和基金，充分发挥文化先进的生产力和“最后一桶金”的作用，让唐子城遗址成为展示扬州文化、塑造扬州国际形象的媒介。

## 四、从“大和岁时记”借鉴无形文化财、民俗文化财的保护

日本把文物称作文化财，分为有形文化财、无形文化财、民俗文化财、纪念物、传统建筑群落五大类，内涵比我国对于文物概念的一般界定要宽泛得多。无形文化财、民俗文化财的划分是日本文化财概念的显著特征，也像其他文化财一样划分等级进行保护。无形文化财是指在日本具有历史艺术价值的表演艺术、音乐、工艺技术等无形的文化财产。民俗文化财是对于理解日本国民生活演变不可或缺的、关于衣食住等方面的风俗习惯、民间艺术以及所用的实物，分为无形民俗文化财和有形民俗文化财两部分。从文化财中抽象出“无形”的内容与国际上对无形遗产( Intangible heritage )的确认和重视的趋势是相一致的，使文化遗产的概念更加完整，内容更加丰富。

奈良对民风民俗的重视给人留下深刻印象。这些生动鲜活的习俗激发了人们热爱乡土的情感，也是旅游观光的一项重要内容。奈良的节令习俗“大和岁时记”是当地观光手册必不可少的一项内容，列出40多项内容，有若草山烧山、春日大社万灯笼、兴福寺南大门遗迹上的薪能、鹿苑的锯鹿角、万叶植物园的春日舞乐会、春日若宫御节等风俗，都很有特色和影响。每年十月下旬至十一月上旬举行的正仓院珍宝展，也成为当地的一项重大活动和风习。至于每年12月31日夜在各个寺庙敲响的除夕钟声，元旦去寺院神社的新年参拜，更成为日本举国方兴未艾的习俗。

日本的无形文化财和民俗文化财的内涵与我们习惯上所说的文化艺术、民风民俗是比较接近的。对于它们的保护我国显得不如日本重视，尚未正式纳入历史文化名城保护的范畴。实际上，正是这些文化遗产构成我们文化大

厦的基石，生动体现出各民族文化的独特性。

扬州的文化艺术、民风民俗源远流长，内涵丰富，但是在近代西方文明的冲击下急剧嬗变。我们自身长期以来对地方戏曲、民族音乐、传统工艺、民间信仰、传统民居、节令风俗也不够重视，缺乏整理、研究和保护。近年来，通过对历史文化的深层次开掘，扬州也推出了古文化艺术节、运河名城博览会、民间艺术表演等特色旅游项目，为历史文化名城形象的塑造做出了很大贡献。但是我们不少很有价值的文化艺术、民风民俗濒临灭绝的危险，亟待进行保护。作为有悠久历史的古城，我们还没有恢复建立自己系统的“扬州岁时记”，更谈不上推向整个社会，宣传扬州的风俗文化。

文化遗产是各个民族和国家传承下来的独特文化的载体，深刻体现了世界文化的多样性，构成历史文化名城的主要内容。离开了文化遗产，就不成其为历史文化名城。扬州作为传统非物质文化遗产保存特别丰富的城市，以扬州为名号的漆器、玉器、菜肴、戏曲、园林、学派等都具有鲜明的中国元素，都具有世界级的水平和精致绝伦的特色，这些文化遗产不仅是属于扬州的，更肩负着展现、传承、光大中华文明的重任。

作为中国最知名的历史文化名城之一，扬州具备成为世界名城的得天独厚的条件。虽然目前扬州市还没有一项世界遗产，与我们实际拥有的文物古迹的价值不符，与奈良相比也有很大差距。事实上，我们目前缺少的不是世界级的文化遗产，而是缺少符合国际标准要求的保护和环境条件，缺少高瞻远瞩的历史文化名城保护和建设方针。只有用宽广的视野、虚心的态度学习奈良等城市建设名城的经验，而不是好大喜功，贪多求洋，扬州一定能走出独具特色的世界名城发展之路。

**参考文献：**

[1] 王金林. 日本奈良时代对唐文化的输入、改造和创新——兼论奈良文化中的民族传统 [J]. 日本研究，1988，(2).

[2] 刘玉芝. 从奈良、京都的历史遗迹看日本的文化遗产保护 [J]. 中国文化遗产，2010，(6).

[3] 江本砚. 扬州—奈良两地佛寺景观比较 [D]. 南京农业大学，2011-02-01.

[4] 林小如,李海东. 关于《奈良宣言》的反思——也谈历史遗产的“原真性”[A]. 中国城市规划学会. 转型与重构——2011 中国城市规划年会论文集 [C]. 南京:东南大学出版社,2011.

[5] 万振. 日本仿唐古都——奈良 [J]. 当代世界, 2005,(10).

[6] 韩骥. 京都、奈良在城市建设中保存古都风貌的经验 [J]. 城市规划,1981,(1).

[7] 何昉. 日本奈良中国文化村园林规划设计意匠 [J]. 北京林业大学学报,1988,(4).

# 论日本世界城市建设及对中国的启示*

## ——兼论扬州建设世界名城之路

周建高　王凌宇

**摘　要**：世界城市伴随经济全球化而出现和发展，日益融入世界的中国部分城市也提出建设世界城市的目标。以日本大城市东京和京都为例，论述了日本的世界城市建设的内容和特征。东京从模仿学习到建设优质生活环境，经历了对世界城市观念的改变；京都保护利用文化遗产同时积极推进国际化，都是为了搞活产业和文化。文章认为，世界城市或世界名城本质是优质生活；扬州要建成世界名城，既需要观念的国际接轨、对于国内外资源尤其是信息、智力资源的充分利用，又需要培育良好的创业就业环境、舒适的生活环境，创造高附加值的产品和服务即提供能够满足不同国家人需求的普世价值。当"精致扬州"变成市民的精神基因普及到各方面，各项事业以世界先进为参照系，就可尽快提高城市产品和生活质量，赢得世界尊严。

关键词：世界城市；日本；扬州；精致；优质生活

地理大发现、产业革命及市场经济发展，极大地改变了人类的国家、世界观念和生活方式，世界经济、世界城市应运而生。"世界城市"的概念为苏格兰学者格迪斯（P.Geddes）1915年《演化的城市》一书中首次正式提

* 本文是教育部人文社会科学重点研究基地重点项目（11JJD770025）、天津市哲学社会科学规划项目（TJZZ11-019）中期成果。

**作者简介**：周建高，天津市社会科学院日本研究所研究员，南开大学世界近现代史中心兼职教授，博士；王凌宇，《中国名城》杂志副主编，高级记者。

出，他把产业革命后的伦敦称作世界城市，因其产业技术领导着世界。在二战后西方工业国的信息化、城市化、国际化为特征的社会变迁中，城市对于地域、国家和国际社会的影响日益扩大。城市之间的经济网络开始主宰全球经济命脉，出现了一批在空间权力上超越国家范围、在世界经济中发挥指挥和控制作用的全球城市。国外研究者对之有不同的称呼，如首要城市（primate cities）、世界城市（world cities）、全球城市（global cities）、国际城市（international cities）、巨大城市（mega-cities）等。相关研究在20世纪60年代出现，八九十年代增多，迄今为止西方关于世界城市的研究主要有五大学说：一是约翰·弗里德曼世界城市假说，二是强调生产性服务作用的萨森学说，三是强调创意资本作用的弗罗里达学说，四是强调"流动空间"的卡斯特尔学说，五是强调区域作用的司科特学说。本文论述日本的世界城市建设之路，并以扬州为例提出中国的世界城市建设路径。

## 一、对"世界城市"循名责实

早在霍尔（Peter Hall）1966年的《世界城市》书中，就把东京与伦敦、巴黎、莫斯科、纽约并列为世界城市，因为它们是全球意义的政治、商业、文化舆论中心，专业人才和劳动者集聚的中心。但是东京的世界城市地位并非有意识追求的结果。在被学界认为是世界城市的时候，东京自身尚未意识到，正如日本"经济大国"地位也是首先由欧美学者议论起来的那样。所以，东京都自1980年代初开始，有意识地以纽约、伦敦为榜样，要建设成为世界城市。1986年日本国土厅发表的《第四次全国综合开发规划》、《东京都第二个长期规划》中都明确提出了东京"世界城市"的目标。当时人们认识的"世界城市"是指国际金融中心。1990年东京都的"第三次长期规划"中，首次正式表明"树立东京与纽约、伦敦并列的国际金融中心的地位，成为世界经济的据点"的奋斗目标。但不久社会观念发生了改变。1990年在伦敦召开的关于世界城市的国际会议提出，世界城市不仅要具备国际金融功能，还要从生活的丰富性、雇用机会而且特别是人的居住空间这一城市本来的立场考虑。此后，日本社会观点主流也跟着转变，认为世界城市是指不仅在经济方面，而且在生活、文化方面领导世界的城市。东京都都市计划局编著的《东京都市白书91》提出，东京要像纽约、伦敦那样成为各个民族、文化、收入的人们能够共同工作、生活的场所。从生活品质的角度看待“世界城市”，认为城市概念中没有必要特地称为“世界城市”。有人提出径直叫做“国际城市”更好懂。因此1995年《东京计划95》指出，城市本来是为了人们实现幸福和生活丰富而建造的，建造城市的本来目的不是为了成为“国际金融中心”“世界经济据点”。东京的目标是“为了实现富裕、高品质生活，搞活经济、改造城市，提高东京的活力。”并且明确了搞活经济、改造城市是手段，富裕、高品质生活是目的。1995年前后世界上一些著名城市相继提出类似的奋斗目标，纽约是“容易生活的优质都市”，伦敦提出“提高生活质量”，旧金山以“改善作为生活场所的城市功能”为目标，瑞典城市建设指向“轻松的日常生活”。

上世纪80年代末，我国明确提出要在全球竞争中掌握主动权，打造中国的国际城市和世界城市。90年代一度有40多个城市提出在10至20年内建成国际城市的目标。新世纪以来，我国北京、上海等提出了建设世界城市的目标。2005年的北京城市总体规划明确，到2020年确立具有鲜明特色的现代国际城市地位、到2050年左右进入世界城市行列。2008年在国务院关于长三角、珠三角的迄2020年的改革发展规划纲要中，都提出了把上海和珠三角地区建成具有核心竞争力的世界城市或者大都市圈的奋斗目标。作为国家首批24座历史文化名城之一的扬州，2012年6月表明了迈向“世界名城”的雄心壮志。其实，“国际城市”“世界城市”“世界名城”等词语，本来是城市研究者在比较研究中提出的用于陈述的概念。最初一批被认为符合某个定义的城市，并非在先确立“××城市”的概念后建成的。同发达国家极少谈论而在中国等后发追赶型国家“现代化”成为舆论和学界的热门话题一样，我国提出建设世界城市、世界名城的目标，将成为促进城市建设各项工作向世界先进水平靠齐的重要动力，但实际上一般而言，一座城市总是难以按计划建成某种类型的城市。“世界城市”或“世界名城”同任何名词一样，学界和实务工作者的认识是丰富多样、见仁见智的，并无统一标准。从世界现状看，各国城市追求的共同目标实质是优质的生活环境、高质量生活水准。扬州要建设的世界名城，比起确立一套指标体系然后逐项对照奋斗来，更重要的是把城市建设和管理提高到世界领先水平。

## 二、利用一切资源服务城市发展

### (一)“利用”的理念

人类同一切生物一样,生活在世界上首先和主要的任务是满足自己的欲望。这虽然是简单而普遍的客观事实,但是历史上在许多文化中对于人的自利性持批判态度,甚至设计出一套制度来遏制人欲的满足。古代中国的圣贤们孜孜以求“存天理灭人欲”,把人欲视作洪水猛兽般邪恶,社会精英们极少致力于衣食住行的改良,社会交往中以万事不求人为荣。欧洲近代以来领先世界的进步源泉是宗教改革和启蒙运动,人们利用自己的体力智力追求幸福得到肯定和鼓励。启蒙运动解放了人的潜能,促发了后来的科学革命、产业革命和政治革命。伦敦被视为最早的世界城市,正是以它在世界范围内利用资源为特征:非洲的人力、美洲的原料、东欧的市场都被英国人利用起来了,以伦敦为中心组织运输和生产、销售。可以说,一部资本主义发展史,就是资本家对于全球资源的利用史,离开海外贸易就无法想象近代产业的发展。如今,“利用”成为先进国家的普遍理念,土地、劳力、原材料不求所有但求所用,一些领域狭小、人口有限、资源贫乏的小国或地区例如日本、韩国、新加坡和中国香港等,由于善于利用全球资源组织生产和服务,迅速跻身先进行列。

### (二)日本对于文化遗产和外部资源的利用

作为后来居上的现代化典型,日本在利用世界资源发展自己方面做得很充分,传统和外来的兼收并蓄。世界文化名城京都可以作为代表。京都是日本著名的古都,传统文化集中的城市,它是日本佛教中心、神道圣地,全市有佛教寺庙1500多所、神社200余座。古代文化遗产占日本全国的15%左右,有17处古迹被认定为世界文化遗产,被称为“真正的日本”,现在正致力打造成为世界文化交流中心。

对于文化财产的保护,除了常规法律外,京都市目前的措施有:(1)未来遗产运动。老龄化、城市化导致乡村人口过疏,无形文化后继乏人,经济开发等造成原生态自然的消失,使地方的文化和自然濒临危机。“未来遗产运动”是把悠久历史与传统基础上培育起来的丰富的地方文化、自然遗产遗传给百年后的孩子们的运动。活动内容包括修复古建筑、疏浚河道、保护古村落原貌、保存铁道等产业化遗迹等。(2)以现代技术保存传统文化资料。为

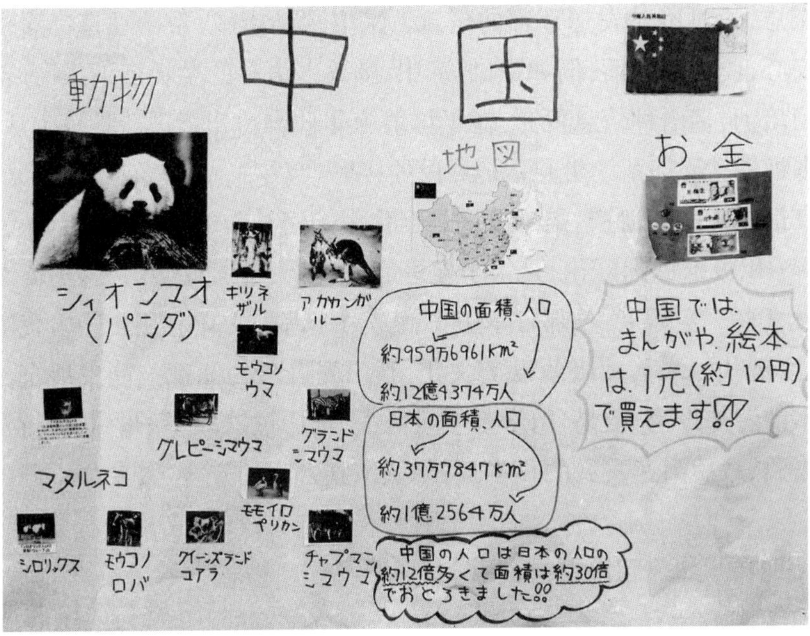


图 1：日本京都小学生制作的中国知识板。在小学综合课中，让学生收集外国信息制成知识板，扩大儿童对于外国的了解。这是京都城市国际化的一环。

了把宝贵的传统与文化传诸后世，行政机关、大学、研究机构等各种团体，把与京都相关的各种材料以数字技术进行记录、保存。把京都收藏的名画，还有桂离宫、修学院离宫等非公开设施，以数字影像、电影等手段进行介绍和解读。把木匠、瓦匠、铁匠、石匠、漆器、草席、竹篱的工艺技术、劳动过程全部记录了下来。现在已经完成的有近代建筑、工匠、祭祀、街道、河川、无形民俗文化财的拍摄制作，专门建立了京都大学电子图书馆收藏它们。市民可以借看、可以购买，互联网上可以下载。

在妥善保存、利用古代文化遗产的同时，京都大力推进国际化。1995 年公布了《京都国际化规划》，国际化的重点在于促进市民的国际理解、民间国际活动，建设向世界开放的地方社会，培育作为地球社会一员的京都府与市民。1996 年建成“京都国际中心”作为推行国际化事业的主要机构。中心举办的活动有开设关于支援外国儿童和家长的研讨班，面向市民举办关于国际理解的研讨会，对于府内团体的国际合作活动进行广泛介绍宣传等。（图 1）京都府还向本地居住的外国人寄送日英双语版的报纸（每年 4 期），每月发行电子杂志,通过网站发送京都的信息。采取多种措施,帮助在京都居住的外国人安心、便利地生活,例如提供英、中、韩等多语种的生活咨询,开办初级日语入门培训,多语种信息发布,对于母语为非日语的儿童进行学校生活指导,举办多种活动增加留学生与本地居民的接触机会。

京都保护文化遗产,是为了满足当代人的精神需求,带动旅游业、教育事业发展; 积极推进国际化,是为了促进经济发展、增强社会活力,提高在国际上的发言权。实际上,一部日本历史就是对于海外文化利用史。古代吸收中国文化,近代以来大力吸收欧美文化,利用先进者的知识技能发展自己。当今日本的海外投资、贸易、留学都规模巨大,经历过二战中的一意孤行及其毁灭性失败、战后高速发展的日本,深刻认识到自己的安全、繁荣离不开国际协调。

### (三)扬州如何利用世界资源

#### 1. 观念变革的必要

著名的美国社会学家和未来学家丹尼尔·贝尔(Daniel Bell)说过“一个人的目的决定了他注意的中心”。中外历史和现实证明,思想观念决定生活方式和形态。扬州要建设世界名城,首先必须用现代世界通行的观念去看待一切,即价值观首先必须面向世界、面向未来,与国际接轨。同其他历史文化名城一样,扬州不但地面有许多历史悠久的古迹名胜、地下有丰富的遗址墓葬等有形的文物资源,还有传承久远且至今仍然活着的传说、工艺、风俗习惯、生活观念等无形遗产。有形的遗产基本都可作为旅游、教育资源利用。无形遗产中,有些具有永恒价值例如勤劳、节俭、仁爱应该继承和发扬,而有些习俗和观念需要与时俱进地扬弃或改良,例如得过且过、依赖圣君明主、马虎、自给自足等。

#### 2. 利用世界资源建设世界名城

中国城市要建设世界城市,扬州要建设世界名城,必须善于利用全世界的各种资源。迄今为止中国各项事业取得的发展,主要是以本国廉价劳动力、土地、原材料与国外资金、技术、管理经验结合,加上修改了很多束缚人们生产经营积极性的法律制度,积极与国际接轨导入市场体制的结果。江苏省地处我国沿海地区的中部,有大片平原,水网密布,邻近上海,优越的地理环境加上人民勤劳好学的文化传统,历来是我国经济社会发展较好的地区。最近若干年来江苏吸引的外资约占我国的四分之一，是江苏经济发展能够走在全国前列的重要源泉。

国内和国际形势处于剧烈而深刻的变化中。前30年的对外开放，使中国基本完成了工业化、积累了相当的财力基础，但是在国际产业分工中我国所处的低端制造业造成资源浪费、环境污染，目前的社会老龄化也使廉价劳动力资源减少、劳动成本上升，所以国际资本向东南亚、南亚、拉美转移，那种简单模仿、大量制造而资源能源高消耗的发展模式已经难以持续。学术界和政府高层倡导多年的转变经济发展方式，根本原因就在于此。运输条件对于地方经济和城市发展十分重要，历史上扬州城市的兴衰也证明这点。隋唐以后直至晚清，扬州的繁荣跟长江和大运河密不可分，近代以来大运河湮塞和津浦铁路、海运的兴起，使扬州失去了便利的运输条件，铁路沿线城市发展起来，扬州的发展就相对落后了。改革开放以来，扬州跟全国一样，城乡面貌发生根本改观。尤其进入新世纪以来，交通基础设施突飞猛进，高速公路、跨江大桥、铁路、民航机场相继建成使用，为扬州经济进一步发展奠定了较好的基础条件。但是，必须清醒认识到，像便利的运输系统这类工业化大生产所必需的物质条件，扬州以外的许多城市都具备，特别在长江三角洲这片地域内，不仅有上海、南京、杭州这样的特大城市，还有苏州、无锡、常州、南通等成长很快的同类城市。扬州要在与周边城市的激烈竞争中胜出，在比较各地的优劣形势下，结合经济发展方式的转变，扬州可以软的方面为突破口，错位竞争形成比较优势。比如，在利用海外市场方面，过去国内企业只是接受外商的来料加工、来样订货等，成为跨国公司的加工车间而已，产品的开发设计、销售这些价值链条中利润最大的环节都由外商掌控。今后要鼓励本土企业主动走向海外，自主开拓海外市场。如果扬州有一大批跨国公司驻扎，成为货物、金融、信息、人才的国际集散地，扬州就成了国际城市。在利用海外资源方面，要把重视利用技术、资金转变为重视利用人力资源，而且利用海外智力需要从制造业、酒店管理等扩展到更广泛的领域例如城市规划和管理、教育、医疗、金融、新闻出版、研究开发等。

当然，利用海外资源首先需要本地社会解放思想，积极主动适应时代变化，例如转变以官位独尊的社会意识，平等尊重社会分工，在珍惜市民的勤劳节俭这些有利于财富创造和积累的传统精神的同时，培养和尊重市民的主人公精神，以激发他们智力的充分施展，形成崇尚创新、宽容失败的舆论氛围。大政府小社会的状态逐步向小政府大社会方向转变，政府作用止于提供公共服务，让市场发挥配置资源的基础作用，通过自由竞争激发社会各界的创造力。以市民和企业为事业主体，行政机关辅助行业协会等公民组织制订规则、维持秩序，培育自我发育、自我管理的公民社会。这方面，媒体应该走在前头，因为舆论在塑造社会价值观方面具有关键作用。

## 三、提供和创造普世价值

世界城市或者世界名城，都是至少在某个或者多个方面具备影响世界的因素。在多种种族、文化、宗教的世界，唯有超越差异的普世价值才能吸引所有人。世界城市的成功因素有多种，本文无法面面俱到涉及，但以下三点是共同的，也是扬州建设世界名城的必需内容：

### （一）一流的创业就业环境

跨国公司总部集中、移民众多是世界城市的特征。目前中国一些特大城市开始认识到总部经济的价值，都在积极吸引大公司总部进驻。现代社会财富快速增长，依赖于把资金、劳动力、原材料、市场组织起来循环的企业制度。一个城市具备企业生存和发展的良好环境，就能创造更多的就业机会，城市经济就充满活力。企业生存和发展的环境，硬件方面有土地、交通运输、通讯、水力电力等，软件方面则有透明公正的法律、金融、会计、媒体、人才等。战后日本利用美国的扶持，先是引进技术消化吸收，通过工业化大生产以低价优质产品打入国际市场，在与世界交流日益深入过程中，不断按照国际标准改变国内的制度，到 1980 年代基本达到与欧美同一标准的社会环境，加上巨额的外贸顺差和对外投资，日本成为了世界最大的债权国。东京汇聚了最多的外国银行，各大银行 24 小时不间断营业，成为与纽约、伦敦并列的国际金融中心。东京因建设了良好的基础设施和政治经济体制，培育了企业发展的良好土壤，吸引众多跨国公司驻扎而成为了对世界经济有重要影响的世界城市。中国城市在这方面需要完善的地方很多，如劳动者的职业教育和继续教育、劳动力市场、社会保障制度，法律、会计、广告等生产性服务业等。

包括扬州在内的中国沿海城市，经过开放以来 30 多年的建设，交通运输、

图 2：日本 15 号国道穿越东京市中心的路段，电车品川站前，时间为平时的上午九、十点左右，交通高峰期车辆通行顺畅。

图 3：东京练马区居民住宅，市内 23 区中生活于这种舒适度较高的独立住宅的居民达四分之一。

通讯等硬件设施已经大大缩小了与先进国家的差距，高档酒店等旅游设施跟世界同步了。今后在继续改善基础设施的同时，应该着重提高适于创业就业的软环境，例如行政的规范高效、对个人和企业的私有财产和知识产权的保护、对于自由竞争秩序的维护等。

**（二）舒适的生活环境**

对于外国留学生和移民劳动力、旅游者等吸引力是世界城市的特征之一。东京不仅有众多的高等教育和科研机构可以学习知识，较多的工作机会能够获得较好的劳动报酬，而且居住舒适、生活便利也是吸引企业和劳动者的重要因素。

从交通运输看，东京虽然规模庞大、人口众多但交通畅达有序，很少拥堵。（图 2）以轨道为主的公交发达，市内任何一点步行不超过 10 分钟必有地铁、电车、公交车站。交通工具准时、乘客秩序井然，在列车进站前数分钟抵达站台就行，无须长时间等候，因此车站没有我国这样庞大的候车厅，地方火车站基本没有候车处。我国一些大城市近年来由于家庭汽车迅速增加和道路建设不匹配，拥堵成为影响生产和生活的严重问题。根据 2009 年 9 月一份抽样调查，北京市居民平均每月由于道路拥堵产生的经济成本为北京 335.6 元，如果按照就业人员计算，全年拥堵成本达到 505.4539 亿元。尽管缺乏详细的统计，全国城市因交通拥堵造成的经济损失十分惊人。从居住舒适度看，2008 年东京都中心 23 区平均每套住宅有 3.25 个居室，其中私有住宅平均有 4.45 个居室。住宅总数中独栋占 24.23%，公寓等集合住宅也以 4 层以下为主，5 层以上的只占极少部分。（图 3）中国 2009 年全国城镇存量住宅中独栋占 3.5%，在 35 个大中城市独栋住宅仅占 1.0%。从居住质量看，独栋住宅与集合住宅的优劣不言而明，东京人居住条件比中国城市好。住宅形态不同使城市人口密度差异巨大，中国约为日本的两倍。我国城市人口过密导致医疗、教育、交通、商业等长期供不应求，到处摩肩接踵，严重影响了城市生活的舒适度。

历史上扬州的繁荣，不仅得益于长江和大运河这两大黄金水道，也得益于饮食、园林、寺庙、市场、青楼等多样化的生活环境。现代扬州由于基本都是平房的古城区保护得很好，避免了许多中国大城市因人口过密带来的城市病，传统文化得到珍惜和利用，现代商业也发展得不错，城市建设和管理上在国内同类城市中处于先进行列，为企业和居民创造了较好的事业和生活环境。今后应该对照国际标准，各项事业更上一层楼。

**（三）普世价值的产品和服务**

世界名城，无论综合性的中心还是某个方面例如宗教、旅游、文化而驰名世界的城市，既表现为对各国人员、资金的吸引力，也表现为因某种产品或服务对世界的影响力。这种吸引力、影响力是目前学界热议的软实力的本质。所谓普世的产品和服务，指产品和服务能够为不同文化背景的人们普遍接受和喜欢，能够通行天下。如日本的汽车、电子产品畅销全球，因为它们能够满足所有民族和国家的运输、信息传播、视听娱乐的需要。

普世价值的第一层含义，是指文化的价值不仅为历来的文人雅士这类小众所欣赏，还为占社会多数的大众所认同、接受、传承，即雅俗共赏。传统中国文化的一个显著特征是贫富、贵贱等不同社会群体的生活泾渭分明很少交集，缺少公共空间。饮食是人类生活第一需要，因地理环境、宗教观念等不同世界饮食种类丰富多样。满汉全席只能局限于王府贵族的宴会上，日本人安腾百福研制出的方便面由于能够长久存放、便于携带运输、价格便宜、食用方便，自 1958 年 8 月卖出第一包以来，如今已经普及全球。2011 年共售出 982 亿包，中国市场约占全球消费量的一半。又如服装，在从棉花种植到衣服制作全是手工作业的时代，只有极少数人能够保证数量和质量的充足。种植园、机器纺织、自由交易的市场体制带来的高效生产、销售，使大众轻易置办、更新服装成了可能。扬州精美的园林、盆景、饮食、建筑等，过去主要是富商和文人们欣赏玩乐的对象，要想让它们走向世界，就要与百姓日用结合起来，从博物馆里的陈列品走进亿万家庭，通过标准化和产业化降低成本，满足更多人的享受追求。目前“扬州炒饭”的标准化就是一种让扬州饮食真正国际化的有益尝试。

普世价值的第二层含义，是指物质和精神的享受不仅为中国人所有，而能够扩大到不同文化的世界各国。中国的饮食在世界上很受欢迎，开餐馆成为国人在海外谋生的常用手段。淮扬菜是扬州传统文化的内容之一，但传统菜肴以材料、刀工、烹饪技术的讲究，以成品的色香味体现精致，而现代人们考究健康和营养，以低盐、低糖、少油为尚。这是随着知识的增长而来的观念改变。淮扬菜烹饪方法如果不能适应这种社会观念的转变，就难以走出家乡、走出国门传播到天下。同时，传统烹饪全是人工作业，成品质量依赖厨师的个人经验和知识，无法大批量生产和销售，难以为外国人分享。必须像方便面那样经过产业化改造，才能形成规模经济。扬州自然和文化遗产丰富，要让传统遗产为没有经过中国文化熏染的各国人民喜爱和接受，必须发掘文化遗产中具有普及价值的元素，以现代科技手段、经营方式改造它、提升它。从城市文化来说，饮食、娱乐、商品和服务的多元化才能吸引天性嗜好千差万别的人。淮扬菜是中国著名的菜系之一，但如果扬州成为淮扬菜一统天下，外来旅游者没有其他选择，就会削弱城市的吸引力。扬州传统商业街的东关街既有茶店又有了咖啡店，宾馆酒店既有现代钢筋混凝土的高楼，也有长乐客栈这样的古典建筑，这是可喜的现象。这方面值得总结提高，简·雅各布斯（Jane Jacobs）提出的多样性是支撑城市文明的基础、也是城市规划最重要的问题的观点，早已得到城市规划界的绝大多数人的认同。总之，选择的多样化是世界名城的必备要素。

## 四、以世界为参照系

扬州学者王虎华先生列出了“喜欢扬州的10个理由”，从自然风景到人工建筑、产品，从美女到生活方式等。扬州具有丰富的文化，不同的人可以列出另外不同的喜欢扬州的理由。各个不同生存状态的族群都有与自己相应的生活哲学。在按照生产力或者精神状态的发展程度划分不同等级的世界上，不甘人后是中国人奋发有为的精神动力。闻名世界以体验在地球上的存在感，是构成我们生存意义的重要一环。但世界城市或世界名城建设目标，当然不止于仅仅名扬天下、广为人知。世界名城建设目的是促进城市进一步开放，增加与世界的交流和合作，以此获得发展自己所需的各种资源，本质是提高城市的生活水平，跻身世界先进行列。日本的世界城市发展历程得出的经验主要有下列两点：

**（一）以先进国为榜样**

日本之所以能够成为西方之外第一个完成工业化、现代化的国家，人们可以从各个角度分析研究，但根本原因是作为民族性格的好学和善学，"留学生"一词就是日本创造的（始于唐代派人来中国求学）。如城市生活垃圾处理，1960 年以前东京每栋建筑旁放置一个木制或水泥制的简易垃圾箱，市内 23 个区共有 180 万个，每天环卫工人挨家挨户从垃圾箱下口扒出垃圾装上手推车清运。在为迎接 1964 年东京奥运会而进行的大规模城市改造中，东京按照外国人看起来"不丑"为标准，1958 年用汽车代替手推车，1961 年开始改变垃圾收集和清运方法，1963 年彻底完成。这被称作"文化革命"。清洁卫生是人类文明的重要内容，整理、整顿、清洁也是生产力成为日本许多企业的经营理念，还有机构专门研究和推广"整理学"。爱好清洁是日本游客赢得世界旅游组织好评的重要内容。在一家美国网络旅行社向世界各国宾馆管理者所作的旅客印象调查中，日本人 2007—2009 年连续三年被选为最佳旅游者。理由是"遵守当地习俗"、"礼貌"、"房间干净"、"在宾馆不喧嚷"、"抱怨少"。一项 1996 年对在新加坡、香港、上海、台北、首尔 5 个城市的日本企业职员进行的"东京魅力所在"调查显示，东京在城市社会的质量、高度先进性、经济这三个方面得到肯定最多。城市社会质量是指秩序良好、美观清洁、环境舒适。日本能够从后进者迅速赶超先进者，重要原因在于事事以先进者为参照系确立自己奋斗目标。1958~1978 年间持续观察和研究日本的美国社会学家佛格尔（Ezra F.Vogel）分析日本迅速崛起的原因的两部著作《日本第一》（1979）和《日本的成功与美国的复兴——再论日本第一》（1984），都着重论述了日本的学习曲线。日本教育普及，报刊书籍出版发行量巨大，从政治家到市民到世界各国参观访问，回国后都会讨论改善自己事业的途径，从产业技术到教育制度、三权分立的宪政体制，全面学习吸收采用，自近代以来很快缩短与先进者的差距，成为发展最快的国家。

我们在建设世界城市或世界名城过程中，在各个领域明确追赶目标，利用外国现成经验，将节省自己摸索试验的时间和成本，形成后发优势，实现尽快赶超。我国学习外国时最大的障碍可能是意识问题，比如认为外国情况特殊，我们学不了；或者认为中国国情不同，不能学。佛格尔希望美国人学习日本，“不会以‘美国方式’为借口保存过去模糊、不良的遗迹而沾沾自喜；可以作必需的调适，那怕这些做法对传统的智慧是一种大胆的违抗，并且需要向从不被我们视为顾问的人学习”。改革开放以来，中国在制造业、酒店等旅游业方面采用国际标准，产业技术和管理获得了长足的进步。今后应该在教育、医疗、社会保障、新闻出版、城市规划和管理等各个方面采用国际通行规则，才能与世界找到共同语言，尽快缩短差距。

**（二）学习先进要抓住本质，世界城市的本质是高水平**

世界名城有多种类型，华盛顿、布鲁塞尔是国际政治中心，耶路撒冷、麦加是国际宗教中心，维也纳、雅典等文化活动闻名于世，底特律、丰田等制造业知名，纽约、东京、伦敦、巴黎则以规模大、综合能力强成为世界城市。表达城市的世界性、国际性的名词有多种，都是学者适应研究需要根据城市性质、功能等提出的。作为追赶型发展中国家和城市，树立“世界城市”“国际城市”之类明确目标、研究出一套指标体系，然后为之奋斗，确实有助于促进各项事业加快发展甚至计日程功。但城市奋斗的终极目的是为了城市自身的发展和提高，而不是被人看成怎样，或要符合某个指标。

我国传统观念以大为美，近代以来国际竞争中无论军事还是经济上大国不敌小国的例子很多，说明竞争力决定国家的存亡兴衰，简单的规模庞大没有实在意义。当代城市规划和建设中存在不少东施效颦般的学习，以为没有高楼大厦就不是现代化、就不像城市。其实，正如日本著名经济学家大内兵卫所说的“城市的价值并不在于人口的多少和楼房的高低，而在于美丽的公园、方便的交通、充足的住宅、宽敞的道路，能使每个市民心情愉快工作的生活空间”。当今扬州的世界名城建设，不是为了被部分人认可或者被某个机构授予某种称号，根本宗旨是提高城市规划和建设水平，使在扬州的居民、来往扬州的旅客享受世界级的城市环境，使城市宜居宜业、具备优良生活质量而闻名于世。扬州提出不与其他城市攀比城市规模、高楼、洋气，建设精致扬州，是务实的体现，抓住了发展的本质。没有制造品、学术到公司、国家的组织精致，就不会产生竞争力。精致精神是迈向现代化的中国最需要的，因为许多情况下中国产品和服务不够精致，倒不是缺乏能力，而是没有追求精致的意识。如果能够把"精致扬州"的理念从党政领导、媒体等普及到广大市民，从城市规划和建设的理念普及到日用产品和服务等社会生活的各个方面，使精致成为市民生活哲学的内容，那么一定会带动扬州各项事业水平和生活享受水平的大幅提升。而且，必须意识到迄今为止人们对于扬州的认识和评价，一般都是基于与过去、与国内同等规模或级别的城市比较而言的，以世界名城为目标的扬州，今后当然应该以全球为参照系，追求精致达到世界最高级水平，扬州也就成了世界名城。

**参考文献：**

[1] 青山·佾．東京都市論 [M]．東京：かんき出版，2003.

[2] 丹尼尔·贝尔．后工业社会的来临——对社会预测的一项探索·序 [M]．高銛，等，译．北京：新华出版社，1997.

[3] 周建高．我国城市人口过密很不经济 [N]．中国经济导报，2012-10-16（B01）.

[4] 中国食品—食品资讯—食品伙伴网：世界方便面协会．全球去年售出 982 亿包方便面 [EB/OL]. http：//www.foodmate.net/news/guonei/2012/05/206472.html，2012-10-17.

[5] 简·雅各布斯．美国大城市的生与死 [M]．金衡山，译．南京：译林出版社，2012.

[6] 王虎华．喜欢扬州的 10 个理由 [J]．中国名城·扬州专刊，2012，(1).

[7] 周建高．日本人善学性格分析 [M]．天津：天津社会科学院出版社，2007.

[8] 御厨　貴．東京 [M]．東京：読売新聞社，1996.

[9] インタービジョン 21．世界に誇る日本のすごいチカラ [M]．東京：

三笠書房,2012.

[10] 佛格尔.日本第一`序言[M]. 李孝悌,译. 台北:长河出版社,1982.

[11] 唱新. 现代日本城市管理[M]. 长春:吉林大学出版社,1990.

# 新加坡旅游业发展带给扬州的启示

李　芸

**摘　要**：新加坡旅游业蓬勃发展的经验给扬州诸多启示。扬州要实现旅游业的跨越式发展，应当充分发挥旅游资源优势，开发具有地方特色的旅游产品，并从旅游环境、资金投入、法制建设等方面创设良好的发展条件，同时加大旅游促销力度，努力开拓国内外市场。

**关键词**：成功经验；旅游产品；城市形象；旅游促销

当今时代是一个旅游业高速发展的时代。旅游业目前已成为世界最大产业之一，被称为"朝阳产业"。近期本人有幸到旅游业较发达的新加坡，进行为期一周的观光考察，虽然浮光掠影，但感触颇深。新加坡是一个国土面积狭小、旅游资源贫乏的国家，但却发展成为世界第五大会议中心和世界十大旅游中心之一，被誉为"亚洲旅游王国"。扬州正着力推进旅游名市建设，新加坡旅游业发展的成功经验，对扬州市有重要的借鉴意义。

## 一、新加坡旅游业发展现状

新加坡是位于马来半岛南端的一个城市岛国，国土面积仅为647km$^2$。新加坡地处太平洋与印度洋之间的航运要冲、马六甲海峡出入口，有"亚洲十字

**作者简介**：李芸，扬州职业大学旅游学院教授。

路口”之称,为世界著名的海空交通枢纽。

新加坡旅游业开始于20世纪50年代,但最初发展缓慢。1964年,新加坡接待的国际游客不足10万人次,旅游外汇收入仅3500万美元。1964年成立“新加坡旅游促进局”,此后,旅游业发展大大加快。1973年,新加坡的国际游客首次超过百万人次,1978年突破200万大关,1988年为420万人次,1998年为560万人次。2005年新加坡国际游客达894万人次,旅游外汇收入达66亿美元。现在,旅游业已成为新加坡仅次于工业和贸易的第三大经济行业和创汇行业,旅游业总收入占其国内生产总值的10%左右。150年以前,新加坡还是一个默默无闻的渔村,而现在每年接待的国际游客人数是其本国人口的2倍,这在全世界都是罕见的。

## 二、新加坡发展旅游业的成功经验

与绝大多数旅游发达国家和地区相比,除了造物主赐给新加坡人优越的地理位置外,新加坡的旅游资源比较贫乏。正因为如此,新加坡的旅游开发措施更值得我们借鉴。

**(一)充分利用优越的地理位置,因地制宜地发展旅游业**

新加坡从自己的国情出发,充分利用得天独厚的地理位置条件,创建国际通商口岸、免税购物中心、美食天堂、国际会议和国际金融中心,使该国成为东南亚名副其实的区域中心。

新加坡是个免税港,来自世界各地的货物品种齐全,价格便宜,成为游客的购物天堂。新加坡还是著名的美食天堂,世界各地美食荟萃于此,为不同口味和预算的游客提供多种选择。新加坡利用地理位置的优越性,把邻近的东南亚各国的旅游资源作为本国发展旅游业的有利条件,使其发展成为东南亚的旅游中转站,从而使新加坡成为世界十大旅游中心之一。

由于国际会议具有参加人数多、逗留时间长、购买能力强、旅游经济效益高等特点,新加坡政府早在1974年就专门设立了国际会议局,建立了100多座国际会议馆,大力开拓国际会议旅游市场。现在新加坡已成为居亚洲首位、世界第五位的国际会议中心。新加坡政府通过每年举办各类大型国际会议,不仅获得丰厚的经济回报,而且大大提高了国际地位及知名度,最终带动了国家旅游事业的发展。

**（二）树立大旅游环境意识，营造良好旅游环境氛围**

所谓大旅游环境，有两层含义：其一是指狭义的旅游环境，也就是旅游硬环境；其二是指旅游接待服务质量，也就是旅游软环境。早在1973年新加坡政府就掀起了全国性的、行之有效的植树造林运动，还从世界其他热带地区成功引种约2000种植物。由于政府重视，措施得力，目前全国各地都已被绿荫覆盖，就连路灯柱、天桥、房屋墙壁上，也广种攀缘植物，成为名副其实的花园城市。新加坡没有一般城市常见的线网、广告、烟囱，是世界上唯一一个"三无"城市。新加坡政府还大力整治新加坡河，过去恶臭难闻的污水河道现已被改造成为人们漫步、垂钓、享受日光浴的旅游景观带。

新加坡旅游接待服务质量非常高，堪称世界一流。新加坡有一套完整的旅游服务机构，有态度殷勤的接待人员，无论食宿、交通、参观游览等都安排得十分周到。为了让外国游客"无障碍"游览新加坡，新加坡旅游局在很多地方设立包括华文在内的多种文字的路牌、告示牌。酒店客房里的各种指南与宣传品及电视频道也尽量照顾包括中国游客在内的各国游客的需要。

新加坡政府根据华人占77%的特点，在社会上进行儒家优良传统教育，开展礼貌运动和敬老运动，树立了良好的社会风尚。游客在新加坡不仅感到生命和财产特别安全，而且感到特别的亲切和受尊重。

新加坡自建国以来政治稳定，经济持续增长，从未有过政变、暴动、骚动，更谈不上战争冲突，社会治安良好，犯罪率很低，这是新加坡游客持续增长的一个重要原因。

**（三）重视投入，不断加强旅游景区、景点建设**

新加坡政府非常重视旅游投入，其旅游业发展基金主要是通过对旅游企业征收旅游促进税来解决的，其纳税额是企业营业额的4%。征收的旅游税全部存入旅游促进基金，用于促进旅游业发展。

2005年新加坡旅游局制定了未来10年发展宏图"旅游2015"，政府承诺在未来10年将注入20亿新元作为旅游业发展基金，主要用在旅游基础设施建设和旅游景区、景点建设，例如重新打造乌节路（最繁华的购物大街）、吸引新的投资项目、开发新的旅游产品、为旅游业者进行培训及鼓励业者主办国际活动等，通过多种方式支持旅游业发展。

新加坡充分利用其热带海洋性气候的有利条件，建造了许多旅游场所，诸如热带植物园、动物园、水族馆、裕廊飞禽公园等等，这些场所不仅布局合理，独具匠心，而且寓知识性、教育性于娱乐之中，因而很受游客的青睐。新加坡植物园是世界上最大的兰花园。裕廊飞禽公园是世界上最大的鸟类公园之一，其中“世界最大鸟笼”，高 30 多米，游客可进入笼内与鸟儿对话，回味大自然的真谛。

**（四）注重法制建设，实行严格、科学的管理**

新加坡是一个十分注重法制建设的国家，将社会生活的各个方面都纳入法制的轨道。政府依靠一系列政策和法规对旅游业实行严格科学的管理。新加坡目前已经颁布实施的有关旅游管理的法律有《新加坡旅游促进法》《新加坡旅行社法》《新加坡饭店法》《新加坡旅游促进税法》等。新加坡不仅旅游立法完备及时，做到有法可依，而且建立了严密的法律监督体系，做到了“违法必究，执法必严”。

新加坡法规之严格，世界闻名。新加坡公共卫生法令指出：法庭有权发出劳作悔改令，判处乱抛垃圾者到指定的公告地去打扫卫生，最高刑罚是 3 小时，扫地时，须穿上统一的劳改服，上面写着“我是垃圾虫”，用完洗干净后归还。如果违反庭令，将被处以 5000 新元罚款或 2 个月以内的坐牢。正是新加坡政府“不近情理”的管理措施，才使这个城市国家成为世界上无与伦比的大花园。

**（五）开展多种形式的旅游促销活动**

新加坡政府在旅游促销、争取客源市场中十分重视并积极参加各种旅游区域合作，先后加入“远东旅游协会”“太平洋地区旅游协会”“东南亚国家联盟旅游协会”等组织，借助区域旅游组织开拓海外客源市场。新加坡还通过多种渠道扩大对外宣传，如向客源国提供各种形式的旅游资料、与客源国的旅游界广泛合作、免费组织观光团来新考察旅游、参加旅游研讨会和博览会等。

在当前世界旅游市场竞争非常激烈的情况下，新加坡通过树立鲜明的品牌把自己与东南亚邻国区分开来。比如新加坡在 2005 年 3 月在全世界发起了“非常新加坡”宣传推广活动。“非常新加坡”代表了新加坡与众不同的品质——深厚的文化底蕴与现代环境相映成趣。新加坡旅游局还在重点旅游市场邀请名人当新加坡旅游大使，使“非常新加坡”更加平易近人。

## 三、启示

新加坡旅游业发展的成功经验，对扬州旅游业发展有重要借鉴意义。然而，任何一个国家或地区在旅游业发展过程中，都不应该也不可能简单地重复或照抄别人的经验，必须从自身实际出发，充分发挥优势，闯出一条自己的路。

### （一）充分发挥旅游资源优势，开发具有地方特色的旅游产品

与新加坡相比，扬州发展旅游业最突出的优势条件是具有丰富多彩的旅游资源。扬州是国务院首批公布的24座历史文化名城之一，是中国优秀旅游城市。扬州拥有国家级重点文物保护单位6处，省级文物保护单位29处，市级文物保护单位258处。扬州蜀冈—瘦西湖风景名胜区是国家重点风景名胜区。

扬州旅游资源非常丰富，应当有选择有重点地加以开发利用，要充分挖掘利用现有的品牌资源，重点开发那些具有地方文化特色的旅游资源，打造扬州旅游的独特魅力。

瘦西湖风景区一直是扬州旅游的拳头产品，是扬州最具品牌价值的旅游资源，应当进一步做大做强，一方面扩大景区规模和容量，全面恢复沿湖二十四景，使瘦西湖风景区成为真正的扬州旅游的"航空母舰"；另一方面突出扬州园林的个性特点，挖掘景区文化内涵，充分利用与景区有关的历史名人，如李白、杜牧、石涛、康熙、乾隆等在瘦西湖的行踪及其留下的文学、绘画、书法作品，进一步提升瘦西湖风景区的文化品位和知名度。

扬州是唐代大明寺高僧鉴真的故乡，应充分利用鉴真在海内外的影响力，做大做强鉴真品牌。现大明寺内的鉴真纪念堂面积太小，陈列布置也很陈旧。可利用大明寺现有的斋堂、讲堂，与鉴真纪念堂联成一片，以鉴真东渡为主题，充分利用图片、实物、书法、绘画、鉴真题材影视剧、专题纪录片等多种表现形式，全方位展示鉴真六次东渡的事迹，彰显鉴真精神，使游客对鉴真留下深刻印象。开辟瓜洲至湾头的鉴真旅游线，让游人领略鉴真东渡出发点的沿线风光，同时与鉴真游学之路沿线和鉴真六次东渡沿线单位合作，开辟"鉴真求学之旅"和"鉴真东渡之旅"，进一步扩大扬州的影响力，吸引更多境内外游客来扬州旅游。

此外，晚清第一名园——何园，其中西合璧的建筑风格、被誉为中国立交

桥雏型的复道回廊，是何园区别于我国其他园林的独特之处；个园采用分峰叠石的方法，构成四季景色的假山，以独特的叠石艺术而闻名遐迩；淮扬菜肴是我国四大菜系之一，“红楼宴”“三头宴”“开国第一宴”等名宴享誉国内外。

总之，只要充分发挥扬州旅游资源的优势，深入挖掘其丰富的文化内涵，大力开发具有地方特色的旅游产品，做到“人无我有”“人有我优”，就能在激烈的旅游市场竞争中脱颖而出，实现旅游业的跨越式发展。

**（二）加强旅游环境建设，树立良好的城市形象**

近年来扬州在旅游环境建设方面做了很多工作，也取得了很大的成绩，先后获得“全国卫生城”“全国精神文明城”“国家园林城市”“联合国人居环境奖”等称号，但与新加坡相比，扬州无论是旅游硬环境还是软环境方面都存在一定的差距。因此，必须改善城市环境质量，树立良好的城市形象。要求城市规划、城市设计、市政建设融入旅游和园林意识，城市新建项目在建筑风格、形象特征、文化内涵等方面要与历史文化名城的特征和传统风貌保持一致，协调和谐。任何单位和个人建房都必须保证一定面积的土地用于绿化，在建筑物立面美化方面，要充分利用空间，搞好墙体绿化，提高城市绿化覆盖率，丰富城市景观。大力整治城市河道，断绝污水来源，重现扬州“碧水环绕”的景观特色。

虽然扬州市是国家级卫生城、精神文明城，但城市不文明现象仍然普遍存在，如随地吐痰、乱丢垃圾、不遵守交通规则、破坏城市公共设施等。虽然扬州市也出台过文明市民公约，但从未认真落实。要成为名副其实的卫生城、精神文明城，除通过宣传教育、舆论监督等手段外，还必须制定严格的管理和奖惩制度，像新加坡那样，将违规者罚得心痛、害怕，这样本地人、外来人都能自觉遵守，逐渐养成良好的卫生习惯和文明行为。

旅游从业人员的服务水平以及广大市民的素质对于树立良好的城市形象是十分重要的。要求旅游从业人员热爱本职工作，有强烈的服务意识和良好的服务态度，具备过硬的业务知识和高超的服务技能，同时还必须具有良好的道德素质、出色的组织能力和交际能力。要通过宣传教育手段，努力增强广大市民的旅游文化意识，提高其文明素质。不仅要在旅游行业树立“热情好客、宾客至上”的观念，还要把这种观念变为全体市民的自觉行为，使景区变成微笑景区，城市变成微笑城市。

**（三）拓宽资金渠道，加大对旅游业的投入**

近年来扬州市政府非常重视旅游资源的开发，筹集大量资金开发了汪氏小苑、卢氏盐商住宅、运河风光带、漕河风光带等景点景区，取得了比较好的经济效益、社会效益和生态效益。然而由于扬州市政府财力有限，在旅游开发和宣传促销方面的投入与旅游先进城市相比，仍然差距较大，比如，杭州一年的宣传促销投入是1.4亿元，苏州是2000万元，无锡是1500万元，而扬州只有100万元。[1] 由于资金投入不到位，旅游资源不能充分地开发利用。因此必须广开资金来源，多渠道、多形式地增加对旅游建设的投入。首先，建立正常的政府投入机制，每年要有固定的专项旅游拨款和贷款，主要投入旅游产品开发和设施建设项目的配套资金。其次，建立旅游发展基金，可对所有旅游企业单位实行按照营业额的一定比例计征。第三，采取“国家、地方、部门、集体、个人一起上”的方针和“谁投资、谁受益”的原则，调动社会各方面的积极性，多渠道多元化吸纳社会资金。第四，直接融资，利用发行股票、债券等募集旅游业发展资金。第五，利用外资，可以采用合资、合作、独资、股权出让、产权置换等形式引进外资，用于旅游景点、设施、商品、娱乐、交通等方面的建设和开发。

**（四）强化旅游法制建设，规范旅游市场秩序**

市场经济是法制经济，建立规范的法治体系，有利于保护游客的合法权益，规范旅游经营者的行为，也有利于旅游资源的开发与保护，是旅游可持续发展的重要保障。要深入开展法制教育，提高旅游行业的法律意识和法制观念。维护正常的旅游市场经营秩序，规范服务质量水准，遏制宾馆及旅行社之间不正常的削价竞争行为，维护行业正常经营的利益。建立旅游市场督查队伍，检查旅游法规的执行情况，严肃查处不法经营行为。完善旅游投诉制度，切实维护游客的合法权益。

**（五）加大旅游促销力度，努力开拓国内外市场**

作为政府的旅游管理部门，旅游局应做好旅游宣传促销的“领头羊”，要从整体的角度来包装和宣传扬州，统一筹划和组织各种宣传促销活动。要与广大旅游企业密切合作，采用多种有效的促销手段，开展长期的立体宣传，如

---

1 数据来源于2006年3月9日扬州市旅游局局长王克胜在扬州市烟花三月旅游节旅游学术沙龙上的讲话。

制作招贴画、宣传册、光盘，在有影响的电视台、报纸上做节目、做广告，参加旅游交易会等等。尤其要加强网络宣传促销力度。要建立优质高效的扬州旅游网站，提供具有信息和服务双重功能的内容，及时更新网站内容，并有选择地与国内外各类网站进行密切合作，以扩大网络促销的效果。

扬州是朱自清等名人的故乡，应充分利用朱自清等名人的社会影响力，提高扬州的知名度。在重点旅游市场，可邀请人气较旺的影视、歌坛明星，作为扬州旅游的形象大使，借助明星的影响力，吸引游客来扬州旅游。此外，在主要客源地，如上海、南京、北京、武汉、西安等大城市，精心策划和组织大型旅游活动，如“千名老人游扬州”“五百学生夏令营”“百名劳模休闲游”等，以提高扬州旅游的曝光率和影响力。

要加强区域旅游经济合作，特别要加强与南京、镇江、上海、苏州、无锡等旅游城市及铁路沿线重要旅游城市（可直达扬州）的联合与协作。通过合作，实现优势互补，扩大客源市场，增强区域旅游的吸引力和竞争力。不仅要加强与国内旅游热点城市的联系，还要加强与中国港澳台地区及日韩、东南亚、西欧、北美的联系，进行广泛旅游经济合作，拓宽境外客源市场。

**参考文献：**

[1] 周敏. 世界分国地图——新加坡 [M]. 北京：中国地图出版社，2005.

[2] 王兴斌. 中国旅游客源国 / 地区概况 [M]. 北京：旅游教育出版社，2003.

[3] 乐途旅游 www.lotour.com，2006 年 4 月 14 日 . 专访新加坡大中华地区署长兼首代蔡永兴

[4] 甘露. 新加坡旅游业可持续发展的限制性因素及其消解原因分析 [J]. 亚太经济，2004，(3).

[5] 韦小良. 新加坡会展业成功战略的探讨 [J]. 桂林旅游高等专科学校学报，2003，(6).

[6] 遨游网 www.auyou.com，2005 年 1 月 12 日 . 新加坡旅游局决定加大旅游业发展力度

[7] 李芸. 论新的交通格局下扬州旅游业的跨越式发展 [J]. 扬州教育学院学报，2005，(4).

# 运河文化旅游与扬州“世界名城”营销

陈　菲

**摘　要**：扬州是中国大古运河的发端之地，是运河沿线最重要的节点城市。扬州段运河是最古老、原有风貌保存最完好、历史遗迹和人文景观最丰富的一段。扬州是大运河联合申遗牵头城市，是拥有遗产点最多的城市之一。本研究就扬州应如何充分利用好运河文化资源发展运河旅游，提升城市知名度，从而打造世界名城进行探讨。

**关键词**：运河文化旅游；扬州；品牌建设；城市营销

扬州与大运河有天然的联系，扬州境内大运河是京杭大运河最早的一段，北起淮安，南至瓜洲镇入江口，纵贯扬州南北。运河是扬州的母亲河，不仅孕育了扬州城市，而且留下了丰富的历史文化遗存。扬州城因河兴，河因城美。当今的扬州站在新的历史起点上，提出坚持项目为王、人才为纲、生态为基、文化为魂、精致为要、民生为本的城市定位。扬州市委书记谢正义指出，千百年来传承下来的运河文化仍然是扬州城市走向繁荣的力量源泉，打造运河名城是当下扬州建设世界名城的应有之义和重要支撑。尽管在扬州经济社会功能方面，当代运河已不能和古代运河媲美，但在新的发展阶段，要充分利用好运河资源，尤其是文化遗产资源，发挥其沿岸生态、航运和旅游功能，加快运河名城建设，支撑和促进世界名城建设。

---

**作者简介**：陈菲，扬州工业职业技术学院文理系讲师。

营销原是指通过销售手段把产品提供给需要的客户。近年来在欧美国家,更将传统营销手法应用在城市/区域发展策略之中,即“城市营销”(City Marketing)。城市营销的目的在于提升城市的竞争地位,吸引投资,改善城市形象以及市民生活品质,其关键在于结合当地特色、未来发展方向的基础上,构建出城市新意象,从而促进城市成长,提高城市知名度。城市可持续发展有赖于成功的营销。城市营销又包含城市旅游营销,如何做好城市旅游营销更关系着一个城市给人的外在品牌形象,城市需要借助品牌包装,进行品牌宣传,向外界展示自身城市特色。

扬州市是国家优秀旅游城市,旅游资源丰富,旅游环境良好,具有优秀的旅游服务设施和旅游产业要素,旅游业在全市经济中的地位十分重要。扬州又是中国文化积淀最为深厚的地区之一,尤其是其运河文化。运河哺育了扬州城,贯通了扬州湖河,扩大了扬州城址,推动了扬州经济,孕育了扬州文化。扬州与运河同生共长,是名副其实的“中国第一运河城”。扬州运河除其河道本身具有的生态价值和文化价值外,还衍生出了与之密不可分、经济价值极高的众多的旅游资源。扬州运河是扬州旅游之根、之魂、之韵、之牌、之希望所在。发展扬州运河文化旅游对扬州城市营销意义重大,它将大大提升扬州城市知名度和美誉度,促进扬州世界名城建设。

## 一、文化旅游与城市营销

David Harvey 认为一个地方的独特性在于“象征资本”上的竞争,一个地方必须提升其象征资本系数以增加其区别标记,而这种应用最明显的就是当代旅游业,即文化旅游。Jarmison 认为,文化旅游应包含下列内容:语言、手工艺、技术、音乐和艺术、建筑、古迹、节庆活动、遗产资源、对旅游目的地的感悟、宗教和教育等。文化旅游作为旅游产品体系,内容十分丰富。与一般观光、休闲旅游不同,文化旅游具备以下特性:①独特性:显示一个地方独特的风貌景观;②教育性:将优良传统融于民俗文化中,启发大众从而达到教育目的;③传统性:表现一个地方固有的历史文化,并将之发扬广大;④整体性:将民俗文化全貌,做有系统、有组织的设计,建立完整体系。以欧美国家旅游业为例,文化旅游已成为其中增长迅速的项目,以名胜古迹、博物馆、艺术馆、画廊、古典音乐、舞蹈为对象的文化旅游活动成为欧洲历史文化旅游活动主流。在美国，纽约的文化活动一年产生近百亿美元的经济效益，其中1/4来自游客。文化旅游的发展带动了美国30多个州竞相开拓文化旅游项目。加利福尼亚州洛杉矶文化旅游负责人罗伯特·巴雷说："文化旅游大概是美国增长速度最快的旅游项目。"据统计，在美国人中，27%的人每年要把数十亿美元花在文化旅游上。

当前，众多城市都把人文精神的塑造视为提升竞争力的生长点。城市特有的人文精神日益对城市的吸引力、凝聚力起着重要的作用。它在形成城市核心竞争力方面，具有独到的优势。因此，针对人文精神与城市竞争力的探讨，就显得尤为重要。作为历史文化名城，扬州应从城市的文化内涵、精神品质与审美境界等方面，探讨其城市人文精神，从而将人文精神转化为推动城市社会经济发展的现实动力。而文化旅游因集文化建设、经济发展、城市营销于一体而为众城市政府所青睐，成为近年来发展最为迅速的旅游产品。运河对于扬州的诞生与成长，对于扬州文化的发展与繁荣都有着不可替代的重要意义。扬州需要借大运河申遗这个契机，深入挖掘运河文化，建设扬州特色运河文化旅游品牌，打造世界级旅游产品，以进一步提高城市知名度、美誉度。

## 二、扬州运河文化旅游与"世界名城"营销

### （一）扬州运河文化旅游资源

运河扬州段在整个运河中最为古老，现今扬州境内运河与吴王夫差开凿的古邗沟故道大体吻合，与隋炀帝开凿的大运河完全契合，这一段运河历史最悠久，散落着大量古代遗迹和人文景观。其中包括著名文化景观：国家文化旅游示范区瘦西湖景区、唐代鉴真东渡日本时启航地文峰塔；汇为大观的宗教名胜：南朝佛教名寺大明寺、伊斯兰教著名四大清真寺之一仙鹤寺、西汉道教道场琼花观、隋代佛教名刹高旻寺、宋代伊斯兰教古墓普哈丁园以及清代天主教堂；反映扬州古港、水利和城池建筑的遗址：水斗门、龙首关、东关古渡和古湾头闸；古代帝王巡视扬州遗迹：天宁寺、重宁寺、瓜洲古渡锦春园、高旻寺行宫；盐商住宅聚落：个园、何园、小盘谷、汪氏小苑、岭南会馆、汪鲁门盐商住宅、贾颂平盐商住宅、卢绍绪盐商住宅等；在古运河沿线还留下了历代文人骚客大

量名篇:"故人西辞黄鹤楼,烟花三月下扬州"(李白);"天下三分明月夜,二分无赖是扬州"(徐凝);"春风又绿江南岸,明月何时照我还"(王安石)……等。这些名句反映了古代扬州曾拥有过的富丽繁华,而这均与运河一脉相承。扬州运河还哺育了不少名城古镇,如高邮、宝应、邵伯、湾头以及瓜洲镇,它们成为今天运河游览线上重要节点。

长久的历史积淀造就了扬州运河的文化特质,河道本身的文物价值外加之众多文化古迹滋养了扬州运河这条"文化之河"。扬州作为"运河之城",这些文物名胜与运河一起闪烁着历史文化的灿烂光辉。由于运河极高的历史文化价值,使得它在当代旅游业中具有越来越重要的地位。运河是集扬州历史、地理、经济、文化等资源于一体的城市综合品牌,是扬州独有的城市特色之一,是扬州的城市徽号。

**(二)扬州运河文化旅游开发重点**

1. 提炼扬州地域文化特色,建设运河文化特色品牌

扬州运河是中国有史记载最早的运河,两岸遗迹点众多,文化底蕴深厚,应深入挖掘其文化特色,这样才会彰显自身特点,吸纳更多的国际游客。为将运河打造成为扬州的景观之河、特色之河,在进行改造提升时,扬州市已将一些体现扬州丰厚文化底蕴的文化元素注入了古运河改造,使古运河成为扬州特色文化的重要展示窗口。便益门大桥下,"运河魂"壁画显露风采;解放桥下,大型壁画"运河情"气势宏伟;在东关古渡,扬州首块铜制壁画"大运千秋"更是富有内涵、精彩无限……。在运河文化公园内,一座大型浮雕墙也充满了文化魅力,上面记载着扬州的运河文化史。在古运河畔五台山大桥附近的银杏园内,一座"童戏银杏"的雕塑和银杏大盆景落户园内。雕塑高两米左右,呈金黄色,雕塑的底部是一个巨大的银杏果,长1米左右,高60厘米左右。银杏果旁,一名孩童正蹲在地上,试图捧起大银杏,而另一名孩童则肩扛一片巨大的银杏叶,注视着银杏果,画面栩栩如生。而在不远处,一个巨大的银杏盆景也摆放在一边,盆景内的银杏高2米多,根部巨大,仅有半边,似经历了几百年沧桑,向人们讲述扬州古老的历史和灿烂的文化。

帝王文化也是扬州运河文化独具之特色,如隋炀帝和乾隆,他们对扬州有着重要的影响。据载,隋炀帝当初开凿大运河的动机之一就是怀念江都春月之美色,贪恋江南物产。当时的江都,即今天的扬州,是个繁荣富庶、人才荟萃

的历史文化名城之一。大运河的开凿促成了彼时扬州经济的空前繁荣,唐朝时有"扬一益二"的谚语;扬州于明清之际成为两淮盐运、漕运中心,富商大贾,四方云集,扬州成为繁华一时的"东南一大都会"。康熙、乾隆皇帝南巡多次驻跸扬州,在一定程度上也推动了扬州经济和文化的发展。扬州的经济文化在清乾隆年间达到鼎盛,各方名流精英均被吸引至此。因此,扬州文化里除了江南的清秀婉丽又融入了一种皇家的奢华壮美。因此,在提炼扬州运河文化特色品牌时,其帝王文化是其独具特色、必不可少的一个方面。

2. 完善服务功能,提升扬州运河文化旅游品牌

要适应市场需求发展运河文化旅游,满足外来游客观光和本地游客休闲需求。通过综合治理与保护运河,完善相应旅游配套设施,调整旅游产品体系,将扬州运河文化旅游发展成为集文化体验、旅游观光、休憩娱乐、美食商贸功能于一体的文化旅游胜地。根据目前扬州运河文化旅游发展现状,可从以下几方面着手完善其旅游服务功能:(1)文化传播。建立古运河文化博物馆、运河文化主题公园,以此展示古运河和扬州城市兴衰的关系以及运河在我国古今社会发展中的重要作用和对扬州城市发展的重大作用,弘扬扬州运河蕴涵的丰厚文化。(2)商贸购物。根据市场需求和扬州运河文化资源与特色,加强对运河文化内涵的挖掘,再现扬州大运河曾经繁华的街市,一方面可满足游客购物需求,另一方面又满足游客对千年大运河历史的追忆。(3)休憩娱乐。在法国,米迪运河由于政府的精心维护两岸植被茂盛,保存完好的古老的沿河小路,为骑车旅行者提供了便捷的条件;游人可将两岸迷人的峭壁、平静的河水和风土人情尽收眼底,还可品尝沿线葡萄酒产区的美酒、参观基督教清教徒的宗教活动遗址;可以从运河一头到另一头穿过整个朗格多克 (Languedoc),从赛特 (Sete) 到图卢兹 (Toulouse),从地中海到罗拉盖 (Lauragais),沿途的田园风景和历史古城以及古迹尽收眼底。扬州也应进一步打造运河沿岸文化风光带,营造生态护坡,在斜坡面、堤顶等处进行绿化和园林景观设计,塑造凹凸有致的立体效果,为城市居民提供文化、娱乐、休闲活动的场所,满足其休憩休闲的需要。此外,在旅游旺季还可增加一些水上运河风俗表演和游客参与性旅游项目,以丰富旅游内容,提升娱乐服务功能。旅游产品开发要发挥其核心价值,需要品牌支撑,应从运河独特的历史文化中去发掘运河文化的品牌效应。(4)导游服务。导游员是传播文化的使者,导游队伍的素质对于加大城市宣传、提

升品牌形象起着关键作用。扬州世界名城的创建对导游员提出了更高要求，随着旅游国际化程度的加深，扬州海外游客逐渐增加，运河文化旅游要吸引更多国际游客，其旅游接待水平需要进一步提高。而目前扬州外语导游人才非常短缺，因此培养一支高素质的外语导游队伍，向游客更好地讲解扬州源远流长的运河文化非常急需而必要。因此，旅游部门一方面应加强与高校合作，培养符合市场实际需求的外语导游人才；另一方面应加强对现有导游队伍的培训，导游员除必须具备过硬的文化功底外，语言能力尤其是外语口语表达能力的提高也势在必行。

提升扬州运河文化旅游品牌必须依托扬州运河历史文化积淀并结合扬州特色文化，如饮食文化、盐商文化、园林文化、建筑文化等进行开发利用。如把特色文化引入运河边，在运河沿岸表演扬州民间文化艺术，如扬剧、扬州弹词、古琴等，动静结合多种形式展示运河文化。还可利用河岸饭店、宾馆、商场展现扬州饮食文化、茶文化、沐浴文化等。扬州是一座中国不可多得的很具东方情调的城市，要提升城市世界知名度，扬州还要提供国际通行的服务，让游客在体验异域文化的同时，享受到最标准的服务，让更多的人了解并喜欢扬州，这样才是世界名城最应具备的基本功之一。

3. 丰富旅游项目，打造世界级运河文化旅游产品

开发形式多样、游客可参与的旅游项目，全方位展示运河历史文化积淀和新面貌，拉动旅游产业发展，丰富扬州旅游业态，增加运河的经济、社会、文化等各方面价值含量，促进扬州运河文化旅游产品国际化。

（1）推出更多水上旅游项目。在德国中莱茵河谷，为保留其原貌，河谷两岸没有架设一座桥梁，往来两岸都靠轮渡，游轮就成为其主要旅游形式之一。扬州可以结合自身情况，组建游艇俱乐部，推出潜水、滑水、漂流、摩托艇等特色水上项目，带动游艇研发、码头、运输、维修、燃料加注、教育培训、水上娱乐、餐饮服务和旅游地产等一大批相关行业的迅速发展，将扬州打造为华东地区最具吸引力的游艇旅游目的地。还可以借鉴法国米迪运河的河上旅馆，在法国西南部，乘船游览米迪运河是一个传统的旅游热点，运河上使用的是靠太阳能运转的浮动游船旅馆。这座浮动旅馆长 30 米，设有 12 个客房，它没有常规的柴油引擎，而是用两个功率各为 8 千瓦的马达驱动，它运行所需的能源，全部来自船顶上总共 80 平米的太阳能电池板，另外，客房里的热水，也由太阳能

热水器提供，船内还有一对大型电池组来储藏多余的电力，以供夜间使用。这就避免了柴油发动机的油污、噪音和废气会给运河沿岸如画的风景带来破坏。每年7, 8月份假日旺季的时候，米迪运河上的浮动旅馆和游船多达上百艘。这种游船旅馆可供游客临时租赁一个星期或者一个月，让更多游人从岸上走到水上，体会休闲水道带来的乐趣。

（2）建设世界运河博物馆。可结合古邗沟的环境整治，规划建设“扬州古运河博物馆”。在场馆内，以文字、图片、实物、雕塑配以现代多媒体技术对扬州古运河的历史和文化进行开放、全景式的展示，包括古邗沟的开挖与变迁，历代运河漕运、盐运和货运，运河与水利，运河闸坝、桥梁与渡口，扬州造船业（鉴真东渡的船只就是在扬州制造）与各种古船，扬州特种工艺，历代帝王巡游场景，富商巨贾事迹，扬州古桥遗存与水乡风物，等等，以此为世人提供一个了解扬州运河历史和文化的最佳场所。同时注重博物馆外部环境打造，形成一条文化长廊进行开放式的展示，以此实现对场馆的内涵提升和空间延展。

（3）开发与旅游产业相结合的娱乐演艺项目。目前扬州旅游在娱乐和演艺方面还显欠缺，可以大运河和扬州城历史为文化主线，融合扬州运河非物质文化遗产中丰富的戏曲、清曲、弹词、舞蹈、木偶戏等艺术形式，运用现代高科技手段，打造系列主题演艺节目。还可以策划国际烟花大会、国际龙舟大赛、国际运河美食节、国际运河音乐节、国际运河婚礼等主题活动，进一步提升扬州旅游知名度。

（4）旅游不仅是观光，还可以依托运河平台，引入参与式、体验式项目。比如德国莱茵河灯火节 (Rhein–Illumination) 上，璀璨耀眼的灯光带给世界各地的游客们一次无与伦比的视觉盛宴，游客可以在游船或是甲板上体验“花火中的莱茵河”。欣赏莱茵河边浪漫的葡萄酒小城及其浪漫的桁架建筑、富有魅力的城堡、洛娥莱的神话。还可以像过去的诗人和思想家一样，在河流和神话般的风景中浮想联翩。扬州运河游应利用多种途径开展系列别具特色的演出和活动，丰富节庆活动内容及形式，尤其是加大旅游淡季的宣传，活动中同时展出扬州特色风味小吃、名肴佳点、地道土特产、精致手工艺品等，使游客参与其中、体验多姿文化的同时又享受到了游乐之幸。这样一来，既丰富了运河文化旅游的内容和内涵，扬州运河文化特色品牌也会随之逐渐地形成并广泛传播。

4. 加强传媒推广，促进扬州世界名城营销要充分利用各种传媒推广扬州的运河文化特色品牌，通过各类强势媒体、城市广告等，突出宣传“中国运河名都——扬州”。

可以组织一些摄影大赛、DV大赛、文学创作大赛、诗歌朗诵大赛等来宣传扬州大运河的风采。比如与国外媒体联合拍摄反映运河的纪录片，或借鉴张艺谋印象系列，拍摄一部再现运河辉煌的时代现场实景演出专题剧，让游客通过欣赏去体验感受运河与扬州的历史沧桑。在运河船上游的游船上可增加一些扬州传统文艺形式，如扬州评话，扬剧等演出，既给游客带来优美的试听感受，又能弘扬扬州运河非物质文化遗产；此外，在游船外形设计、内部包装上也要尽可能凸显扬州地方文化特色。瘦西湖景区是国家文化旅游示范区，景色优美，“双东”历史文化街区别具风情，都可以作为背景拍摄电影。旅游线路的设计上，可以加强和旅游部门的合作，如借鉴一些地方县市联动的做法，通过运河这条主线，将市县旅游产品串联成线，推出扬州至县市的运河游线路。通过与周边城市镇江、南京等合作，区域联动共同开发，将运河游与长江游串联起来，在扬州、镇江运河与长江交汇处打造“江河交汇水上休闲游”等旅游项目。旅游画册画报、游览指南及相关书籍都可用来宣传运河文化特色品牌；网络营销作用日益凸显，搭建信息咨询平台，开展旅游电子商务活动强化网络宣传等非常必要。新媒体营销是大势所趋，将成为推广旅游的重要方式。新媒体环境下，城市营销与互联网将越来越紧密。随着微博越来越热，微博营销的重要性也日益显露。扬州运河文化游也可通过微博介绍旅游线路、提供出行攻略、推介地方美食、分享旅游心情、组织各类活动，以促进信息化的宣传推广。

此外，改善投资机制，进行多元化投资，吸引民间资本，通过市场化运作发展扬州运河文化旅游，推广运河文化特色品牌。同时要注重运河文化旅游形象塑造、加大旅游产品宣传，力争把扬州运河文化旅游打造成高知名度的世界级旅游产品。

## 三、结语

运河文化是扬州快速提高国际知名度，打造“世界名城”的一张“王牌”。通过对扬州运河文化资源的调查研究与旅游开发，深度发展运河文化旅游，将有效促进扬州文化产业事业的持续、快速、协调、和谐发展，推动地方经济持续健康发展,保持扬州旅游产业事业长久生命力,促进扬州旅游市场开发与壮大。同时,文化旅游业对文化资源的优化配置和合理开发利用做出了长远规划,将有效推动扬州运河文化资源的探寻,保护与研究,突出扬州文化资源的地域性特色,传承和传播地方文化,促进文化与旅游共赢,并最终为扬州打造世界名城服务。

**参考文献:**

[1] David Harvey. the condition of postmodernity[M]. Blackwell Publishing Limited,1989.

[2] Jamieson W. The Challenge of Cultural Tourism[J]. Canadian Tourism Bulletin,1994,3(3):3-4.

[3] 邓明艳. 世界遗产地文化旅游资源开发研究——以乐山世界文化与自然遗产地为例 [J]. 乐山师范学院学报,2007,(5).

[4] 丁丽英. 浅谈中国的文化旅游 [J]. 湖北社会科学,2002,(12).

[5] 孔旭红,蒋长春. 历史文化名城旅游发展比较研究 - 以保定、泉州、乐山为例 [J]. 地域研究与开发,2005,(4).

[6] 王虎华. 喜欢扬州的 10 个理由 [J]. 中国名城·扬州专刊,2012,(1).

[7] 吴承忠. 西方国家历史文化旅游发展的现状和趋势 [J]. 人文地理,2004,(6).

[8] 吴建华. 杭州开发运河文化旅游的对策研究 [J]. 中共杭州市委党校学报,2009,(6).

[9] 谢涤湘,陈惠琪. 文化旅游与东莞城市营销战略 [J]. 中国名城,2013,(1).

[10] 谢正义. 打造运河名城是当下扬州建设世界名城的应有之义和重要支撑 [N]. 扬州日报,2012-9-27(A01).

[11] 玉东. 美国旅游业中"增长最快的项目"——文化旅游 [N]. 北京日报,1997-6-26(5).

[12] 张卫中. 试论扬州"运河文化"特色品牌建设 [J]. 现代城市,2009,(9).

[13] 朱桃杏,陆林. 近 10 年文化旅游研究进展——《Tourism Management》、《Annals of Tourism Research》和《旅游学刊》研究评述 [J]. 旅游学刊,2005,(6).

# 世界文化遗产丽江古城保护与发展经验

## ——关于扬州世界名城建设的建议

扬州市政协考察组

**摘　要：**2012年9月10日至16日，扬州市政协城乡委主任王建台率领城乡委和市建设局有关人员，赴云南丽江，专门就世界文化遗产丽江保护与发展经验进行调研，深入了解当地古城历史、旅游产业、保护政策、管理机构、管理措施以及取得的经验、成效等，为扬州市开展古城保护工作和世界名城建设工作提供了有益的参考。

**关键词：**丽江；古城保护；发展经验；扬州；启示

2012年9月10日至16日，扬州市政协城乡委和市城乡建设局（古城办）有关人员，赴云南丽江，专门就世界文化遗产丽江保护与发展经验进行调研。考察组通过听取丽江古城保护相关部门的情况介绍、实地查看古城保护项目、走访当地群众、随机采访中外游客等方式，深入了解当地古城历史、旅游产业、保护政策、管理机构、管理措施以及取得的经验、成效等，为扬州市开展古城保护工作和世界名城建设工作提供了有益的参考。

### 一、借助旅游优势和世界级文化遗产，丽江古城已成为中国为数不多的世界名城

丽江古城坐落于玉龙雪山下，海拔2410米，包括大研古城（含黑龙潭）、

白沙民居建筑群、束河民居建筑群，面积共 4.49 平方公里。丽江古城始建于宋末元初，距今已有 800 多年的历史，现有原住居民 6000 多户，2 万多人，其中 90% 为纳西族，主体部分大研古城面积为 3.8 平方公里。丽江之所以被称为世界名城，主要有以下几个原因：

（一）丽江古城是世界文化遗产

1986 年 12 月丽江被国务院列入第二批国家级历史文化名城；1997 年 12 月 4 日在联合国教科文组织世界遗产委员会第 22 次会议上，以“保存浓郁的地方民族特色与自然美妙结合的典型，具有特殊价值；历经 1996 年二 · 三大地震，基本格局不变，核心建筑依存，恢复重建如旧，保存了历史的真实性”的总体评价列入《世界文化遗产名录》。在中国只有两个城市享有这个荣誉，而众多历史上声名远远超过丽江的城市却因城市风貌受到大量破坏失去了申报机遇。

（二）玉龙雪山风景区是世界级自然遗产

玉龙雪山不但是中国境内最南的大雪山，也是北半球最南的大雪山。山势由北向南走向，南北长 35 公里，东西宽 25 公里，雪山面积 960 平方 公里，高山雪域风景位于海拔 4000 米以上，是云南亚热带的极高山地，从山脚河谷到峰顶具备了亚热带、温带到寒带的完整的垂直带自然景观。玉龙雪山不仅是纳西族心目中的神山，也是一座未被人类征服的处女山，雪山自然旅游资源丰富，景观大致可分为雪域、冰川景观、高山草甸景观、原始森林景观、雪山水景等。以险、奇、美、秀著称于世。凭其迷人的景观、神秘的传说和至今尚是无人征服的处女峰而令人心驰神往。

（三）东巴文字是纳西族发明、仍在使用的的世界级象形文字和非物质文化遗产.

东巴文是一种兼备表意和表音成分的图画象形文字。其文字形态十分原始，甚至比甲骨文的形态还要原始，属于文字起源的早期形态，虽只有 1400 多个单字，但词语丰富，能够表达细腻的情感，能记录复杂的事件和典藏，亦能写诗作文。东巴文被称之为目前世界唯一存活着的象形文字，被誉为文字的“活化石”。2003 年，东巴古籍被联合国教科文组织列入世界记忆名录，并进行数码记录。

（四）国际知名度高，外来游客众多

丽江古城在国外游客中的知名度仅次于北京、上海、西安等大城市，在中小城市中排名第一，被专业机构评为"中国令人向往的10个小城市之首"、"地球上最值得光顾的100个小城市之一"，国内外游客增长速度快，总量大。2011年，丽江旅游人口接近1300万人，与1995年相比增长近15倍，旅游相关收入130亿元，与1995年相比增长近39倍，丽江旅游收入已占经济总收入的64%，在众多游客中，外国游客约占7%，约100万人，从飞往丽江的几条航线观察，乘客上座率极高，并且有30%以上的座位乘坐着外宾，古城范围内，不时见到外国游客的身影。

（五）丽江古城的保护发展走上了良性发展轨道，在国内创造出古城保护"丽江模式"

云南作为西部交通不便、工业基础薄弱、经济不发达省份，早在上世纪80年代就提出了"旅游兴省"的发展战略，并给予了政策支持，而丽江通过申报历史文化名城和世界文化遗产，全市各层各界更深刻地认识到古城保护的重要性，只有科学养护好"金鸡"，才能源源不断产出"金蛋"。他们像珍视祖传宝贝一样精心呵护古城遗产，并以此为自豪。1994年6月，云南省人大常委会颁布了《云南省丽江历史文化名城保护管理条例》，开创了县级市公布名城法规的先例，2005年12月2日《云南省丽江古城保护条例》在云南省第十届人大常委会第十九次会议上审议通过，并于2006年3月1日起施行。古城保护管理法制体系框架的逐步形成为丽江古城实现依法和科学管理、持续发展提供了强有力的法律保障。为了科学管理古城，丽江创造性地成立了世界文化遗产丽江古城保护管理局，将职能调整充实为市人民政府的工作部门，解决了许多名城多头管理、混乱无序的体制难题；在古城展示与利用方面，丽江坚持以人为本，坚决拆除古城内大量的不协调建筑，重新恢复建筑和园林的历史原貌，实施了以改善旅游、卫生、通讯、供电、供水、交通等基础设施为重点的古城环境整治、户内外电气线路改造、广场建设、道路改建、夜景灯光、星级厕所、排污管网、景观用水源头治理等一系列保护性建设工程项目，为了保护以东巴文字、纳西古乐为特色的东巴文化，丽江提高对留住古城的原住居民生活补助标准，由政府出资，帮助生活困难原居民完成了具有历史文化保护价值的299户传统民居、236个院落"修旧如旧"的恢复性修缮工作，对东巴文字、纳西古乐、民间工艺、传统服饰、节庆习俗进行收集、整理、保护、传承，同时规范商业行为，实施“丽江古城商业经营行为准入制度”，加大了地方民族特色店铺的保护和扶持力度，恢复了古城传统商业文化的原真性；在筹措保护资金、科学利用外资方面，丽江报请云南省人民政府批准，率先开征了古城维护费，自2005年开征以来，已收取资金超过10亿元，丽江还积极争取到商业银行的信贷和国外保护基金的支持，并增强自身造血功能，成立丽江古城管理有限责任公司，开展多种经营，但对于可能造成古城风貌破坏的外来大规模投资，丽江却选择了拒绝。

在实际调查中，我们也感觉到丽江作为世界旅游城市也存在这以下的不足，对我们也是重要的警示：一是古城过度商业化，古城核心区四方街周围已是家家开店，户户经营，不但经营种类重复，而且严重影响到土著居民的日常生活，并带来了水污染、视觉污染、光污染、噪音扰民等一系列问题．二是新旧城区的规划失衡，矛盾渐趋激化，遗产开发的深层次矛盾已无法回避，直接威胁着丽江古城的可持续利用，已被世界文化遗产组织警告。三是外来游客增长过快，已远远超过古城和风景区的可容纳程度，出现了排队等车时间长、餐饮不便、服务质量不高、门票价格偏贵、游览效果差等问题，严重拉低了丽江旅游的品质和档次。四是随着纳西族的全面汉化，纳西文化成了旅游的点缀和附属品，传承的前景堪忧。五是外来游客人为地抬高了本地的消费水平，使原本脆弱的地方经济过多依赖单一产业，不利于地区总体发展，也无法使古城和景区外的居民受益，反受到高物价的伤害，旅游产业急需要转型和重新商业定位。

## 二、对扬州世界名城建设的几点启示

丽江和扬州相比，在历史文化内涵、古城的规模与现状、保护与利用等方面都有一定的相似性，所采取的一些工作措施、运行机制、资本运作模式等方面，对扬州市古城保护工作和世界名城建设都具有重要的借鉴意义。

### （一）统一思想认识，明确世界名城建设目标

历史上的扬州曾经是国内著名的大都市和世界闻名城市，但随着封建王朝的没落和近代工业的兴起，扬州被甩出了一线城市行列。如今的扬州，无论是经济实力、城市竞争力还是城市总体发展水平，在国内只能在50名左右

徘徊，在省内都无法和苏南竞争，更谈不上和其他省会城市竞争，2000年江泽民同志题“把扬州建设成为古代文化与现代文明交相辉映的名城”时，更着重的是扬州历史文化名城的身份，而在历史文化名城领域，扬州凭借丰厚的历史文化遗存和名城公布30年来在名城领域出色的贡献，不但在江苏出人头地，在国内也赫赫有名。罗志军书记调研扬州，提出扬州建世界名城的目标，更多是扬州要放大历史文化名城效应，成为中国历史文化的守护者和展示地，成为中外嘉宾感悟中华文明的理想之所。

1. 把“两古一湖”、“七河八岛”打造成世界级遗产。古运河、古城和蜀冈—瘦西湖风景区是扬州建设世界名城的工作重点，要借助运河申遗的契机，积极推动古城盐商遗迹申遗工作，蜀冈—瘦西湖风景区按照国际遗址公园的标准和要求，进一步提升品质内涵，完善功能配套，改善服务水平，变线状游为全方位体验游，提高旅游附加值。“七河八岛”地处广陵、江都两区融合地带核心区，不但是扬州未来城市建设的主阵地，也是苏北平原保存最完好的生态湿地，十公里宽的狭长区域是乡土植物的乐土，“水生”动物的福地，要遵照世界自然遗产的目标，打造新的生态城。

2. 要把世界名城作为城市发展长期目标，长抓不懈。扬州虽然在国内率先提出了世界名城建设，但我们也清醒地认识到，世界名城的金招牌不是一蹴而就，要有长期奋斗的信心和毅力。不过分追求眼前利益，按照世界遗产要求，扎实做好基础工作，完善基础资料，经得起历史评价。

3. 要创新思想，展望未来，让扬州在世界上影响更大、魅力更突出。广泛宣传扬州建设世界名城的意义和行动计划，形象展示扬州在加快名城建设、推进城市国际化方面取得的突出成就，开拓机关干部和广大市民群众的眼界，培育国际化视野和理念，提升城市和全民的开放度，共同参与世界名城建设。

### （二）高度重视规划编制

1. 了解实际，划定世界名城建设核心区域。在制定世界名城的总体规划的基础上，还应当制定不同地区的保护性详细规划。应当进一步明确古城区、蜀冈瘦西湖风景区、运河沿线、七河八岛等核心区域的规划范围和工程项目实施的技术规范，提高现有技术规范的约束力。要清楚地认识到扬州建设世界名城的优势和不足，扬长避短，确保规划能顺利实施。

2. 聘请专家团队编制规划。要聘请国内一流的专家团队，针对扬州世界名城建设目标，科学编制新的总体规划，要参照《纽约c30计划》，在实施过程中动态调整相关项目，确保规划的超前性和指导性。

3. 多方论证新的总体规划，多听取专家和市民意见。针对出台的新的世界名城规划，要通过公示、举办座谈会等方式听取扬州本地专家和广大市民的意见，要通过规划统一各层各界世界名城建设思想，形成创建合力。

4. 要将规划提交市人大常委会审核通过后予以法律保障。为了确保世界名城建设规划的长期性和有效性，建议将此规划提交市人大常委会审核，经批准后再予以实施，从法律层面确保规划的严肃性，不因人事更替而受到干扰。

**（三）体制上实施新举措**

体制的突破是解决世界名城建设多头管理、相互制约的有效手段。

1. 成立世界名城建设领导小组。要整合各方面力量，以市主要领导牵头，成立世界名城建设领导小组，下设办公室，负责日常事物，督促、推进各区和各相关部门共同推进世界名城建设，办公室要加大对世界名城的理论和经验推广，就不同的区域、不同的建设目标，制定相应的工作措施或工作制度。配合扬州申遗步伐，尽快出台遗产保护法规，及早制定、出台相应的配套的政策规定，如《扬州市老城区低层房屋规划建设管理办法》、《古城区房屋修缮的技术规范》等。

2. 成立古城保护管理局。扬州虽然成立了古城保护办公室，但机构松散，专业人员不足，未能有效发挥应该有的作用。要参考丽江的做法，积极成立古城保护管理局，列入政府部门行列，专职从事古城保护工作，从根本上做大做强扬州名城保护品牌。

**（四）机制上创造新举措**

1. 科学解决世界名城建设资金筹措困难问题。建议成立古城国有建设公司，与古城保护局合署办公，参照丽江做法，申请江苏省政府批准，对来扬游旅客收取古城维护费，费用全部用于古城建设，滚动保护、修复传统建筑和历史风貌，让古城恢复历史机能，成为游客体验中国传统文化的理想场所。

2. 出台加快世界名城建设文件。要在多方调研、科学论证的基础上，出台加快世界名城建设的政府文件，鼓励各方力量在政府统筹安排下，参与世界名城建设，特别要支持民间资本和古城保护专业人才的积极性，积极改善市民生产生活条件，鼓励古城居民开展创业活动，保留、保护传统文化，探索成立民居家庭旅馆、企业形象展示馆等，多方面利用古城保护的成果，同时也分发挥区、街办等基层政府和其他组织的作用，建立一套相对完善的项目实施机制、利益补偿机制、投入回报机制，使大家都愿意参与到这项工作中来，既让各方力量参与世界名城建设这一重大历史进程，同时也能从名城建设中得到真正的实惠，从而实现“古代文化与现代文明交相辉映”。

# 由美国环境保护引发的思考

徐洪喜

**摘　要**：2005年，笔者参加了美国UCLA加州大学学习，实地考察了美国加州的环境保护工作。在考察过程中，笔者以美国现代城市环境的印象为起点，从经济社会发展与环境保护之间的发展规律视角出发，分析研究美国环境保护工作的本质属性，环境管理创新的机制和办法，以及环境管理科学化的途径。在比较研判的基础上，结合中国国情，对如何借鉴他山之石促进我国环境保护工作提出建议。

**关键词**：环境保护；环境管理；美国

在推进经济、社会、环境协调发展的历史进程中，如何跳出部门思维，了解经济全球化、环境全球化，探索新时期环境保护的机制创新和管理方法，促进发展经济与保护环境的双赢？带着这一愿望，2005年6—8月，笔者参加了美国UCLA加州大学洛杉矶分校学习。其间，接受了“美国多文化信息交流、民主政治制度、政府的经济政策、公共管理与商业原理、城市规划与基础设施建设、环境保护与可持续发展、国际贸易与金融”等课程培训，实地考察了美国南加州空气质量管理局和多处环境基础设施、工厂企业、社区及政府机构，对当前正处于工业化中期的城市环保工作进行了一些分析和思考。

---

**作者简介**：徐洪喜，时任扬州市环保局局长，现任扬州市国土局局长。

## 一、美国现代化城市环境的基本特征

一走进美国，可以说就被这里城市的优美环境吸引住了：

1. 这里的天蓝。空气清新、蓝天白云，人感到很舒适。大气中似乎没有灰尘，洛杉矶地区车水马龙，全城有1000多万辆汽车在奔跑，几乎不见一辆排黑尾气，城乡大地没有一座冒黑烟的烟囱。

2. 这里的水清。不论是在城里还是在乡村，所见河道条条清澈，河里看不到污染，水质达到或超过我们的三类水。城市饮用水源与一般地面水分开，受到严格保护。

3. 这里的地绿。有的城市俨然一个大公园。无处不见绿。在洛杉矶一些高档的住宅区，绿色成了主景，住宅隐现在树丛花草中。（地方政府规定，拥有单体别墅的住户每家土地的60%要用于绿化，建房过程中移栽树木要补同等数量的树荫。）绿地在哪里，智能化的喷灌系统就出现在那里。我1995年曾去过美国西部，当时一片片沙漠上只是星星点点地种了些仙人类植物（当地人称为骆驼草），不思其解，为什么不种大树防风固沙？现在完全不一样了，出现了一片片绿色。美国实施"绿色海洋"工程，使这里的生态修复取得了显著的成就。

4. 这里人与自然和谐共生的局面已经形成。城市里野生动物多，松鼠、鸽子、麻雀等到处可见，人们在街头给它们喂食，与它们嬉戏，但这些动物从不怕人，因为它们知道不会有人去伤害它。

5. 这里的食品安全度高。人们有生吃蔬菜和喝生水的习惯。大量的菜蔬水果是不用化肥、农药生产的有机食品并有"organic"标识。城市自来水早已达到直接饮用的标准，几乎所有公共场所都有自动饮水设备，供公众随时饮用。

6. 这里的环境保护基础设施齐备、功能健全。洛杉矶城市污水厂是全美第二大污水厂，日处理能力5亿加仑，处理达到二级标准后，61.7%用于补充地下水，6.5%用于农业，15.7%用于绿化，7.5%用于工业。城市的各类垃圾（包括生活垃圾、医疗垃圾、电子垃圾等）都被分类收集和处理利用，连宠物粪便都得到了有效管理。整个城市区域都被空气质量自动监控网所覆盖，所有的餐馆饭店都有高效力的废气、油烟净化设施，所有的家庭厨房下水口都装有厨余(餐桌剩余食物)自动粉碎处理器。

7. 这里的城市景美。海岸、河道、湿地、山体、公园等自然景观和生物群落普遍得到有效保护。城市街道建筑形式多样,市容整洁卫生,马路的清扫基本上是机械化、水冲化。

8. 这里的人少病、长寿。同比,美国城市人口呼吸道疾病、农村人口消化道疾病的发生率要远低于我们。听那些定居美国的华人讲,他们经常回国探亲就深有体会。

9. 这里已经走上全民环保之路。保护环境已经成为一种公共文化和社会文明的风尚,得到社会各界和广大公众的重视和行动,环保工作已经从污染防治发展到全方位的生态保育和环境友好型社会的构建。

美国环境的这些基本特征,既是城市现代化的重要标志,更是人民健康的客观需求,与我们国家提出的"让人民喝上干净的水,呼吸上清洁的空气,吃上放心的食物,在优美的环境中生产、生活"的要求是一致的。三个月的考察学习,让我们看到了我们与国际先进水平的差距,加深了对科学发展观的理解,对今后的环境保护工作有了直观的标准和现实的参照系。我们要用接轨国际的眼光定位总体目标,循序渐进逐步实现。

## 二、把握经济社会发展规律,积极破解工业化中期发展经济与保护环境的难题

环境问题总是与经济社会发展相伴而生的。研究和解决环境问题不能就环保论环保,必须研究产生它的经济建设与社会发展,认识经济建设与环境保护的相互关系,把握其相辅相成的客观规律。

历史上的美国环境也经历了较重的污染,发生过多次严重污染事件。1970 年 4 月 22 日,美国 2000 多万人走上街头,举着受污染的地球模型,高呼"保护人类生存环境"的口号,掀起了反污染运动。从此,美国逐步把环境保护这一涉及社会政治、经济、生活方方面面的事务作为统一的整体来考虑,综合治理污染,调整产业结构,转换产业模式,转变生产方式,转移污染产业,加速经济社会从工业化向后工业化阶段的跨越。

1990 年美国的 GDP 占世界的 24.2%,2003 年占 30% 以上,农业、工业、

服务业的比例为2∶18∶80。随着经济全球化的发展,美国的产业发展模式发生了根本的转变,由设计、生产、销售都在国内完成逐步走向了全球的整合。一般产品的生产、制造不再在本土完成,依靠科技、信息、品牌、管理等加以控制和获取利益。洛杉矶是美国重要的石化基地,但是近20年来没有新增一座炼油厂。众多的美国商场却很少见美国本土产品,在"宜家超市",竟有75%的商品都是来自中国和亚洲。大量的加工、制造转移到了国外,污染和资源的直接消耗相应转移出去,美国本土的污染负荷大大降低。同时,他们大力发展服务业。地方政府也在竞相招商引资,还有众多的经济联盟,促进经济的发展。

美国的经济发展历程,印证了人类社会与经济模式的发展规律,也印证了经济增长与环境污染的一般规律。即:经济发展模式从农业经济、制造业经济走向知识经济;社会形态从农业社会、工业社会走向生态社会;环境污染由自然净化、末端治理到全过程(全社会)控制;环境质量在经历了污染、治理后出现由下降向上升的"拐点",逐步得到恢复和改善。美国1776年独立,1860年前基本是农业社会,1860——1980年是工业化阶段,1980年以后,是后工业化阶段,逐步进入了知识经济时代。1980年美国人均GNP1.24万美元(可以认为是环境质量的"拐点"),2004年达到4万多美元。美国生态环境的变化过程与经济发展的轨迹基本一致。

从社会发展规律来看,工业化是人类社会不可逾越的发展阶段。美国已经走过了这个阶段,而我们正处于其中。目前中国是世界的生产制造中心,是全球增长最快的市场,这种状况至少还会延续十年。用世界的眼光看中国,这就是我们所处的历史发展阶段。

不同阶段的环境保护要有不同的对策。工业化中期的环境保护在指导思想上必须顺应和推进这一历史进程,毫不含糊、毫不动摇地紧贴经济建设这个中心,以加快发展为主题,既积极保护又不操之过急,既防右又防左。要进一步认识到工业化中期阶段大规模发展制造业的必然性、容易积聚污染的严峻(规律)性和保护环境的艰巨性。在这一阶段中,发达国家生产模式的转换,资本流动、产业转移、技术转让是国际化大生产的客观趋势和潮流。抓住这种机遇,大力招商引资,承接国际资本和技术,实现产业积聚和资本积累,提高全民生活的富裕度,就可能在相对较短的时间里完成工业化,走上新阶段。反之，如果优柔寡断、丧失机遇，国际资本和产业就会流向人力成本、土地成本更低的印度、越南等国家，我们就有可能失去一个时代，落伍于他们。因此积聚财富、增强综合实力，是这阶段"最广大人民的根本利益"所在，是推进社会进步的主题、主流和主旋律，又是经济全球化的客观规律。在这一阶段中，因为大量生产、制造，就必然要有相应的环境容量来支撑，必然要耗用大量的资源、能源和原材料，就容易产生污染和影响生态，从而是最容易积聚污染的阶段。有分析家指出，"这一阶段是环境与发展矛盾最突出的时期"，"发达国家上百年工业化过程中分阶段出现的污染积聚在我们国家的二十年多里就已经集中出现了，呈现出结构型、复合型、压缩型的特点。""我国每创造 1 美元 GDP 所消耗的能源是美国的 4.3 倍，是日本的 1.1 倍，我国的年能源消耗量是日本的 10 倍，是美国的 5 倍。"在这一阶段中，保护环境与发展经济始终是一道难破解的题，是环境保护工作最难的时期。既不因噎废食、为了防止污染而放弃经济发展，也不消极对待、听任污染、以牺牲环境为代价，为了眼前发展而贻害当代和后代，而是要把握规律、创新思路，把环境保护与经济建设协调统一起来谋求经济建设与环境保护的双赢，促进这一历史阶段早日逾越和"环境拐点"的早些到来。

如何实施"双赢"战略，破解难题？美国的经验和教训给了我们很大的启示，工业化中期的环境保护，中心任务是污染防治。结合我国实际情况，我们应从以下几方面着手：

1. "治老补新"，腾出环境容量为大规模招商引资创造条件。在控制全社会污染总量的前提下，千方百计治理现有污染，盘活环境资产。相关数据表明，通过治理老污染源，每削减 1000 吨 COD 就相当于腾出了新增 50 亿元 GDP 的环境容量，就可以新增建设项目 50 亿元。老污染治理愈多，腾出的环境容量就愈大，招商引资新建项目的环境空间就愈大，全社会的环境质量就不会下降。实践证明，新建一座污水厂相当于给一片工业项目营造了水环境，拆除一批燃煤锅炉、"倒"掉一批分散的烟囱，相当于腾出了新建一座小型电厂的环境容量，还优化了产业结构。通过"治老补新、以新带老"盘活环境资产，让出环境空间给新兴企业加快发展，就能够从环保角度对经济发展以最直接的支持和促进。美国在工业化中、后期，普遍采用这样的环境对策，他们还制定了"环境容量有偿交易"的规则，促进新建企业购买老企业的排污权来发展自己而不增加环境负担。

2. 同步引进,减少新项目的污染"含量"。现代工业项目,产品、工艺的升级换代很快,同步治理污染的技术日新月异,许多在过去解决不了的污染难题现在都有成熟的工艺技术使其迎刃而解。愈是大项目、大公司、大集团的污染控制和治理水平就愈成熟。三个月中,我们参观考察了一些企业,可见他们的污染控制、清洁生产、循环经济等技术已得到广泛应用。一批批老产品、老工艺被源源不断的新产品、新工艺所取代。我们在招商引资中,如果顺应同类产业、产品的发展方向,引进的是当代的(而不是已经被淘汰的)工艺项目,并注意同步配套引进污染控制等技术同步实施,加以严格管理,就能够达标排放,防范"污染转移"。

3. 加强集中治理,实施"链式治污"。在美国,城市"居住区"、"商业区"、"产业区"向来就是严格分开的。工业集中布点不扰民,同类工业往往集中布局在一起,按产业链布置,整合上、下游,形成了一个个诸如"石化工业园"、"航天工业园"、"硅谷"等各类工业园。在园区内对污水、垃圾等统一有偿处理,降低了企业成本,保证了处理效果。企业间、产品间、工序间产生的某些废弃物往往被相互回收使用、循环利用,形成了"共生、集约、循环、再生"的机制,产业链实际上构成了生态链,产业园成了生态工业园。这种"链式治污"变废物为原料,减少了污染总量,提高了资源、能源利用率,增加了企业效益,是既发展经济又保护环境的最佳生产模式。据介绍,福特汽车公司产品有20%的部件都是以相关废弃物为原料的,产品的循环利用率达到了70%,美国有些制造业达到了85%。从我们现在的技术水平看,全面推进"链式治污"虽还不具备条件,但是可以通过工业分类集中到园区布局,加强园区基础设施建设,实施集中治污,运用循环经济的理念开展生态工业园建设试点积累经验,为今后大规模发展循环经济打下基础。

4. 大力发展环保产业,推进生态产业化、市场化。随着全球化石能源、资源的逐步紧缺,生产方式与生活消费方式的"绿色化"发展,环保产业正成为世界范围内的"朝阳产业",美国等后工业化国家有一大批环保产业、产品正在寻找市场,一些新兴的生态产业技术需要组织生产应用,包括有机产品生产、新能源开发应用、和传统制造业治污技术的转让等。这是我们加快发展的又一机遇,可以作为招商引资的重点之一。

## 三、正确认识环保工作的本质属性，大力倡导走全民环保之路

三个月的课堂教学和实地考察，刻意安排的环保内容并不多，但在很多的课程和考察中，老师和主人都在自然而然地给我们讲环保、看环保。我们在琢磨、议论着其中的奥妙。在美国，环境保护早已不只是政府的部门工作，已经成为一种公共文化和文明举措，渗透到了美国的企业生产、行业发展和社会进步中，逐步成为共有的行为规范。美国人把环境保护的措施落实到了企业、行业、社区和经济社会生活的各个环节，走上了全民环保之路。

美国公众对于环保广泛参与，是保护环境的强大力量。全国有成千上万个民间环保组织即非政府组织NGO，分布在每个州、市、县、镇、村、学校、社区。自发地依法成立，形式多样，规模各异。他们往往为着一个明确的目标，有组织、有计划、有秩序地表达相关想法，诉求解决问题，开展义务劳动，进行游说和宣传，参与政府活动和听证，监督政府和企业的行为，与政府良性互动，共同构成了“政府主导、企业治理、全民参与、植根基层、覆盖全社会”的环保网络。大量的环境问题及时解决在基层、在萌芽状态，也影响着政府当局的决策和一些重要工程的实施，许多法律法规往往都是先由NGO发起最终立法通过的。

美国政府大力支持民间环保组织的发展。第一，美国宪法和法律规定，公众参与是广大公民管理国家事务的一种形式，是体现美国民主政治的一个方面。这种权利任何人都不可剥夺。第二，美国法律赋予了公民对政府的复决权。就是只要有足够多的居民联合签名就可以提出议案，复议甚至否决政府的决策。第三，美国的立法、行政、司法都规定了政务公开的要求，让广大公众知情、知政，以便于参与。第四，美国法律为非政府组织开辟了资金渠道。美国的税制允许并鼓励组织或个人向非政府组织捐助资金，根据一条称作“501C3”的联邦法令，向非政府组织提供援助可以减免一定的税款。多少年来，向非政府组织捐款已经成为一个传统，捐资比例的高低已经成为衡量其社会责任感的重要标志。

笔者认为，美国这种“政府主导、企业治理、公众参与”的体制有很多好处：一是大大调动和唤起了公众的社会责任感和保护环境的积极性；二是减少了政府的负担，方便了群众，提高了效率；三是形成了与政府的良性互动，

密切了政群关系,促进了社会和谐,减少了社会冲突;四是政府及企业的环保工作得到及时监督,有利于机关的作风建设。从本质属性来看,保护环境和建设精神文明一样,是全社会共同的责任。在市场经济的条件下,必须靠全社会来做,依靠市场的手段和社会化的方法,充分调动各方面的力量,形成全民环保格局,才能事半功倍,加快发展。

学习和借鉴美国的这种管理模式,要从我们的实际出发,既积极创造条件,又不操之过急。首先要加强宣传引导。破除环保由政府包揽的认识误区,树立环境为人人、人人护环境的主体观念和人人既是污染者更是治理者的责任观念。第二,逐步实行环境信息公开化。适度宣传人体健康与环境的相互关系,把环境的质量状况、污染程度、污染危害性及环保工作的进展情况公布于众,让广大公众享有环境的知情权、评说权,逐步提高参与度。第三,推进环境决策民主化。完善环境决策的规则和程序,扩大和完善听证、论证、公示等制度。环境规划、重大工程项目、污染事件的处理等重要环境事项要依法通过听证、专家论证、技术咨询、决策评估等程序,广泛集中民智、反映民意。第四,由点到面,倡导建立环保自愿者队伍。促进环境管理的市场化、社会化。

## 四、以效率为核心、服务为根本,创新环境管理机制和方法

美国政府的环保管理体制,基本上是分区域管理,各负其责。各级环境保护部门有监督关系但不相互隶属,各自对产生的政府负责,共同对法律负责。在国家一级,美国政府机构中设有联邦环境保护署(EPA)并在全国派出设置了10个区域管理办公室,成为美国最大的监督执法机构之一。在州一级,相应设置州环保局和分区域管理办公室。郡(县)和市以下政府虽然依法承担一定的环保职能,但是不设置专门的环保机构。例如我们所在的南加州洛杉矶市的空气环境管理,就是由联邦、州和南加州空气质量管理局三级共同负责的。三级管理机构承担了涉及空气污染的全部范畴,没有“空白点”。职能按污染种类划分,职责明确,相互没有交叉,没有领导与被领导的隶属关系,没有层级管理。处理问题一竿子到底,直接对当事人负责到位,因此工作效率高。这种体制也是行政分权(美国民主制度特征之一)的一种体现。

从我们的国情出发,可以借鉴美国的做法,改善层级管理。在市—县(市)

两级，充分调动和发挥县（市）区级的职能与潜能，减政放权，分清事权，权责一致。辖区内的事原则上全部由县（市）区环保局依法管理，市可以考虑集中精力抓好市本级和跨区域、跨流域的管理，弱化对下级辖区工作的“检查、指导、评比”等活动。减少工作环节，降低行政成本，提高工作效能。

三个月来的课堂教学，老师多层次、多视角地介绍了美国的民主决策与管理模式，讲述了现代公共管理的基本理念与方法。建设“服务型政府”、打造“服务型机关”、做一名“服务型的管理者”，求真务实地谋事，他们的很多理念和做法给我们以深深的启迪。在美国有一个理论，就是“政府属于服务业”，公务员对公众相当于商店里的营业员对顾客。顾客是上帝，顾客的需求就是商场的方向。美国前副总统戈尔曾说过，政府对待公众，就应该像公司对待自己的客户一样，有问必答、有求必应。政府受公众的委托，管理诸如环境保护这样的国家事务，其权力来自公众，当然就要无条件地接受公众的监督。同时，政府的运转依赖于纳税人的税收，就有义务提供一流的服务。服务型政府以平等的态度对待公众，以服务为内容，方便群众为特征，听取、回应、协商为主要形式，并以赢得服务对象的满意为追求。服务型政府的结果必然是赢得广大公众的心情舒畅，人们的发展热情不断高涨。而管制型的政府则是以居高临下的身份为形象，以指挥、指导甚至命令为方法，以服务对象达到管理要求和标准为目的。管制型政府的结果必然是管制型的社会。我们在洛杉矶郡政府考察时体会最深，公务人员在窗口一一接待前来办理事项的公众，站着服务，“请”、“您好”、“谢谢”等字眼全“写”在了脸上，就像熟练的操作工一样，不停地在阅读、审查、登记、盖章，快捷、准确，“顾客”们一个一个满意而去。在他们身上看到了对服务对象的感情。就是服务对象违法了，也是很有礼貌的依法处理。开学不久，我们去看望一位老乡时遇到了一件事：途中不巧发生一小车祸，我们的车被追尾撞击。报警后40分钟警察赶到现场，处理非常文明，态度和蔼可亲，进行了详细调查，在不通语言的情况下通过肢体语言了解过程，做了详尽记录，主动告知工号、联系电话等给当事人，听侯处理，还给当事人的随车儿童送了一件小玩具。整个过程给人留下了文明的美国执法形象。这些耳闻目睹，使我加深了机关作风建设重要性的理解。按照经济全球化和与国际惯例接轨的要求，我们的工作作风和服务水平必须再上一个大台阶。必须按照建设“服务型政府”的要求，进一步转变观念、摆正位置，以深厚的感情紧贴经济、紧贴公众，把一切的工作融入到服务中，人人都做服务对象的贴心人，全力打造服务型机关。改进和创新决策机制、用人机制和管理方法。学习美国人“勇敢者的家园”的特性，不断增强工作魄力，以强烈的开创意识，勇于开拓创新；更加广泛、深入、扎实地开展工作，多谋事少谋人，减少行政成本，提高工作效率；以正确的集体与个人关系，加强多层次的沟通与交流，自觉缩小权力距离，充分调动和发挥每个人的发展热情和潜能，激发大家愿干事、能干事、干成事；重视知识管理，不断推进技术创新和知识更新。

## 五、依靠技术进步，促进环境管理科学化

美国的环境保护，有着先进的技术支撑。先进的环境监测、分析、管理技术，各类治理污染的实用技术，企业生产中的先进技术包括清洁生产、循环经济技术等的开发和广泛应用，加速了美国环境从污染治理阶段走上环境改善阶段，促进了经济发展与环境保护的融合。我们在南加州空气质量管理局考察，这里的空气污染监控技术令我大开眼界。他们建立科学模型，研究空气污染与人体健康的线性关系。针对加州三面环山、一面临海、容易形成污染积聚的独特地形，对上世纪四五十年代的光化学烟雾污染的成因进行全面分析，找到了 NO——$NO_2$——$O_3$——VOC——HV 等物质的相互关系。他们对全市各地段的污染强度进行定量分析测定，区分点源性污染和交通性污染，对 $SO_2$、CO、$CO_2$、$O_3$、铅、粉尘等六个污染因子做出强度分布图。他们分析剖析了这些污染物对当地人体健康的危害。人受污染后，呼吸短促、呼吸道及肺部感染、肺活量减少，儿童智力下降、缺课率上升。在重污染地段里每 100 万人的癌症发病率高达 1200 人，而其它地段只有 100—200 人。这些信息得到了政府和公众的高度重视，为环境管理提供了科学依据。美国及世界范围内的这些先进技术和管理，为我们的环境保护发展提供了机遇。我们必须面向世界，重视引进和大力推广适合我市情况的各种技术和经验，提升环境保护的科学化、自动化、现代化水平。

**参考文献：**

[1] 迈克·马克艾罗. 美国的环境保护 [J]. 绿叶,2004,(6).

[2] 吴小玲,李仁杰,康江. 美国环境保护与环境技术产业发展的主要经验和启示 [J]. 四川环境,2003,(6).

[3] 徐洪喜. 以发展循环经济为核心规划建设生态市 [J]. 环境导报,2003,(22).

# 从“细节”感悟美国的城市建设

王　骏

**摘　要：**通过在洛杉矶近3个月的学习生活和其后10天6城市的考察，亲身感受，所见所闻，对美国的城市建设细节有一些肤浅的认识，并感悟到美国城市建设的内涵，对扬州城市建设提出了建议。

**关键词：**美国；细节；感悟；建议

美国作为世界经济、科技强国、人口大国，早在上世纪70年代已基本实现城市化，1980年城市化水平达73.7%。如今在美国已基本看不到火热的建设场面，所能看到的只是零星的改扩建或小规模的建设工程。但通过在洛杉矶近3个月的学习生活和其后10天6城市的考察，亲身感受，所见所闻，对美国的城市建设有了一些肤浅的认识。

## 一、“细节”点滴

1. 挤而不堵的城市道路。美国被誉为“装在轮子上的国家”。大洛杉矶市1000多万人口，拥有1000多万辆汽车，人均1辆，户均两辆以上，为全美之最。当夜晚乘车行驶在高速公路上，呈现在眼前的，右边是红色的河流（车尾灯），左边是白色的河流（车前灯），滚滚洪流，川流不息。时常也听人抱怨塞车，

---

**作者简介**：王骏，扬州市交通运输局局长。

但从我们往返学校和外出参观考察，总的感受是城市道路挤而不堵。出行多了自然对该市道路交通略有所知，一是高速公路纵横交错，东西南北经过市区的多达 7 条（5、10、60、90、105、110、405）；二是城市道路密如蛛网，停车场星罗棋布，道路面积占城市总面积的 30% 以上；三是高速公路不收费，与城市道路浑为一体，上下自如；四是交通组织科学合理，几乎所有的十字路口都辟有专门的左转弯车道，大部分街口都是右宽左窄，上下车道并不等宽；道路交叉口除空中有红绿灯外，路面上一般都有切割规整的方型、圆型、多边型等细缝，并用沥青闭合，参观过城市交通指挥控制中心，方知这些缝内埋有感应装置，通过路口信号机将道路交通状况反映到控制中心，以调整道路交通运行。

2. 茂盛多姿的城市绿化。凡是到过美国的人都会有共同的感受，城市绿化好，不仅大小公园多，而且街道、河道、庭院处处是绿，四季有花。洛杉矶市本是一个淡水缺乏的城市，年平均降水量不足 400 毫米，气候干燥，不适宜植物生长，但该市在城市绿地内部普遍装有自动浇灌系统，浇水、抗旱、保湿。所有花坛、绿地都覆盖着厚厚的小碎木片，腐烂之后成为肥沃的腐殖土，土壤中有机物含量高、肥力强，长出的花草树木枝繁叶茂，花期长。难怪我们所住旅馆院内的小花陪伴我们 3 个月仍鲜艳如初。对洛杉矶绿色垃圾处理场考察后，找到了这种小碎木片的来路，原来是取之于绿，用之于绿。城市草坪、树木修剪、整枝后产生的所谓绿色垃圾被运到处理场，经分捡、粉碎后，再运回城市或郊区绿地中。美国城市绿化不仅枝叶茂盛，而且品种多样，景观效果好，公园、绿地、街道两侧，既有参天的棕榈树，又有蓬头很大的樟树，更有造型美观的橡树等；黄土被草坪覆盖，绿篱作围墙，高速公路隔音墙、桥桩以及房屋被类似爬山虎的植物包裹。人在绿中，房在树中，城在林中。

3. 可升降的公共汽车。在美国初乘公交车会被到站而突然下沉的车体一惊，以为爆胎。当重新启动时恍然大悟，原来此举为的是方便乘客，特别是残疾人上下车。面对小汽车的过度发展，为了缓解城市交通压力，美国各级政府一直倡导发展城市公共交通，实施了一系列公交优先政策，如联邦政府给予资金扶持；城市道路设置公交专用道，禁止其它车辆驶入；路口优先通行，在公交车顶装置控制器，当公交车通过路口时，控制器向路口信号机发射无线频信号，将信号灯变成放行号。波特兰市政府还专门开征工资税，由雇主按该公司的雇员数目缴纳，专项用于城市公共交通系统的建设。纽约等市通过增加市区停车费等措施，控制使用小汽车，鼓励市民改乘公共汽车。在小汽车一统天下的城市，公共交通重新获得了一席之地，波特兰市在市中心工作的15万人，已有50%乘坐公共汽车或地铁上下班。

4. 立着牌子的城市“荒地”。在洛杉矶乘车或步行时不时会对一块杂草丛生的“荒地”而纳闷。当你走近它时，小牌子会告诉你其中原由。这样的“荒地”一般是湿地，是为保护这里的一种特有生物或植物而特别设定的保护区，区内不得从事任何建设活动。洛杉矶国际机场平均每分钟有一架飞机起降，是世界上最繁忙的机场之一。机场管理局早在6年前就有规划准备扩建，但至今未能实施。其原因是，在机场扩建的用地范围内，有一种身长不足3厘米名叫“神仙虾”的濒危物种。据网上消息，最近机场管理局和美国鱼类与野生动物保护局达成协议，为防止鸟类来此栖息，机场附近地域必须保持没有积水，否则鸟类在飞行中如果被飞机引擎吸入，会造成空难。人命关天！同意将“神仙虾”搬家。然而搬家的代价也是昂贵的，由于这种虾生活在湿泥中，虾身又小，鱼类动物保护局规定不能用机械挖掘，只能用手把468吨的湿泥一把一把小心翼翼地挖起来，集中转运到多伦斯市马德罗那沼泽为他们准备的“新家”。

5. 建在郊外的超市。在美国购物一般不去市中心，而是驱车到郊区的超市。这些超市，大多紧邻高速公路。进入其中，不仅你想要买的东西应有尽有，国际品牌、大牌琳琅满目，而且厂家直销，相对便宜；不仅可以购物，而且可以休闲，餐厅、咖啡厅、儿童游乐场，甚至电影院等配套设施齐全。到此购物不用为停车发愁，每个超市都建有足够大的停车场；不用为刮风下雨发愁，超市虽大，里面成街成坊，行人通道均有透明顶棚或回廊相连。作为首次到美国的人，几次逛超市总想买一点正宗美国货带回纪念，但就我这个消费层次看中的的商品大部分都是Made in China，不免有点遗憾。超市建在郊区自上世纪50年代开始，与之相随的是美国大部分城市普遍出现市中心“空壳化”，市中心不仅失去昔日的辉煌，而且设施老化，治安较差。夜晚的洛杉矶市中心已成为流浪汉之家，据称有10万之众。

6. 没有淘汰的木质电杆。一踏上美国的土地，就被一排排高高的木质电杆所困惑，木制横杠、老式瓷头，架着好几排电线，给我们授课的马克老先生讲，刮风时还会发出“啪啪”响声，可见电线已老化了。原来美国也如此“落后”！美国的“落后”不仅是木质电杆，还有水泥路灯杆，混凝土路牙、人行道，混凝土砌块砌成的围墙，房屋建筑除少数公共建筑外，大部分外墙没有高档华丽的装饰等等。在美国生活一段时间，见多了也就见怪不怪。作为一名工程建设者，当我进一步靠近它时，发现电杆虽是木质的，但周身有类似钉书针的小针镶嵌，路牙、人行道虽是混凝土的，但平整霸实，少有缺损。这些设施有的已几十年，甚至上百年，可见当初建设之精良。正因为如此，有人戏称，美国城市建设因为先进所以落后，这就是辩证法。

7. 随手装袋的宠物粪便。美国人爱狗，几乎家家户户养狗。公园里、大街上，男女老少牵狗而行者比比皆是。按我们的想象，大街上、绿地里应处处有狗粪，而实际情况出乎所料。傍晚散步两次巧遇狗排便，停步观察只见主人手带塑料袋细心地将狗粪装入袋中，就近放入垃圾箱。一些街道和绿地旁还专门放置供遛狗者使用的塑料袋和垃圾筒。宠物粪便尚能如此，故大街上、公园里几乎看不到乱扔垃圾和杂物者，也无乱贴乱画，市容环境整洁。美国城市垃圾分可回、不可回收、绿色三类，实行分类收集和处理。每个家庭都要向环卫公司购买三只与垃圾车相配套的垃圾箱，分类装置垃圾，通常环卫公司每周1—2次上门收集，垃圾处理费每户每月30美元左右。

8. 不离施工现场的清扫和洒水车。在我们上课的教学楼隔壁有一建筑工地，正在进行地下工程施工，外运土方的车辆进进出出，难免有泥土带出，按洛杉矶干燥的气候，施工现场也难免有些尘土。课间休息从四楼阳台俯看，工地现场不仅运土车辆装载适度，不致抛撒，而且进出道路有清扫车间歇来回清扫，取土现场有洒水车间歇浇水。从我们的住地到学校每次途经的405号高速公路正在拓宽，整个工程施工线长，场地狭窄，但安全防护措施到位，材料堆放整齐，现场秩序井然，交通和施工互不干扰。

## 二、几分感悟

三个月在美国的学习考察，虽然时间不算短，但由于语言问题和课程安排，对美国城市建设许多问题的认识尚处在表面。尽管如此，通过对表象的观察，对细节的思考，还是能够感悟到一些美国城市建设的内涵。

1. 交通——城市建设的基础和重点。城市因交通而兴衰。观察当今美国的城市，交通不仅决定城市发展，而且直接影响城市的布局和人们的生活方式。正是上世纪50年高速公路的建设，才有城市的迅速扩张，以及其后褒贬不一的城市郊区化；正是有密布的城市路网和众多的停车场，才使巨大的交通流和车辆停放有序不乱；正是公共交通的发展，才使已失去活力的部分市中心，重现昔日辉煌，城市资源不致浪费。总之，是现代交通系统的建设与发展，才有美国城市的生机和活力。

2. 环境——城市建设永恒的追求。美国的发展和强大得益于良好的环境，一个吸引人、容人，留得住人、让人喜欢的环境。作为社会经济重要载体的城市，其环境建设历来受到美国各级政府和人民的重视，并随着社会经济的发展，对城市环境建设的认识不断提升。美国作为新经济发展的领头羊，城市政府清醒地认识到，新经济时代，任何一个城市已不再和以往一样，只要拥有得天独厚的自然资源，就能吸引到投资者或者靠价廉的劳工，就能保证城市走向繁荣。现在，美国投资者最青睐的是既适于居住，又利于技术发展的地区，能否营造出吸引技术人才的环境，已成为影响美国城市盛衰的重要因素之一。城市之间的竞争，已演变成环境的竞争，优则兴，劣则汰。

3. 人性化——城市建设之本。美国是一个关注人性的社会，在城市建设中，他们不仅把城市视为一个经济工具，而是把城市作为人居住、生活、工作的地方，坚持以人为本。公交车靠站降一点，街头绿地设置一些简易健身器材，伸向大海的栈桥栏杆上打些插钓鱼杆的孔，公共场所弯腰可饮水的龙头，大型公园（游乐场）从停车场到大门口有电瓶车接送游客等等，看似区区小事，不值称颂，但仔细品味，处处体现对人的关爱，把便民、利民作为城市建设的出发点和归宿。

4. 参与——城市建设的源泉。自己的事情由自己决定，这是美国人的天性。城市建设无一不与生活在这座城市中人的利益息息相关。为此，大到城市规划，小至具体项目建设，政府都要通过多种形式征求市民意见，让他们参与其中。市民的参与，不仅有利于决策的科学合理，而且有利于决策的实施和监督；市民的参与，不仅使他们充分理解城市建设管理的有关规定，而且更使这些规定变为自觉行动，大大降低管理成本；市民的参与，让他们了解城市发展的未来，坚定生活在这座城市的信心，也为城市发展赢得了资金。房产税是美国地方政府财政的主要来源，从2000年到现在，全美中等房屋的平均价格涨了55%,出现了二战以来房价最猛的一次跃升。洛杉矶市更是顾盼自雄,平均价位涨了135%。房市活跃,房价上涨理所当然增加了地方政府的财力。从一定意义上讲,谁选择了这座城市,谁就成了这座城市建设资金的提供者。

5. 文化——城市建设的灵魂。美国自1776年7月4日大陆会议通过《独立宣言》,宣布建立美利坚合众国至今不到230年,没有悠久的历史文化。近百年来,他们在城市建设中十分重视文化设施的建设,注重文化氛围的营造。如今,全国有著名国家公园和自然保护区40多个,几乎所有的城市都有1个以上的博物馆、美术馆和图书馆等。一些有影响的文化娱乐设施已成为城市的品牌,如洛杉矶的好莱坞、迪斯尼乐园。美国是世界上最大的移民国家,城市建设也因历史和民族各异,既有欧洲特色,也有墨西哥、中国、日本等风情,洛杉矶市有小东京、小台北、韩国城等,体现文化多样性。美国建国时间虽然短,但教育事业十分发达,全国有各类公立和私立大学、学院2700多所,每年入学注册的大学生有290多万,在校学生总数近1000万人。哈佛大学、耶鲁大学、麻省理工学院、哥伦比亚大学等高校世界闻名。正是有这些,使这个年轻的国家富有勃勃生机。

6. 科学——城市建设的法宝。美国是一个崇尚科学的国度,现代科技领先于世界。美国的城市建设虽然也有争议,甚至失误。但就整体而言,无论是建设理念,还是建设方式,无不体现对城市的科学认识、科学态度和科学的方法。100多年前编制的城市规划至今不显落后,几十年前甚至上百年前建设的基础设施目前仍然运行良好等。城市建设既力求先进,又注重实际,不盲目大拆大建,不追赶时髦。与些同时,在城市规划建设管理中,十分重视现代科技手段的应用,计算机、信息技术被广泛运用于城市规划、设计和交通管理等方方面面。依据对城市发展规律的科学认识,用科学的方法和手段规划、建设、管理城市,从而保证了城市建设健康有序地发展。

点点滴滴,走马观花,上述认识难免有片面之处。事物总是发展的,美国的城市建设也不是尽善尽美的。

## 三、几点建议

进入新世纪以来,扬州的城市建设,在市委、市政府的高度重视和正确领导下，在社会各届的理解和支持下，取得了令人瞩目的成绩，城市基础设施日臻完善，城市功能大大提升，城市环境显著改善，城市面貌明显改观，城市建设和城市化进程已驶上快车道。美国作为世界上最大的发达国家和高度城市化的国家，现代城市建设的许多经验值得我们学习和借鉴。

（一）应对新交通，着力完善城市道路系统

随着城市经济的发展和人民生活水平的提高，小汽车进入家庭势不可挡。针对扬州交通的现实状况，在城市规划建设中，应把城市交通规划作为城市总体规划的重点，做深、做细；要加密路网，加强城市支路系统的建设，切实处理好小区封闭管理与城市支路贯通的矛盾；增建停车场，新区开发和老区改造要留足停车场地，大型公共设施建设必须配套相应的停车场；落实“公交优先”政策，扶持公共交通的发展；充分发挥环城高速公路对城市交通的分流作用，增设进出口通道，对当地车辆收费给予优惠等，以减轻市内交通压力。

（二）应对新经济，不断提升城市环境质量

工业化的快速发展，扬州将进入新经济时期。为适应新经济发展的要求，应在现有基础上进一步提升城市环境质量，增强新的优势。要进一步扩大城市绿地面积，提高城市绿化建设水平；加强生态环境的保护和建设，对城市东部的河流水系和西北部的山丘以及局部的江滩，要制定保护规划，划定保护区域，严格控制建设活动，对已有的建筑物要制定政策逐步搬迁；要进一步加大水环境整治力度，提高污水处理率，努力改善水质和景观效果；注重城市特色的营造，精雕细刻，稳步推进老城区保护与利用、改造与复兴工程，弘扬城市优秀文化，放大名城效应。

（三）应对新趋势，遏制和防止城市郊区化

人多地少的突出矛盾，决定了我国城市建设必须走集中、集约发展之路。为防止私家车发展后城市郊区化趋势，一要通过严格的用地和规划管理，控制在郊区兴建高档别墅和大型超市；二要加强旧（老）城区的整治与改造，提升基础设施配套水平，改善居住环境，控制区域人口的老年化、弱势化；三要整合老城区商业服务功能，改善交通和购物环境，增强老商业中心的活力。

（四）应对新体制，深化城市建设事业改革

按照不断发展和完善的市场经济体制的要求，充分发挥市场对城市资源配置的作用,调动市场主体参与城市建设的积极性,放开、搞活城市公用事业投资、建设、经营、管理机制,鼓励多种经济成分投资、经营城市公用事业;建立健全市场监控体系,实行建设、养护、监管职能分离,加强工程招投标管理和工程质量监督,实施公用企业特许经营等,努力使城市建设走上政府经营,市场主体运营的良性发展轨道。

(五)应对新构成,全面提高市民素质

城市化进程的加快,大批农民将涌入城市。如何将农民转化市民,直接关系到城市的建设和管理,直接关系到城市的整体形象,要切实加强对进城农民的教育和培训,教育他们遵章守纪,行为文明,爱护公物,珍惜环境,自觉遵守和服从城市管理的有关规定。要把提高市民素质作为一项基础性工程和系统工程来抓,政府牵头,社区组织,业主负责,层层建立责任制。真正形成建文明城,做文明人;"我爱我家,共建美好家园"的浓烈氛围,为把扬州建成更加富裕、文明、秀美的新扬州和世界名城而共同努力。

# 北美旅游景观对扬州瘦西湖新区规划建设的启示

周武忠　王克胜

**摘　要**：通过对美国、加拿大部分旅游景点景区开发和建设的专题调研，总结、提炼出景观精品理念、系统开发理念、产品创新理念、优质服务理念和整体营销理念等五方面的成功经验，值得扬州市瘦西湖新区乃至我国风景旅游区规划建设时借鉴。并对一些具体可供直接借鉴的项目进行了分析。

**关键词**：北美；旅游景观；设计理念；扬州瘦西湖新区

## 一、考察概况

扬州瘦西湖新区的旅游开发是凭借“瘦西湖”这一具有国际影响的旅游品牌，充分利用新区内的文化旅游资源和护城河文化湿地、笔架山地热等特有的自然旅游资源条件，根据瘦西湖新区在扬州旅游产品布局中的主导地位和省、市旅游规划的定位要求进行系统规划。本规划以生态为基础，以文化为灵魂，以市场为导向，以休闲体验为主题，把瘦西湖新区规划建设成为“国内一流、国际叫得响、融文化、休闲、生态于一体”的国家5A级旅游景区。它的建成将迅速改变和优化扬州旅游产品结构，成为生态度假、文化休闲的天堂。

---

**作者简介**：周武忠，上海交通大学媒体与设计学院教授、博士生导师，旅游与景观研究所所长；王克胜，扬州市政协副主席。

为了借鉴美国、加拿大进行旅游开发和景区建设方面的成功经验，进一步提高瘦西湖新区的规划建设水平，市政府专门组织“扬州市园林考察团”，对美国、加拿大的有关旅游景区和园林进行了专门考察。考察团主要参观考察了美国旧金山的黑鹰小镇和金门公园、洛杉矶的迪斯尼乐园和好莱坞环球影城、拉斯维加斯的度假酒店设施和米德湖国家度假区、纽约的中央公园和城市建设、夏威夷的城市景观建设、神殿谷纪念公园和珍珠港亚利桑那纪念馆，加拿大多伦多加美边境的尼亚加拉大瀑布、温哥华格鲁斯山滑雪场和布查花园。笔者所到之处，受到启发颇多。

## 二、几点启示

1. 景观精品理念

加拿大温哥华的布查花园由一座私人花园发展为一座精品花园，得益于其四座风格迥异的花园和美丽如画的四季景色。其精品意识体现在，不惜代价将成千上万吨土壤运输到此地，并悉心从世界各地搜集和培育上千种植物花卉。加上土壤改良和精心培育，用技术弥补先天不足，用对园艺的热爱感染游客，打造出了令人瞩目的旅游胜地。此外，四座花园——玫瑰园、日本园、意大利园、石矿园也体现了世界园艺之精品，既有传统元素，也有现代风格；既有东方韵味，也有西方经典。从园艺、景观、艺术风格上都融入了精品意识，可以说是园林精品中的精品。

迪斯尼乐园是世界上最大的综合游乐场。迪斯尼世界把严肃的教育内容寓于娱乐形式之中，丰富而有趣，每年都要吸引游客近 2000 万人次。在迪斯尼世界中，设有中央大街、小世界、海底两万里、明天的世界、拓荒之地和自由广场等，从建筑、环境、园艺到陈设，都十分精致。“世界陈列馆”更为有趣，这里有埃及的金字塔、意大利的宫殿、日本的神社、巴黎的埃菲尔铁塔，还有中国的天坛，它的大小虽只有北京天坛的一半，但是雕刻精细，十分逼真。

拉斯维加斯地处旅游资源贫乏、自然环境恶劣的西部沙漠地区，尽管它的繁荣主要归功于博采业，但其完善的配套设施、精美绝伦的环境景观也是重要因素。现在的拉斯维加斯已拥有全世界顶尖的度假酒店和世界一流的大型表演及高科技的娱乐设施。即使是不赌博的观光客，也都要来此感受世界顶级的城市旅游景观。

因此,在新区建设中,景观建设必须以高品质为要求,高技术做支撑,要避免重复、老调,打造一流特色景观,从视觉上给人近乎完美的感受。

北美的各处旅游景观建设精致而不奢华,体现出经济、实用,却又非常人性化的风格。由于大部分旅游景区景点建设是靠社会力量捐助的,因此,从设计到建设,都非常讲究项目的经济性。建筑及构造物讲究实(适)用性,满足人体工程学的需要。即使是被誉为"二十世纪之新闻故事"中位居第三的珍珠港亚利桑那纪念馆也是如此。

2. 系统开发理念

旅游是一种融吃住行游购娱为一体的活动,所以旅游开发就要强调一种系统开发的理念。黑鹰广场其实是一座以水景为中心的旅游景观小镇,其主题建筑是位于山坡上的黑鹰博物馆(Blackhawk Museum),这座环状建筑物,造型别致,居高临下,成为整个景观的中心。博物馆前的瀑布水景成为整个景区的水源,顺势而下,绵延不断,形成带状水景。两侧依次布置商铺、饭店、超市、酒吧等建筑,吃、住、行、游、购、娱融为一体,是一个功能齐全的城市旅游街区。黑鹰广场系统的旅游开发行成了一个鲜明的整体形象,这里虽然没有什么特别的旅游资源,但人气很旺。

因此,系统开发有助于景区运作顺利畅通,形成统一协调的风格、减少不合拍因素,提高游客的感知度,在旅游市场中树立整体和鲜明的旅游形象。从黑鹰广场到好莱坞,从迪斯尼到拉斯维加斯,都是系统开发的旅游项目。在新区建设中,就要强调这种从整体上把握,进行系统开发的理念,从而打造出一个鲜明的旅游形象。

3. 产品创新理念

这次考察的各处景点个性化、主题性非常明显,参与性强。给我们的启示在于,个性化与参与性的完美结合是这些旅游产品开发成功的秘诀。旅游是寻找异质文化的过程,提到迪斯尼,首先让人想到是美国。提到好莱坞,就是美国现代影视文化的象征,环球影城、星光大道无人不晓。想到拉斯维加斯,浮现脑海的无一例外的是装饰豪华、气氛热烈的大大小小的赌场,金碧辉煌、令人叹为观止的高级饭店,以及在夜晚,沙漠中那一片璀璨耀眼霓红包裹下的城市景观。所到之处,都能让游客身临其境,被其参与性的项目和产品吸引,不由自主地加入。迪斯尼作为全球最成功的主题公园,其参与性的主体是儿童,但实际上它还吸引了儿童的父母、年轻人等不可估量的成人市场。参与性强,每个游乐项目都有一个神秘或精彩的故事来做支撑,寓教于乐,寓文化于游乐,与以前单纯的游乐相比更具有新意与生命力。深圳欢乐谷之成功相当程度上也是延续了迪斯尼的设计理念。再看珍珠港亚利桑那纪念馆,同样也是一个非常具有特点的事件旅游产品。其设计简洁,不像一般纪念馆那样沉重和呆板。还通过详细科学的旅游解说系统,利用标牌、图示、展示手法为游客提供了非常有价值的了解珍珠港事件的途径。瘦西湖新区的产品设计要紧扣个性化产品。

如果撇开主题公园不谈,对一般性的以自然景观为基础的旅游产品,如何让人能参与体验呢?目前我们国内有相当一部分旅游产品属于观光型旅游产品,大家都说参与性不强,看看就过了。因此就需要撇开原有资源局限性,对产品进行更新、再次创新。比如米德湖国家度假区,就是沙漠中的一个人工湖,但游客在这里异常的放松和休闲。湖区有一块水域,专门供游客给鸟喂食,手中的面包瞬间就会吸引成群的海鸥飞来。看它们停落、起飞,轻盈的身体滑过纯净的蓝色湖面,心情也会随之飞扬起来,顿时备感轻松愉快!游客都深深迷恋上这种完全自然和单纯的体验,很长时间不肯离开。身处大自然的开阔空间,清澈纯净的湖水,加上与鸟亲密接触的美好体验,能给游客久久不能忘怀的回忆。其成功之处就在于设计与定位鲜明独特,非常重视游客参与。以简洁的环境营造和给游客提供与鸟和谐相处的方式成功地塑造了自然、动物与人的亲密接触。瘦西湖内的小型水域,就可以以这样个性化的主题设计来出彩。

4. 优质服务理念

旅游业是出售服务的产业,优质服务理念是衡量旅游业服务水平的关键。对于我国旅游服务业来讲,旅游产品和旅游景区的建设都已经达到一定的水平,某些硬件设施甚至优于发达国家。但是,我们的服务水平,软环境的培育远远落后。

布查花园与扬州的个园、何园性质相似,但它的旅游服务意识很强。它按一定游程设置休憩设施,入口处的雨伞配备、宾馆式的用餐环境、咨询服务中心、园史展览等,从硬件上为游客提供了人性化的星级服务设施。

迪斯尼、环球影城这样的主题公园虽然主要靠硬件建设来吸引游客,但其软件服务也是一流的,用最优质最人性的服务最大程度地附加了公园的价值。尽管这里游人如织,但是组织井然有序,所有的工作人员都洋溢着热情,游客各得其乐，处处都能感受到周到的服务和工作人员的亲切友善。同时，景区讲解员的讲解更是绘声绘色，引人入胜。环球影城的神秘乐园一方面得益于旅游项目设计的新颖，另一方面就是精彩的讲解抓住了游客，让游客感觉惊险不断。走在迪斯尼世界中，还经常会碰到一些演员扮成的米老鼠、唐老鸭、白雪公主和七个小矮人，他们都会以可爱、友善的态度凑上前来与游客合影，不仅给喜欢它们的来自全球各地的孩子带来快乐，也给成年人一个感受童趣冲击的喜悦。

在珍珠港亚利桑那纪念馆，水上游览的组织给我们留下了很深的印象。由于纪念馆是免费供人参观的，因此游客非常多，队伍也很长。但组织却丝毫不乱，每次只允许一定数量的人去参观水下沉船亚利桑那号，减少了人群拥挤，也没有影响人们的游兴。由于重在旅游项目的服务品质，每年吸引了150万世界各地的游客。

人是贯穿景区的灵魂，服务水平的高低直接影响着游客的满意度。有了出彩的服务，资源才能真正发挥最大价值。因此，微笑服务，保持高度热情与积极性，主动服务的意识，关注游客感受和需求，注重细节和人性化需求都是我们的景区要去努力做到的。

5. 整体营销的理念

在美国和加拿大，各个景区和旅游项目的市场推广都非常注重整体营销。一个城市或地区都有一个非常鲜明的形象，其景区和旅游项目的设计——从小的标志设计到景区整体风格的把握，都服从于这个整体形象。

例如在美国，进入各个州的时候，都会有一个旅游信息中心，为游客提供咨询、交通等服务。同时借助统一的口号、标志给游客一个关于本州的整体旅游形象，有效地传达了整个城市的旅游风貌。在细节方面，车牌也承担了宣传城市的功能，非常有新意，也很有效，如加拿大卑诗省的汽车车牌上都印有“Beautiful British Columbia”——“美丽的哥伦比亚”这样一句话，而夏威夷的汽车车牌上也都印有“Aloha State”（阿洛哈州）的字样。

在扬州瘦西湖新区建设中，需要借鉴国外这个方面的成功经验，从建设初期到最后的市场推广都要有一个整体营销的理念，使扬州城处处都成为吸引旅游者的要素，不仅包括各大景区，街头景观、百姓生活、特色街巷，只要是能体现扬州特色的都可以成为吸引眼球的资源，总体上体现扬州的特色与旅游价值。

## 三、项目借鉴

1. 布查花园与花文化园

扬州是著名的花城。但“十里栽花算种田”的传统并没有转化为旅游吸引物。布查花园的主人则完美地把自己对园艺的热爱传递给了每一位游客，这个占地仅50英亩，曾经是私人庄园的花园就靠花卉每年吸引来自世界各地的75万游客。历史并不长，建筑也不多(仅园主的住宅)，靠的是依不同主题布置的花园(玫瑰园、日本园、意大利花园和石矿花园)和精美绝伦的园艺技术、悉心的栽培养护。特别需要说明的是，布查花园今天能成为旅游胜地就连园主人也没有想到。花园只有经过精心栽培、形成气候才能得到社会认可。

2. 冒险乐园与动物之窗

迪斯尼乐园的冒险乐园是最吸引游客的景点之一。紧张、刺激、冒险的乐趣尽在其中。游客乘坐游船环游，这个旅行的特点在于整个过程中，都贯穿着一个“热带丛林人与动物”的故事，或惊险曲折，或神秘有趣。游客在游船上，不仅眼睛能看见各处奇异的“动物”(各种类型的标本)景象，耳中还听到讲解员对故事情节的渲染，加上游船不时触“礁”险象环生，身心都处于一个营造出来的神秘氛围中。这种做法可以使“动物之窗”项目既生态自然又富有参与性吸引力，成为地道的旅游项目。

3. 米德湖喂鸟与小鸟天堂

瘦西湖新区规划中的小鸟天堂的设计，本意是要创造一处生态环境好的鸟类栖息地，对游客来讲，感觉上是一处静谧、生态、自然的天地，也更像一块只可远观不可近游的禁地。那么，米德湖的设计很能给予我们启发，人与动物在景区是可以和谐共处的，参与性的活动与生态环境的保护可以如此自然和美好。因此，我们可以在创造小鸟天堂优质生态基础上，开辟区域为游客提供与鸟类、鱼类或其他动物提供喂食的机会，将现在推崇的生态旅游和体验旅游结合起来，既为游客欣赏大自然、享受大自然提供环境，同时也让他们获得与大自然和谐相处的美好体验。

4. 沙漠走廊与傍花村温泉

傍花村温泉是要创造一个以温泉沐浴为中心导向，集休闲、娱乐于一体的度假中心。一般而言，度假中心是一个开放的、有着各种休闲场所的地方。而传统意义上的沐浴活动则是一种在相对封闭的空间中进行的私人活动。因此，首先就要把沐浴从一个单一的封闭空间释放出来，在一个更大的空间来让游客参与更多的开放性活动，比如购物、享受美食、朋友露天咖啡吧聊天等等。拉斯维加斯阿拉丁饭店（Aladdin）的沙漠走廊（Desert Passage）和人造天空就非常值得借鉴。人造天空可以解决傍花村温泉不利的气候及室内生态自然化的难题，使游客身在室内而感觉像在户外。我们可以在傍花村温泉这个封闭的小空间里，构建一个完整的小天地，让游客身在其中而感觉与自然融为一体。同样，我们也可以构建一个“沐浴文化村”，让游客一进门就感觉进入一个沐浴的世界，首先是强烈的视觉冲击，然后是亲身体验——弄成一个一个作坊式的车间，也可以流水线一样的对人体的每个部位进行“沐浴加工”。

5. 美洲之河与里下河风情

在迪斯尼乐园的神秘乐园区（Frontier Land）有一个项目是美洲之河，是一个环岛游项目，其人工岛屿大小与水系长度恰好与项目策划中的艺术休闲岛及其水系相似，所不同的是贯穿了美洲之河的故事和场景。扬州瘦西湖新区可以以开挖的人工岛屿为载体，设计成以“里下河风情”为主题的参与性民俗水上游项目，与乾隆水上游览线的主题相对照，以一个故事为主线，设计环岛或岛上的设施或景观，游客乘船游览，从一个连续的起伏的情节发展中获得视觉、听觉的全身心体验。

6. 神殿谷纪念陵园与小茅山公墓改造

这次北美之行的最后一站是夏威夷。考察团参观了张学良先生夫妇的长眠地——神殿谷纪念陵园。这里山峦起伏，绿草如茵，鲜花遍野（节日供奉），简直是“人间天堂”。极目所至的范围内墓碑平放，没有我国公墓墓碑林立的景观，而是美如高尔夫球场。来访者每人还要购买 2 美元的门票。这对瘦西湖新区内小茅山公墓的改造提供了范例。

总之，这次北美之行不仅使我们汲取了一些世界级旅游景区开发的先进理念和成功经验，还解决了瘦西湖新区旅游产品策划和项目规划设计过程中遇到的不少具体问题，通过现场调研、讨论、策划还形成了一些新的想法和具体做法，这必将坚定瘦西湖新区整体开发的信心，提升瘦西湖新区的规划建设水平，加快瘦西湖新区旅游开发的进程。

# 后记

2012年，扬州市委、市政府审时度势、高屋建瓴地提出建设世界名城的宏伟目标。为大力推进城市国际化，加快世界名城建设步伐，经市委批准，有关方面制定了《推进城市国际化，加快建设世界名城十大系列活动方案》。根据该方案要求，决定在扬州市历史文化名城研究院（中国名城杂志社）增挂世界名城研究院牌子，并由世界名城研究院组织开展“扬州与世界名城比较研究”课题的研究工作。

2013年世界名城研究院成立后，立即展开建设世界名城、推进城市国际化等方面的理论研究，积极联络、组织相关专家、学者围绕方案确定的课题开展研究，并在《中国名城》杂志发布征稿启事，面向国内外专家、学者征集稿件。经过一年多的辛勤努力，共收到研究论文、考察报告等27篇文章。作者既有清华大学、南京大学、中国城市规划设计院、南开大学、天津社会科学院、上海交通大学等国内高校院所从事相关研究的专家、学者，也有扬州从事世界名城建设的部门领导。文章内容丰富、规范严谨、角度新颖、视野开阔，对于扬州世界名城建设极富理论和实践价值。

为了更好地发挥研究成果为现实服务的作用，为扬州建设世界名城提供借鉴和启示，经批准，决定将研究成果汇集由东南大学出版社公开出版。中共扬州市委书记、市人大常委会主任谢正义同志百忙之中，亲自作序，为本书增辉；课题研究及文集编撰、出版得到中共扬州市委常委、市委秘书长陈扬同志的关心和支持；扬州市城乡建设局局长、名城研究院院长杨正福同志对课题研究和文集编撰、出版自始至终参与和指导，并通审了全书，提出许多宝贵意见；市名城研究院高永青、邱正锋、方亮等同志负责统筹、策划、编辑工作，在此一并表示感谢。

由于时间仓促，加之水平有限，如有不当之处，敬请读者不吝指正。

编者

2014年2月